U0648224

全世界无产者，联合起来！

列　宁

怎 么 办 ？

中共中央 马克思　恩格斯 著作编译局编译
　　　　 列　宁　斯大林

人民出版社

编　辑　说　明

　　马克思、恩格斯和列宁的著作是马克思主义的理论原典,是学习、研究、宣传和普及马克思主义的基础文献。为了适应马克思主义中国化、时代化、大众化不断推进的形势,满足广大读者多层次的需求,我们总结了迄今为止的编译经验,考察了国内外出版的有关读物,吸收了理论界提出的宝贵建议,精选马克思、恩格斯和列宁的重要著述,编成《马列主义经典作家文库》。

　　文库辑录的文献分为三个系列:一是著作单行本,收录经典作家撰写的独立成书的重要著作;二是专题选编本,收录经典作家集中论述有关问题的短篇著作和论著节选;三是要论摘编本,辑录经典作家对有关专题的论述,按逻辑结构进行编排。

　　文库编辑工作遵循面向实践、贴近群众的原则,力求在时代特色、学术质量、编排设计方面体现新的水准。

　　本系列是《马列主义经典作家文库》的著作单行本,主要收录马克思、恩格斯和列宁的基本著作以及在各个历史时期的代表性著作,同时收入马克思、恩格斯和列宁在不同时期为这些著作撰写的序言、导言或跋。有些重点著作还增设附录,收入对理解和研究经典著作正文有重要参考价值的文献和史料。列入著作单行本系列的文献一般都是全文刊行,只有马克思恩格斯的《德意志意识形态》、马克思的经济学手稿以及列宁的《哲学笔记》等篇幅较大的著作采用节选形式。

著作单行本系列所收的文献均采用马克思、恩格斯和列宁著作最新版本的译文,以确保经典著作译文的统一性和准确性。自1995年起,由我局编译的《马克思恩格斯全集》第二版陆续问世,迄今已出版24卷;从2004年起,我们又先后编译并出版了《马克思恩格斯文集》和《马克思恩格斯选集》第三版。著作单行本系列收录的马克思恩格斯著作采用了上述最新版本的译文,对未收入上述版本的马克思恩格斯著作的译文,我们按照最新版本的编译标准进行了审核和修订;列宁著作则采用由我局编译的《列宁全集》第二版、第二版增订版和《列宁选集》第三版修订版译文。

著作单行本系列采用统一的编辑体例。每本书正文前面均刊有《编者引言》,简要地综述相关著作的时代背景、理论观点和历史地位,帮助读者理解原著、把握要义;同时概括地介绍相关著作写作和流传情况以及中文译本的编译出版情况,供读者参考。正文后面均附有注释和人名索引,以便于读者查考和检索。

著作单行本系列的技术规格沿用《马克思恩格斯全集》第二版和《列宁全集》第二版的相关规定。在马克思、恩格斯、列宁著作的目录和正文中,凡标有星花＊的标题都是编者加的;引文中的尖括号〈　〉内的文字和标点符号是马克思、恩格斯、列宁加的;未注明"编者注"的脚注,是马克思、恩格斯、列宁的原注;人名索引的条目按汉语拼音字母顺序排列。在马克思恩格斯著作中,引文里加圈点处是马克思、恩格斯加着重号的地方,目录和正文中方括号〔 〕内的文字是编者加的。在列宁著作中,凡注明"俄文版编者注"的脚注都是指《列宁全集》俄文第五版编者加的注,人名索引中的条头括号内用黑体字排印的是相关人物的真实姓名,未加黑体的则是笔名、别名、曾用名或绰号。此外,列宁著作标题下括号内的日期是编者加的;编者加的日期,公历和俄历并用时,俄历在前,公历在后。

中共中央　马克思　恩格斯　著作编译局
　　　　　列　宁　斯大林
2014 年 6 月

目　　录

插　图

编　者　引　言

　　《怎么办?（我们运动中的迫切问题）》是列宁批判俄国经济派观点、阐明新型无产阶级政党学说的重要著作。

　　19 世纪末,俄国日益高涨的反对沙皇专制制度的革命运动迫切需要由集中统一的马克思主义政党来领导。1898 年 3 月,彼得堡、莫斯科、基辅和叶卡捷琳诺斯拉夫等地的社会民主主义组织在明斯克召开第一次代表大会,成立俄国社会民主工党,选举了中央委员会,批准了《工人报》为党的正式机关报,发表了《俄国社会民主工党宣言》,但是,没有制定党纲和党章。当时列宁和其他许多马克思主义革命家正遭流放,党缺乏一个坚强的领导核心。党的中央委员会建立不久就遭破坏,各地的社会民主党人大批被捕。新成立的社会民主工党不仅组织涣散,而且受到经济主义这一机会主义派别的严重干扰。俄国的经济主义是伯恩施坦主义的变种。经济派崇拜工人运动的自发性,否认革命理论的指导作用,反对从外部向工人运动灌输科学社会主义思想。他们醉心于经济斗争,无视无产阶级运动的政治任务,否认党的领导作用。经济派已经成为建立新型马克思主义政党的严重障碍。彻底粉碎经济主义,为建立集中统一的马克思主义政党做好思想上和组织上的准备,是摆在俄国革命社会民主党人面前的迫切任务。早在 1899年,列宁在流放地就联合一些社会民主党人发表了《俄国社会民主党人抗议书》,批判俄国经济派的《信条》。流放结束后,列宁以《火星报》为阵地,先后发表了《我们运动的迫切任务》、《从何着手》、《同经济主义的拥护者商榷》等文章,进一步批判经济派的观点。1902 年列宁撰写了《怎么办?(我们运动中的迫切问题)》一书,对经济派的观点进行了深入批判,并对如何全面建立新型无产阶级政党问题作了系统论述。

列宁在《怎么办?》一书中阐明了马克思主义革命理论的重要意义,揭露了欧洲工人运动中机会主义者鼓吹的"批评自由"的实质和危害性,指出:"'批评自由'就是机会主义派在社会民主党内的自由,就是把社会民主党变为主张改良的民主政党的自由,就是把资产阶级思想和资产阶级因素灌输到社会主义运动中来的自由。"(见本书第 9 页)列宁揭露俄国经济派是国际机会主义的变种,他们借口"批评自由"攻击马克思主义的革命理论,贬低马克思主义理论对工人运动和工人阶级政党建设的指导意义。列宁根据恩格斯在《德国农民战争》第二版序言的补充中关于社会民主运动的三种斗争(政治斗争、经济斗争和理论斗争)密不可分和理论斗争具有重大作用的论述,强调指出:"没有革命的理论,就不会有革命的运动。"(见本书第 24 页)"只有以先进理论为指南的党,才能实现先进战士的作用。"(见本书第 25 页)列宁分析了俄国社会民主主义运动的现状,阐明了马克思主义理论对俄国无产阶级政党建设和无产阶级革命运动的特殊意义。他指出,俄国社会民主工党刚刚在形成,对党内机会主义派别的清算远没有完成;俄国的社会民主主义运动需要借鉴别国经验,但不能照搬照抄,要批判地对待这种经验,独立地加以检验,为此就需要有雄厚的理论力量和丰富的政治经验;俄国社会民主工党担负的民族任务是世界上任何一个社会党不曾有过的,这就需要用革命理论来武装队伍,指导自己的行动。列宁告诫工人运动的领袖们必须重视理论工作,提高理论素养,牢记恩格斯的教导:"社会主义自从成为科学以来,就要求人们把它当做科学来对待,就是说,要求人们去研究它。"(见本书第27页)

列宁针对经济派崇拜工人运动的自发性的错误,分析了自发性和自觉性的相互关系,指出社会主义学说不是自发地产生的,而是从学识丰富的知识分子创造的哲学、历史和经济的理论中产生的。工人阶级单靠自己的力量只能产生出工联主义意识,工人的社会主义意识只能从外面输入。为把社会主义灌输到工人运动中去,必须同资产阶级意识形态进行不调和的斗争。列宁写道:"问题只能是这样:或者是资产阶级的意识形态,或者是社会主义的意识形态。这里中间的东西是没有的(因为人类没有创造过任何'第三种'意识形态,而且在为阶级矛盾所分裂的社会中,任何时候也不可能有非阶级的或超阶级的意识形态)。因此,对社会主义意识形态的任何轻视和任何脱离,都意味着资产阶级意识形态的加强。"(见本书第40—41页)俄国马克思主义政党在20世纪初期的迫切任务就在于,引导工人运动走上反对沙皇制度和资本主义的政治斗争的道路,以科学社会主义思想武装工人运动。

列宁针对经济派鼓吹政治鼓动应当服从经济鼓动的错误主

张,阐述了无产阶级阶级斗争的经济形式和政治形式的相互关系,指出:"社会民主党领导工人阶级进行斗争不仅是要争取出卖劳动力的有利条件,而且是要消灭那种迫使穷人卖身给富人的社会制度。""社会民主党人不但不能局限于经济斗争,而且不能容许把组织经济方面的揭露当做他们的主要活动。我们应当积极地对工人阶级进行政治教育,发展工人阶级的政治意识。""如果不负起责任组织对专制制度的全面政治揭露,就不能完成我们发展工人的政治意识的任务"(见本书第58页)。列宁还指出,革命的社会民主党一直把争取改良的斗争列入自己活动的范围,但是,"革命的社会民主党使争取改良的斗争服从于争取自由和争取社会主义的革命斗争,就像使局部服从整体一样。"(见本书第63—64页)列宁还论述了无产阶级在资产阶级民主革命中的领导权思想,指出工人阶级应该作为争取政治自由的先进战士去领导一般民主运动,但工人阶级政党只有把俄国全体人民反对专制制度的民主斗争同无产阶级反对资本主义的社会主义斗争结合起来,才能成为革命力量的先锋队。

列宁批驳了经济派迷恋组织工作中的手工业方式、反对建立一个能够领导无产阶级解放斗争的革命家组织的机会主义观点,论证了建立一个集中统一的马克思主义政党的必要性。他指出:"无产阶级的自发斗争如果没有坚强的革命家组织的领导,就不能成为无产阶级的真正的'阶级斗争'。"(见本书第134—135页)"我们首要的最迫切的实际任务是要建立一个能使政治斗争具有力量、具有稳定性和继承性的革命家组织。"(见本书第105页)俄国当务之急是建立"一个全俄的集中的组织","一个由职业革命家组成而由全体人民的真正的政治领袖们领导的组织"(见本书第

100页)。只有这样的革命家组织才能结束革命队伍中思想上的分歧和组织上的混乱,才能领导俄国无产阶级开展反对封建专制制度和资本主义的斗争。他还形象地说:"给我们一个革命家组织,我们就能把俄国翻转过来!"(见本书第126—127页)按照列宁的计划,党应当由少数领导人(主要是职业革命家)和广泛的地方组织网构成;党的核心应当由有马克思主义理论修养、有才干、有经验和经过考验的职业革命家组成。列宁强调指出,战斗的革命政党需要有坚强的有威信的领导,如果没有一个富有天才、经过考验、受过专门训练和长期教育并且彼此配合得很好的领袖的集体,就无法领导俄国人民开展反对沙皇专制制度和资本主义的斗争。

列宁总结了俄国社会民主党艰难曲折的发展过程。他坚信,在今后时期"一定会使战斗的马克思主义巩固起来,俄国社会民主党一定会度过危机而变得更加坚强和更加壮大,机会主义者的后卫队一定会被最革命的阶级的真正的先进部队所'代替'。"(见本书第181—182页)

《怎么办?(我们运动中的迫切问题)》一书写于1901年秋—1902年2月,1902年3月由斯图加特狄茨出版社出版。1907年11月,列宁把该著收入《十二年来》文集,删去了第5章第1节《谁因〈从何着手?〉一文而生气了?》,同时增加了5条脚注。

在苏共中央马克思列宁主义研究院编辑的《列宁全集》俄文第四版和第五版中,《怎么办?》这部著作是按1902年版刊印的。

《怎么办?》的第一个中译本收入1933年苏联外国工人出版社出版的中文版《列宁选集》第3卷,书名译为《做什么?》。

1939年延安解放社出版了柯柏年、吴黎平等翻译的《马克思恩格斯与马克思主义》一书,其中节译了《怎么办?》的第1章第4节,标题为《恩格斯论理论斗争底重要性》。

1947年莫斯科外国文书籍出版局出版了唯真根据《十二年来》文集中的《怎么办?》译校的中文单行本,并收入同年莫斯科外国文书籍出版局出版的中文版《列宁文选》(两卷集)第1卷,书名译为《做什么?》;1950年再版时根据《列宁全集》俄文第四版第5卷收载的《怎么办?》作了补正。

新中国成立后,1959年中央编译局对列宁的这部著作重新译校,书名改为《怎么办?》,编入《列宁全集》中文第一版第5卷,1960年由人民出版社出版单行本,1965年3月再版。后来,这部著作的译文经修订编入《列宁全集》中文第二版和第二版增订版第6卷。这部著作还收入《列宁选集》第一、二、三版和第三版修订版第1卷(未收《附录》)。《列宁专题文集》中的《论无产阶级政党》卷选收了这部著作的第1章和第2章。

本书采用《列宁全集》中文第二版增订版的译文。

列　宁

怎　么　办？

我们运动中的迫切问题

（1901 年秋—1902 年 2 月）

> "……党内斗争给党以力量和生气。党本身模糊不清，界限不明，是党软弱的最大明证。党是靠清洗自己而巩固的……"
>
> （摘自拉萨尔 1852 年 6 月 24 日给马克思的信）

序　言

照作者的原定计划，这本小册子要详细发挥《从何着手？》（1901 年 5 月《火星报》[1]第 4 号）一文①中所谈的那些思想。我们应当首先向读者致歉，在那篇文章中许下的诺言（这个诺言在答复许多私人询问和信件时也一再重复过）履行得迟了些。推迟的原因之一，是去年（1901 年）6 月间曾经试图把所有的国外社会民主党人组织统一起来[2]。当时自然要等待这次尝试的结果，因为这次尝试如果成功，我们也许就要从稍微不同的角度来说明《火星报》的组织观点；无论如何，这次尝试成功就有希望很快消除俄国社会民主党内存在两个派别的现象。读者知道，这次尝试以失败告终，而且，正像我们在下面将要竭力证明的那样，《工人事业》杂志[3]在第 10 期上重新转向"经济主义"以后，这次尝试也不能不以失败告终。同这个模糊不清、缺乏明确性、可是却比较顽固并能在

① 见《列宁全集》中文第 2 版增订版第 5 卷第 1—10 页。——编者注

各种形式下复活起来的派别作坚决的斗争,已经是绝对必要的事情了。因此,本书的原定计划也就有所改变并且大大地扩充了。

　　本书的主题,本来应当是《从何着手?》一文中所提出的三个问题,即我们的政治鼓动的性质和主要内容问题,我们的组织任务问题,在各地同时着手建立全俄的战斗组织的计划问题。作者早就关心这些问题,还在筹划《工人报》⁴复刊时就曾想在这个报上提出来,不过这次复刊的尝试也没有成功(见第5章)。原来设想在本书中只分析这三个问题,并尽可能正面阐述自己的观点,而不采用或者几乎不采用论战方式,但是由于下面两个原因,这种设想根本无法实现。一方面,"经济主义"比我们设想的要顽强得多(我们用"经济主义"这个词是广义的,在1901年12月《火星报》第12号上发表的《同经济主义的拥护者商榷》一文已经说明了这一点,那篇文章可以说是定出了本书的大纲①)。现在已经很明显,对于解决这三个问题所以存在着各种不同的观点,在很大程度上是由于俄国社会民主党内两个派别的根本对立,而不是由于局部的意见分歧。另一方面,"经济派"对于《火星报》实际宣传我们的观点表示茫然不解,这显然表明:我们往往简直是各讲各的话;如果我们不从头讲起,那我们就**不可能**谈出什么结果;必须作一次尝试,用尽可能通俗的方式,用大量具体的例证,来就我们之间的意见分歧的**一切**根本之点,向**所有的**"经济派"作**系统**的"说明"。于是我就决定作这样一次"说明"的尝试,虽然我明明知道,这会使本书的篇幅大大增加,并且使出版日期推迟,但是除此之外,我看不出有什么**别的**办法来履行我在《从何着手?》一文中许下的诺

---

① 　见《列宁全集》中文第2版增订版第5卷第324—331页。——编者注

Что дѣлать?

Наболѣвшіе вопросы нашего движенія

Н. ЛЕНИНА.

... „Партійная борьба придаетъ партіи силу и жизненность, величайшимъ доказательствомъ слабости партіи является ея расплывчатость и притупленіе рѣзко обозначенныхъ границъ, партія укрѣпляется тѣмъ, что очищаетъ себя" ... (Изъ письма Лассаля къ Марксу отъ 24 іюня 1852 г.).

Цѣна 1 руб.
Preis 2 Mark = 2.50 Francs.

STUTTGART
Verlag von J. H. W. Dietz Nachf. (G. m. b. H.)
1902

1902 年列宁《怎么办?》一书封面

言,除了为出版迟缓致歉之外,还要为本书文字修饰方面的很多缺点致歉,因为我不得不**非常匆忙地**写作,而且经常被其他各种工作所打断。

　　对上述三个问题的分析,仍然是本书的主题,但是我不得不从两个比较一般的问题谈起:为什么像"批评自由"这样一个"无害的"和"正常的"口号,对我们竟会成为一个真正的战斗的信号?为什么我们甚至在社会民主党对自发的群众运动的作用这个基本问题上都谈不拢? 其次,阐述我们对政治鼓动的性质和内容的观点,变成了说明工联主义政治和社会民主主义政治之间的区别;阐述我们对组织任务的观点,变成了说明"经济派"感到满意的手工业方式和我们认为必须建立的革命家组织这两者之间的区别。再次,人们反对全俄政治报"计划"的意见愈没有根据,人们愈不从实质上回答我在《从何着手?》一文中提出的我们怎样才能在各地同时着手建立我们所需要的组织的问题,我就愈要坚持这个"计划"。最后,在本书的结尾部分,我希望指明以下几点:我们已经做了我们所能做到的一切来防止同"经济派"完全决裂,但是这一决裂毕竟是不可避免的了;《工人事业》杂志已经具有一种特别的、甚至可以说是"历史的"作用,因为它最充分和最突出地表现出来的并不是彻底的"经济主义",而是那种构成俄国社会民主党历史上**整整一个时期**的特点的混乱和动摇;所以我们同《工人事业》杂志进行的乍看起来似乎是过分详细的论战也是有意义的,因为不彻底结束这个时期,我们就不能前进。

尼·列宁

1902 年 2 月

一 教条主义和"批评自由"

（一）什么是"批评自由"？

"批评自由"——这无疑是目前最时髦的口号，是各国社会主义者和民主主义者在争论中最常用的口号。乍看起来，很难想象还有什么比争论的一方一再郑重其事地引用批评自由更奇怪的了。难道在先进政党中，有人声言反对欧洲大多数国家用来保障科学自由和科学研究自由的宪法条文吗？凡是在街头巷尾一再听到这个时髦的口号而还没有深入了解争论双方意见分歧的实质的局外人，一定会想："这里恐怕有问题吧！""这个口号显然是一种特定用语，像代号一样，用习惯了，几乎成为一种普通名词了。"

其实，谁都知道，现代国际①社会民主党中已经形成了两个派

---

① 顺便指出：社会主义运动内部不同派别之间的争执，第一次从一国的现象变成了国际的现象，这在现代社会主义运动史上恐怕是唯一的而且也是非常令人欣慰的现象。从前，拉萨尔派和爱森纳赫派[5]之间，盖得派和可能派[6]之间，费边派和社会民主党人[7]之间，民意党人[8]和社会民主党人之间的争论，始终纯粹是一国内的争论，所反映出来的，纯粹是各国的特征，这些争论可以说是在不同的侧面进行的。而目前（这一点现在已经看得很清楚），英国的费边派，法国的内阁派[9]，德国的伯恩施坦派[10]，俄国的批评派，都成了一家弟兄，他们互相吹捧，彼此学习，一起攻击"教条式的"马克思主义。在这场同社会主义运动内的机会主义进行的第一次真正国际性的搏斗中，国际革命社会民主党也许会大大加强起来，足以结束早已笼罩于欧洲的政治反动局面？

别,这两个派别之间的斗争,有时炽烈起来,火焰腾腾;有时又静息下去,在动人的"休战决议"的灰烬下面阴燃着。对"旧的、教条式的"马克思主义采取"批评"态度的那个"新"派别究竟是怎么一回事,这一点已经相当明确地由伯恩施坦**讲出来了**,由米勒兰**作出样子了**。

社会民主党应当从主张社会革命的政党,变成主张社会改良的民主政党。伯恩施坦提出了一大套颇为严整的"新"论据和"新"理由,来为这个政治要求辩护。他否认有可能科学地论证社会主义和根据唯物主义历史观证明社会主义的必要性和必然性;他否认大众日益贫困、日益无产阶级化以及资本主义矛盾日益尖锐化的事实;他宣称"**最终目的**"这个概念本身就不能成立,并绝对否定无产阶级专政的思想;他否认自由主义和社会主义在原则上的对立;他否认**阶级斗争理论**,认为这个理论好像不适用于按照多数人意志进行管理的严格意义上的民主的社会,等等。

可见,要求从革命的社会民主主义坚决转向资产阶级的社会改良主义,就免不了会同样坚决地转向用资产阶级观点来批评马克思主义的一切基本思想。既然很久以来,无论在政治讲台上或在大学讲坛上,无论在大量小册子中或在许多学术论文里,都一直在对马克思主义进行这样的批评,既然几十年来,有教养阶级的一代青年,都经常在受这种批评的熏陶,那么,社会民主党中的"新的批评"派一出世就非常完备,好像密纳发从丘必特脑袋里钻出来一样[11],就毫不奇怪了。这种思潮,按其内容来说,并不需要什么发展和形成,因为它是直接从资产阶级的书刊上搬到社会主义的书刊上来的。

其次,如果说伯恩施坦的理论批评和政治欲望还有什么人不明白,那么法国人已经设法为"新方法"作了示范。法国在这一次也没有辜负它历来的名声,即它是"这样一个国家,在那里历史上的阶级斗争,比起其他各国来每一次都达到更加彻底的结局"(恩格斯为马克思的《雾月十八日》一书写的序言)①。法国社会党人并不谈什么理论,而是直接行动起来;法国那种民主制发展程度较高的政治条件,使他们能够立刻转到带来种种后果的"实践的伯恩施坦主义"上去。米勒兰在实行这种实践的伯恩施坦主义方面作出了一个极好的榜样,难怪伯恩施坦和福尔马尔都这么热心地、迫不及待地为米勒兰辩护,对他大加赞赏!的确,既然社会民主党实质上不过是个主张改良的党,并且应当有勇气公开承认这一点,那么社会党人也就不仅有权加入资产阶级内阁,而且甚至应当时时刻刻力求做到这一点。既然民主制实质上就是消灭阶级统治,那么社会党人部长为什么不可以用阶级合作的言词来博得整个资产阶级世界的欢心呢?他为什么不可以甚至在宪兵屠杀工人的行为已经千百次地表明了各阶级民主合作的真谛之后,仍然留在内阁中呢?他又为什么不可以亲自参加欢迎那个目前被法国社会党人恰好叫做绞刑专家、鞭笞专家和流放专家(knouteur, pendeur et déportateur)的沙皇呢?而以社会主义在全世界面前这样备受屈辱和自我抹黑为代价,以败坏工人群众的社会主义意识(而社会主义意识则是保障我们获得胜利的唯一基础)为代价,换得的却是一些实行微小改良的冠冕堂皇的**草案**,这种改良微小到了极点,甚至比从资产阶级政府那里争取到的还要少!

　　只要不是故意闭起眼睛,就不会看不到,社会主义运动中的新

---

① 　见《马克思恩格斯选集》第 3 版第 1 卷第 666 页。——编者注

的"批评"派无非是**机会主义**的一个新的变种。假使判断人们的时候,不是看他们给自己穿上的漂亮礼服,不是看他们给自己取的动听的名字,而是看他们的行为怎样,看他们在实际上宣传的是什么,那就可以明白:"批评自由"就是机会主义派在社会民主党内的自由,就是把社会民主党变为主张改良的民主政党的自由,就是把资产阶级思想和资产阶级因素灌输到社会主义运动中来的自由。

自由是个伟大的字眼,但正是在工业自由的旗帜下进行过最具有掠夺性的战争,在劳动自由的旗帜下掠夺过劳动者。现在使用"批评自由"一词,同样也包含着这种内在的虚伪性。假如人们真正确信自己把科学向前推进了,那他们就不会要求新观点同旧观点并列的自由,而会要求用新观点代替旧观点。现在这种"批评自由万岁!"的叫嚷太像那个关于空桶的寓言**12**了。

我们紧紧靠在一起,循着艰难险阻的道路紧拉着手前进。我们被敌人四面包围,我们几乎随时都得冒着敌人的炮火前进。我们根据自由通过的决议联合起来,正是为了要同敌人斗争,而不致失足落入旁边的泥潭里。那些待在泥潭里的人,一开始就责备我们独树一帜,责备我们选定了斗争的道路,而不是调和的道路。现在我们中间有些人竟叫喊起来:我们都到这个泥潭里去吧!当人们开始耻笑他们的时候,他们反驳说:你们这些人多么落后啊!你们怎么好意思否认我们有号召你们走上比较好的道路去的自由!是啊,先生们,你们不仅可以自由地号召,而且可以自由地走到随便什么地方去,哪怕是走到泥潭里去也可以;我们甚至认为你们应有的位置正是在泥潭里,而且我们愿意竭力帮助**你们**搬到那里去。不过,请你们放开我们的手,不要拉住我们,不要玷污自由这个伟大的字眼,因为我们也可以"自由地"走到我们愿意去的地方,我们不但可以自由地同泥潭作斗争，而且还可以自由地同那些转向泥潭里去的人作斗争！

（二）"批评自由"的新拥护者

国外"俄国社会民主党人联合会"[13]的机关刊物《工人事业》杂志，最近(第10期)郑重其事地提出的正是这个口号("批评自由")，并且不是把它当做理论原则，而是当做政治要求提出来的，即在回答"能不能把那些在国外活动的社会民主党人组织统一起来"这一问题时提出来的："要达到牢固的统一，就必须有批评自由。"(第36页)

从这个声明中可以得出两个十分明确的结论：1.《工人事业》杂志维护整个国际社会民主党中的机会主义派；2.《工人事业》杂志要求机会主义在俄国社会民主党内的自由。现在让我们来考察一下这两个结论。

《工人事业》杂志"特别"不高兴的，是"《火星报》和《曙光》杂志[14]喜欢预言国际社会民主党中的**山岳派**和**吉伦特派**[15]必将决裂"①。

---

① 把革命无产阶级中的两个派别(革命派和机会主义派)比做18世纪革命资产阶级中的两个派别(雅各宾派即"山岳派"，和吉伦特派)的提法，见《火星报》第2号(1901年2月)的社论。这篇社论的作者是普列汉诺夫。无论立宪民主党人[16]、"无题派"[17]或孟什维克，至今都很爱谈俄国社会民主党中的"雅各宾派"。至于普列汉诺夫第一次提出这个概念来反对社会民主党右翼的事实，现在人们却宁愿默不作声或者……把它忘掉。(这是作者为1907年版加的注释。——编者注)

《工人事业》杂志编辑波·克里切夫斯基写道:"我们觉得,关于社会民主党队伍中有**山岳派**和**吉伦特派**的说法,根本就是一种肤浅的历史类比,它出自马克思主义者的笔下是很奇怪的,因为山岳派和吉伦特派并不是像历史学家-思想家可能认为的那样,代表着不同的气质或思潮,而是代表着不同的阶级或阶层:一方面是中等资产阶级,另一方面是小市民阶层和无产阶级。而现代社会主义运动中却没有阶级利益的冲突,这整个运动,它的**一切**〈黑体是波·克里切夫斯基用的〉派别,包括最明显的伯恩施坦派在内,都是站在维护无产阶级的阶级利益的立场上,站在无产阶级争取政治和经济解放的阶级斗争的立场上的。"(第32—33页)

大胆的断语!波·克里切夫斯基是否听见过早已有人指出的那件事实,即正是由于近年来有"学士"**阶层**广泛参加社会主义运动,伯恩施坦主义才非常迅速地传布开来呢?而主要的是,我们的这位作者究竟根据什么断定说"最明显的伯恩施坦派"也站在无产阶级争取政治和经济解放的阶级斗争的立场上呢?这是不得而知的。他坚决为最明显的伯恩施坦派辩护,却拿不出任何的论据和理由。作者显然以为,他既然是在重复最明显的伯恩施坦派自我表白时所讲的话,那么他的断语也就无须证明了。但是,判断整个派别,竟以该派代表人物自我表白时所讲的话为根据,这难道不是再"肤浅"不过的吗?紧接着的关于党的发展有两种不同的、甚至绝对相反的类型或道路的"说教"(《工人事业》杂志第34—35页),难道不也是再肤浅不过的吗?你看,德国社会民主党人承认充分的批评自由,法国人却不承认,而正是法国人的例子充分表明那种"偏激行为的害处"。

我们对此回答说,正是波·克里切夫斯基的例子表明,那些简直是"按伊洛瓦伊斯基方式"来研究历史[18]的人,有时也自称为马克思主义者。要解释德国社会党为什么统一和法国社会党为什么涣散,完全不必去考察两国历史的特点,不必把军事的半专制制度和共和的议会制的条件加以对比,不必分析巴黎公社和反社会党人非常法[19]的后果,不必把两国的经济生活和经济发展加以比较,不必回顾在"德国社会民主党空前发展"的同时进行了社会主义运动史上空前努力的斗争,不仅反对理论上的错误(米尔柏格、杜林①、讲坛社会主义者[22]),而且反对策略上的错误(拉萨尔),如此等等。所有这一切都没有必要! 法国人所以争吵是因为他们偏激,德国人所以统一是因为他们都是些乖孩子。

你看,用这种无比深奥的议论就"避开了"把维护伯恩施坦派的言论完全推翻的事实。伯恩施坦派是否**站在**无产阶级的阶级斗争的立场上,对于这个问题只有历史经验才能给予最后的彻底的解答。因此,在这一点上有最重要意义的正是法国的例子,因为只有法国一个国家的伯恩施坦派曾经在自己的德国同道们的热烈赞助下(而且有几分是在俄国机会主义者的热烈赞助下——参看《工人事业》杂志第2—3期合刊第83—84页),试图独自**站稳**脚跟。拿法国人"不肯调和"当借口,除了有其"故事性的"(诺兹德

---

① 当恩格斯抨击杜林的时候,德国社会民主党中有相当多的人都是倾向杜林的观点的,人们甚至公开在党代表大会上纷纷责备恩格斯,说他偏激,不肯容忍,用非同志式的态度论战等等。莫斯特等同志提议(在1877年的代表大会[20]上)在《前进报》[21]上不再登载恩格斯的论文,认为这些论文"绝大多数读者都不感兴趣";而瓦尔泰希(Vahlteich)则说登载这些论文使党受到了很大的损害,说杜林对社会民主党也是出了力的:"我们应当为党的利益而利用所有的人。假如教授们要争论,那么《前进报》决不是进行这种争论的场所"(1877年6月6日《前进报》第65号)。你们看,这也是维护"批评自由"的例子,我国那些非常喜欢援引德国人的例子的合法的批评派和不合法的机会主义者,不妨考虑一下这个例子!

列夫式的)²³意义之外,就不过是企图用气话来掩盖很不愉快的事实罢了。

而且,就连德国人我们也还根本不打算奉送给波·克里切夫斯基及其他许许多多"批评自由"的拥护者。"最明显的伯恩施坦派"所以还能见容于德国党内,只是因为他们**服从**那个坚决摒弃伯恩施坦的种种"修正"的汉诺威决议²⁴,以及那个尽管措辞婉转、但对伯恩施坦提出了直接警告的吕贝克决议²⁵。至于从德国党的利益来看,这种婉转的措辞究竟适当到什么程度,在这种场合下坏的和平是否胜过好的争执,这还是可以争论的,简而言之,在评价用哪种**方法**拒绝伯恩施坦主义才妥当时,可以有不同的意见,但是德国党曾经两次**拒绝**伯恩施坦主义却是不能否认的事实。所以,认为德国人的例子证实了"最明显的伯恩施坦派是站在无产阶级争取经济和政治解放的阶级斗争的立场上的"这一说法,就是完全不了解有目共睹的现实情况。①

---

① 必须指出,《工人事业》杂志在谈到德国党内的伯恩施坦主义问题时,始终只限于单纯转述事实,完全"不肯"说出自己对这些事实的评价。例如,在第2—3期合刊第66页上讲到斯图加特代表大会²⁶时,竟把一切意见分歧都归结为"策略",并且只是指出绝大多数忠于原先的革命策略。又如在第4—5期合刊第25页及以下各页上,也只不过是把汉诺威代表大会上的发言转述一遍,并把倍倍尔的决议摘引一下;这里又是(也像在第2—3期合刊上一样)把对于伯恩施坦观点的叙述和批评留待"专文"去谈。可笑的是,在第4—5期合刊第33页上说道:"……倍倍尔所阐述的观点赢得了代表大会绝大多数的赞同",而稍后一点却又说:"……大卫发言拥护伯恩施坦的观点…… 他首先就竭力说明……伯恩施坦和他的朋友们毕竟是〈原文如此!〉站在阶级斗争的立场上的……" 这是1899年12月间写的;到1901年9月的时候,《工人事业》杂志大概已经不再相信倍倍尔正确,而把大卫的观点当做自己的观点来重复了!

不仅如此。正如我们已经讲过的，《工人事业》杂志还向**俄国社会民主党要求"批评自由"**，并且为伯恩施坦主义辩护。显然它是认为我们这里有人冤枉了我们的"批评派"和伯恩施坦派。究竟是冤枉了什么人呢？是谁冤枉的？在什么地方？什么时候？究竟冤枉的是什么呢？关于这些问题，《工人事业》杂志始终避而不谈，没有一次提起任何一个俄国的批评派和伯恩施坦派！这里我们只能假定，二者必居其一：**或者**被人冤枉的不是别人，正是《工人事业》杂志自己（可以证明这一点的是，《工人事业》杂志第10期上的两篇文章都只讲《曙光》杂志和《火星报》冤枉了《工人事业》杂志）。如果是这样，那么始终坚决否认自己同伯恩施坦主义有任何一致之处的《工人事业》杂志，不替"最明显的伯恩施坦派"和批评自由讲点好话，就不能为自己辩护，这种怪事应当怎样解释呢？**或者**被人冤枉的是某个第三者。那为什么又不肯说出这第三者究竟是谁呢？

由此可见，《工人事业》杂志还在继续玩那种从它一创立就开始的（这一点我们下面再讲）捉迷藏游戏。其次，请注意这**第一次**实际运用被大肆吹捧的"批评自由"的情况吧。实际上，"批评自由"不仅立刻表现为没有任何批评，而且表现为根本没有独立的见解。正是这个把俄国伯恩施坦主义当做暗疾（照斯塔罗韦尔的中肯的说法[27]）隐瞒起来的《工人事业》杂志现在却主张，为了治这种病，只要**简单地照抄**一张专治德国型的这种病的最新德国药方就行了！这不是什么批评自由，而是奴隶式的模仿……甚至更坏，是猴子式的模仿！现代国际机会主义的同一的社会和政治内容，依各国的民族特点而表现为各种不同的形式。在某一个国家里，一批机会主义者早已独树一帜；在另一个国家里，机会主义者忽视理论，而在实践中推行激进社会党人的政策；在第三个国家里，革命政党的一些党员投奔到机会主义营垒中去,他们不是进行维护原则和维护新的策略的公开斗争,而是采取渐渐地、悄悄地、可以说是不受惩罚地败坏自己的党的办法,来力求达到自己的目的;在第四个国家里,同样的倒戈分子,在黑暗的政治奴役之下,在"合法"活动和"不合法"活动的相互关系非常独特的情况下,运用着同样的方法等等。说什么批评自由和伯恩施坦主义自由是**俄国**社会民主党人统一起来的条件,又不分析**俄国**伯恩施坦主义究竟表现在什么地方和产生了怎样特殊的结果,这就等于是,说话是为了什么也不说。

那我们就自己来试试,把《工人事业》杂志不愿说出来的(或许是它无法理解的)东西哪怕是简单地说明一下。

(三) 俄国的批评

在我们要考察的这一方面,俄国的基本特点,就是在自发的工人运动**一开始**产生和先进舆论**一开始**转向马克思主义时,就有各种显然不同的分子在共同的旗帜下联合起来,反对共同的敌人(陈腐的社会政治世界观)。我们说的是"合法马克思主义"的蜜月时期。一般讲来,这是一种非常独特的现象,要是在 80 年代或90 年代初,谁也不会相信会有发生这种现象的可能。在一个完全没有出版自由的专制制度国家里,在猖獗的政治反动势力对于稍有一点政治上的不满和反抗的苗头都横加迫害的时代,革命的马克思主义的理论忽然在**受检查的**书刊上打开了一条道路,虽然说明这个理论的语言是伊索式的,但一切"感兴趣的人"都是可以理解的。政府只是习惯于把(革命的)民意主义的理论当做危险的理论,照例没有发觉这一理论的内部演变,而欢迎**一切**对这个理论的批评。等到政府醒悟过来的时候,等到书报检查官和宪兵这支笨重的队伍侦察到新的敌人而猛扑过来的时候,已经过去不少(照我们俄国的尺度来计算)时间了。在这段时间里,马克思主义的书一本又一本地出版,马克思主义的杂志和报纸相继创办起来,大家都纷纷变成了马克思主义者,人们都来奉承马克思主义者,向马克思主义者献殷勤,出版商因为马克思主义书籍的畅销而兴高采烈。于是,在为这种气氛所迷惑的新起的马克思主义者中间,自然也就出现了不止一个"自命不凡的作家"[28]……

现在,可以平心静气地谈论这个已经过去的时期了。谁都知道,马克思主义所以在我国的书刊上盛行了一个短暂的时期,是因为极端分子同十分温和的分子结成了联盟。实质上,这些温和分子是资产阶级民主派,而这个结论(由他们往后的"批评"发展明显地证实了)早在"联盟"还完整的时候,就已经有人意识到了。①

既然如此,那么以后出现那种"混乱",是否应当由那些同未来的"批评派"实行过联盟的革命社会民主党人来承担最大的责任呢?从过分死板地观察问题的人那里,有时可以听到这样的问题以及对它的肯定回答。可是这些人是完全不对的。只有那些不信赖自己的人,才会害怕即使是同不可靠的分子结成的暂时联盟,而不结成这样的联盟,无论哪一个政党都是不能存在的。而同合法马克思主义者的联合,是俄国社会民主党初次实行的某种真正的政治联盟。由于结成了这个联盟,我们才极为迅速地战胜了民

---

① 这是指前面刊印的克·土林的一篇反对司徒卢威的文章,该文是根据题目为《马克思主义在资产阶级著作中的反映》的学术讲演写成的。见序言。[29](这是作者为1907年版加的注释。——编者注)

粹主义并且使马克思主义思想(虽然是在庸俗化的形式下)广泛传播开来。同时,结成这个联盟并不是完全没有任何"条件"的。证据就是1895年被书报检查机关烧掉的马克思主义文集《俄国经济发展问题的资料》。假使同合法马克思主义者在书刊方面的协议可以比做政治联盟,那么这本书也就可以比做政治协定了。

破裂之所以发生,当然不是因为"同盟者"是资产阶级民主派。恰恰相反,这一派正是社会民主党天然的、合适的同盟者,因为这里涉及的是社会民主党的民主任务,而俄国的现状把这方面的任务提到了首要地位。但是这种联盟的必要条件,就是社会党人完全有可能向工人阶级揭示工人阶级利益同资产阶级利益的敌对性。现在大多数合法马克思主义者纷纷倒向的伯恩施坦主义和"批评"派,却要剥夺这种可能性,腐蚀社会主义的意识,把马克思主义庸俗化,宣传社会矛盾缓和论,硬说社会革命和无产阶级专政的思想是荒谬的思想,把工人运动和阶级斗争缩小为狭隘的工联主义运动,缩小为争取细小的、渐进的改良的"现实主义"斗争。这就完全等于资产阶级民主派否认社会主义运动的独立自主权,从而也就否认它的生存权;这在实践上就是想把刚刚开始的工人运动变成自由派的尾巴。

在这种情况下,破裂自然是必不可免的。可是,俄国的"独特"之处就在于,这个破裂不过是使社会民主党人从大家最容易看到的、传布最广的"合法"书刊上消失。在这种书刊上,"前马克思主义者"巩固了自己的地位,树起了"批评的旗帜",几乎取得了"谴责"马克思主义的垄断权。"反对正统"、"批评自由万岁"的口号(现在《工人事业》杂志所不断重复的口号),立刻成了时髦的字眼。这种时髦的东西连书报检查官和宪兵也抵挡不了,这有事实为证,例如有名的(有赫罗斯特拉特[30]名声的)伯恩施坦的一本书就有三种俄文版本**31**,又如祖巴托夫也推荐伯恩施坦和普罗柯波维奇先生等人的著作(《火星报》第 10 号)**32**。现在社会民主党人担负着一个本来就很困难、又因纯粹外部的阻碍而变得非常艰巨的任务,这就是同新的思潮作斗争的任务。可是,这个思潮不仅表现在书刊上。在人们转向"批评"的时候,社会民主党的实际工作者则倾心于"经济主义"。

合法的批评和不合法的"经济主义"之间的联系和相互依赖关系是怎样产生和发展起来的,这是个很有意思的问题,值得专门写一篇文章。这里我们只要指出无疑存在着这种联系就够了。臭名远扬的《信条》**33**所以博得了那种应有的名声,也正是因为它坦白地表述了这种联系,吐露了"经济主义"的基本政治倾向:让工人去作经济斗争(更确切些说,去作工联主义的斗争,因为工联主义的斗争也包括一种特殊的工人政治),而让马克思主义的知识分子去同自由派结合起来作政治"斗争"。"在人民中"进行的工联主义工作,是执行这个任务的前半部,合法的批评则是执行这个任务的后半部。这种声明成了反对"经济主义"的极好武器,所以,如果没有《信条》,也值得编造出一篇《信条》来。

《信条》并不是编造出来的,但它的公布没有照顾它的作者们的意愿,也许,甚至是违反它的作者们的意愿的。至少参加过把新"纲领"公布于世①的本书作者已经听到一些怨言和责难,说不应

---

① 指反对《信条》的 **17 人抗议书**。本书作者参加过起草这个抗议书的工作(1899 年底)。1900 年春,抗议书曾同《信条》一起在国外刊印出来。现在从库斯柯娃女士的文章中(仿佛是登在《**往事**》杂志**34**上)已经知道:《信条》的作者就是她,而当时在国外的"经济派"中起重要作用的是普罗柯波维奇先生。(这是作者为 1907 年版加的注释。——编者注)

该把发言者概述自己观点的草稿复制散发,冠以《信条》的名称,甚至还同一份抗议书一起刊印出来!我们所以要讲到这段情节,是因为它揭示了我们的"经济主义"的那种耐人寻味的特点:害怕公开。这正是整个"经济主义"的特点,而不只是《信条》的作者们的特点,因为表现出这种特点的,有最坦白最真诚地拥护"经济主义"的《工人思想报》[35],有《工人事业》杂志(它因"经济主义的"文件在《指南》[36]中发表出来而表示愤慨),有基辅委员会(它在两年以前也不愿意让人把它的《宣言书》[37]连同那篇反驳《宣言书》的论文一起登载出来①),还有许许多多单个的"经济派"分子。

拥护批评自由的人有这种害怕批评的表现,不能单单用不老实来解释(虽然毫无疑问,他们有时也非不老实不可,因为把还没有巩固的新派别的萌芽暴露出来让敌人攻击是不合算的!)。不,大多数"经济派"确实打心眼里憎恶(并且按"经济主义"的实质来说,他们也应当这样)一切理论上的争论、派别的分歧、广泛的政治问题、把革命家组织起来的方案等等。"让侨居国外的人去干这些事情吧!"——一个相当彻底的"经济派"有一次这样对我说过,而他这句话是代表一种非常流行的(而且又是纯粹工联主义的)观点的:我们的事情就是管我们这个地方的工人运动、工人组织;至于其余的事情,都是学理主义者虚构出来的,正像《火星报》第12号上发表的那封信的作者们和《工人事业》杂志第10期异口同声地所说的那样,都是"夸大意识形态的作用"。

试问,既然俄国的"批评"和俄国的伯恩施坦主义有这样的特点,那么凡是在实际上而不是仅仅在口头上愿意反对机会主义的

———————————

① 据我们所知,基辅委员会的成员从那时起发生了变化。

19

人,应当担负起什么样的任务呢? 第一,应当设法恢复在合法马克思主义时代刚刚开始,而现在又落到不合法的活动家肩上的理论工作;如果没有这样的工作,运动就不能顺利发展。第二,必须积极地同严重腐蚀人们意识的合法的"批评"作斗争。第三,应当积极反对实际运动中的混乱和动摇,要揭穿并且驳斥一切自觉或不自觉地降低我们的纲领和我们的策略的行为。

无论是第一件事、第二件事或第三件事,《工人事业》杂志都没有做过,这是大家都知道的;下面我们将从各方面来详细地说明这个尽人皆知的真实情况。现在我们只想指出,"批评自由"的要求同我们俄国的批评以及俄国的"经济主义"的特点处于怎样一种极端矛盾的状况。其实,看一看"国外俄国社会民主党人联合会"肯定《工人事业》杂志观点的那个决议就行了:

"为了促进社会民主党今后思想上的发展,我们认为在党的书刊上有批评社会民主主义理论的自由是绝对必要的,只要这种批评不同这个理论的阶级性和革命性相抵触。"(《两个代表大会》第 10 页)

理由就是:决议的"第一部分同吕贝克党代表大会关于伯恩施坦问题的决议是一致的"……"联合会派"由于头脑简单,竟未觉察到他们这样抄袭多么清楚地证明了他们的思想贫乏(testimonium paupertatis)! ……"但是……决议的第二部分却比吕贝克党代表大会更严格地限制了批评自由"。

这样,"联合会"的决议就是针对俄国伯恩施坦派的了? 否则,提吕贝克党代表大会岂不十分荒谬! 然而,要说这个决议"严格地限制了批评自由",那是不正确的。德国人用自己的汉诺威决议逐条拒绝了的,**正是**伯恩施坦所作的**那些**修正;而在吕贝克决议中,则对**伯恩施坦本人**指名提出了警告。而我们的"自由的"仿效者,却对俄国的"批评"和俄国的"经济主义"所特有的**任何一种**表现都**只字**不提;既然对这一切闭口不谈,那么空空洞洞地说什么理论的阶级性和革命性,就会给曲解留下更大的余地,特别是"联合会"还不愿把"所谓经济主义"看做机会主义(《两个代表大会》第8页第1条)。但这还只是顺便说说而已。而主要的是,机会主义者和革命社会民主党人的立场,在德国和在俄国是完全相反的。大家知道,在德国,革命社会民主党人主张保存现有的东西,即大家都熟悉的、已经由几十年的经验详细阐明了的原有的纲领和策略。而"批评派"则想加以改变,但由于这个批评派只是一个微不足道的少数,他们的修正主义意图又很怯懦,那就可以理解,为什么多数派只是把"革新主张"干脆否决了事。而在我们俄国,却是批评派和"经济派"主张保存现有的东西。"批评派"希望大家继续把他们看做马克思主义者,并且保证他们所滥用过的"批评自由"(因为他们实际上从来没有承认过任何**党的**联系①,并且我们

---

① 单是缺少公开的党的联系和党的传统这一事实,就构成了俄国和德国的根本差别,这种差别必定会提醒每一个明智的社会党人不要盲目地模仿他人。从下面这个典型例子可以看出"批评自由"在俄国达到了怎样的地步。俄国的批评派布尔加柯夫先生竟谴责奥地利的批评派赫茨说:"赫茨作的结论虽然很有独立精神,但是他在这个问题〈合作社问题〉上,看来毕竟是太受自己党的意见的束缚了,他虽然在细节方面有不同意见,但始终不敢离开总的原则。"(《资本主义和农业》第2卷第287页)一个政治上备受奴役的国家,千分之九百九十九的人口都由于政治上处于奴隶状态和完全不懂党的荣誉和党的联系而堕落到了极点,这样的国家里的臣民,竟傲然地责备一个宪制国家里的公民过于"受党的意见的束缚"!那么,我们的不合法组织就只好去拟定关于批评自由的决议了……

也没有一个能够"限制"、哪怕是用规劝的方法来"限制"批评自由的为大家公认的党的机关);"经济派"要革命者承认"现时运动的正当性"(《工人事业》杂志第 10 期第 25 页),即承认现存的东西的"合理性";要"思想家"不要企图使运动"脱离"那条"由各种物质因素和物质环境的相互作用所决定"的道路(《火星报》第 12 号上所载的《一封信》);要大家承认只有进行"工人在当前条件下唯一可能进行的"斗争才是适当的,要大家承认只有"工人们目前实际进行的"斗争才是可能的(《〈工人思想报〉增刊》**38** 第 14 页)。相反,我们革命的社会民主党人对于这种崇拜自发性,即崇拜"目前"现有的东西的态度表示不满;我们要求改变近年来所流行的策略,我们声明说,"在统一以前,并且为了统一,首先必须坚决而明确地划清界限"(《火星报》出版声明)①。总之,德国人坚持现有的东西,拒绝改变,而我们却要求改变现有的东西,反对崇拜这个现有的东西,反对同它调和。

这一个"小小的"区别,我们的"自由地"抄袭德国人决议的专家们就没有觉察到!

(四) 恩格斯论理论斗争的意义

"教条主义、学理主义"、"党的僵化(由于强制束缚思想而必然受到的惩罚)",——这就是《工人事业》杂志的那些捍卫"批评自由"的骑士们所拼命攻击的敌人。把这个问题提到日程上来,

---

① 参看《列宁全集》中文第 2 版增订版第 4 卷第 316 页。——编者注

我们当然极表欢迎,不过我们还主张再提出一个问题:

可是评判者是些什么人呢?

我们面前有两个书刊出版声明:一个是《俄国社会民主党人联合会的定期机关刊物〈工人事业〉杂志的纲领》(《工人事业》杂志第 1 期单张),另一个是《关于恢复"劳动解放社"出版物的声明》[39]。两个声明都标明是在 1899 年发表的,当时"马克思主义的危机"早已显现出来了。而我们看到的又是些什么呢? 在第一个声明中,你们丝毫没有指出这个现象,也没有确切说明新的机关刊物对这个问题打算采取的立场。关于理论工作及其在目前的迫切任务问题,无论在这个纲领中,或在 1901 年"联合会"第三次代表大会[40]通过的对这个纲领的补充条文中(《两个代表大会》第 15—18 页),都只字未提。在这整个时期内,《工人事业》杂志编辑部始终都把理论问题搁在一边,虽然这些问题是全世界一切社会民主党人都很关心的问题。

与此相反,另一个声明首先就指出了近年来人们对理论的兴趣减弱的事实,坚决要求"密切注意无产阶级革命运动的理论方面",并号召大家"无情地批评"我们运动中的"伯恩施坦主义的倾向以及其他反对革命的倾向"。已经出版的几期《曙光》杂志,表明了这个纲领的执行情况。

由此可见,所谓反对思想僵化等等的响亮词句,只不过是用来掩饰人们对理论思想发展的冷淡和无能。俄国社会民主党人的例子非常明显地说明了全欧洲的普遍现象(这是德国马克思主义者也早已指出的现象):臭名远扬的批评自由,并不是用一种理论来代替另一种理论,而是自由地抛弃任何完整的和周密的理论,是折中主义和无原则性。凡是稍微了解我国运动的实际情况的人,都

怎 么 办?

不能不看到,随着马克思主义的广泛传播,理论水平有了某种程度的降低。有不少理论修养很差甚至毫无理论修养的人,由于看见运动有实际意义和实际成效而加入了运动。由此可见,《工人事业》杂志得意扬扬地提出马克思的一句名言——"一步实际运动比一打纲领更重要"①,是多么不合时宜。在理论混乱的时代来重复这句话,就如同在看到人家送葬时高喊"但愿你们拉也拉不完!"**41**一样。而且上面马克思的这句话,是从他评论哥达纲领**42**的信里摘引来的,马克思在信里**严厉地斥责了**人们在说明原则时的折中主义态度。马克思写信给党的领袖们说,如果需要联合,那么为了达到运动的具体目标,可以缔结协定,但是决不能拿原则来做交易,决不要作理论上的"让步"。马克思的意思就是这样,而我们这里却有人假借马克思的名义来竭力贬低理论的意义!

没有革命的理论,就不会有革命的运动。在醉心于最狭隘的实际活动的偏向同时髦的机会主义说教结合在一起的情况下,必须始终坚持这种思想。而对俄国社会民主党来说,由于存在三种时常被人忘记的情况,理论的意义就显得更为重要了。这三种情况就是:第一,我们的党还刚刚在形成,刚刚在确定自己的面貌,同革命思想中有使运动离开正确道路危险的其他派别进行的清算还远没有结束。相反,正是在最近时期,非社会民主党的革命派别显得活跃起来了(这是阿克雪里罗得早就对"经济派"说过的**43**)。在这种条件下,初看起来似乎并"不重要的"错误也可能引起极其可悲的后果;只有目光短浅的人,才会以为进行派别争论和严格区

① 见《马克思恩格斯选集》第3版第3卷第355页。——编者注

别各派色彩,是一种不适时的或者多余的事情。这种或那种"色彩"的加强,可能决定俄国社会民主党许多许多年的前途。

第二,社会民主主义运动就其本质来说是国际性的运动。这不仅意味着我们应当反对民族沙文主义。这还意味着在年轻的国家里开始的运动,只有在运用别国的经验的条件下才能顺利发展。但是,要运用别国的经验,简单了解这种经验或简单抄袭别国最近的决议是不够的。为此必须善于用批判的态度来看待这种经验,并且独立地加以检验。只要想一想现代工人运动已经有了多么巨大的成长和扩展,就会懂得,为了完成这个任务,需要有多么雄厚的理论力量和多么丰富的政治经验(以及革命经验)。

第三,俄国社会民主党担负的民族任务是世界上任何一个社会党都不曾有过的。我们在下面还要谈到把全体人民从专制制度压迫下解放出来这个任务所赋予我们的种种政治责任和组织责任。现在我们只想指出一点,就是**只有以先进理论为指南的党,才能实现先进战士的作用**。读者如果想要稍微具体地了解这句话的意思,就请回想一下俄国社会民主主义运动的先驱者赫尔岑、别林斯基、车尔尼雪夫斯基以及 70 年代的那一批杰出的革命家;就请想想俄国文学现在所获得的世界意义;就请……只要想想这些也就足够了!

现在让我们引证一下恩格斯 1874 年谈到理论在社会民主主义运动中的意义问题时所发表的意见吧。恩格斯认为,社会民主党的伟大斗争**并不是有两种**形式(政治的和经济的),像在我国通常认为的那样,**而是有三种形式,同这两种斗争并列的还有理论的斗争**。他对实践上和政治上都已经巩固的德国工人运动所作的指示,从现代各种问题和争论的观点来看是非常有教益的,因此我们

希望读者不要因为我们从那部早已成了非常罕见的珍本书的《德国农民战争》①的序言中,摘引很长一段话而埋怨我们:

"德国工人同欧洲其他各国工人比较起来,有两大优越之处。第一,他们属于欧洲最有理论修养的民族,他们保持了德国那些所谓'有教养的人'几乎完全丧失了的理论感。如果不是先有德国哲学,特别是黑格尔哲学,那么德国科学社会主义,即过去从来没有过的唯一科学的社会主义,就决不可能创立。如果工人没有理论感,那么这个科学社会主义就决不可能像现在这样深入他们的血肉。这个优越之处无比重要,表现在以下的事实中:一方面,英国工人运动虽然在各个行业中有很好的组织,但是发展得非常缓慢,其主要原因之一就是对于一切理论的漠视;另一方面,法国人和比利时人由于受初始形态的蒲鲁东主义的影响而产生谬误和迷惘,西班牙人和意大利人则由于受经巴枯宁进一步漫画化的蒲鲁东主义的影响而产生谬误和迷惘。

第二个优越之处,就是德国人参加工人运动,从时间上来说,差不多是最迟的。德国的理论上的社会主义永远不会忘记,它是站在圣西门、傅立叶和欧文这三个人的肩上的。虽然这三个人的学说含有十分虚幻和空想的性质,但他们终究是属于一切时代最伟大的智士之列的,他们天才地预示了我们现在已经科学地证明了其正确性的无数真理。同德国的理论上的社会主义一样,德国的实践的工人运动也永远不应当忘记,它是站在英国和法国的运动的肩上发展起来的,它能够直接利用英国和法国的运动用很高的代价换来的经验,而在现在避免它们当时往往无法避免的那些

----

① 1875 年莱比锡合作出版社第 3 版。

错误。如果没有英国工联运动和法国工人政治斗争的榜样,如果没有特别是巴黎公社所给予的那种巨大的推动,我们现在会处在什么境地呢?

必须承认,德国工人非常巧妙地利用了自己地位的有利之处。自从有工人运动以来,斗争是第一次在其所有三个方面——理论方面、政治方面和实践经济方面(反抗资本家)互相配合,互相联系,有计划地推进。德国工人运动所以强大有力和不可战胜,也正是由于这种可以说是集中的攻击。

一方面由于德国工人具有这种有利的地位,另一方面由于英国工人运动具有岛国的特点,而法国工人运动又受到暴力的镇压,所以现在德国工人是处于无产阶级斗争的前列。形势究竟容许他们把这种光荣地位占据多久,现在还无法预先断言。但是,只要他们还占据着这个地位,我们就希望他们能履行在这个地位所应尽的职责。要做到这一点,就必须在斗争和鼓动的各个方面都加倍努力。特别是领袖们有责任越来越透彻地理解种种理论问题,越来越彻底地摆脱那些属于旧世界观的传统言词的影响,并且时刻注意到:社会主义自从成为科学以来,就要求人们把它当做科学来对待,就是说,要求人们去研究它。必须以高度的热情把由此获得的日益明确的意识传播到工人群众中去,必须不断增强党组织和工会组织的团结……

……如果德国工人将来继续这样发展下去,那么虽然不能说他们一定会走在运动的最前列(只是某一个国家的工人走在运动的最前列,这并不符合运动的利益),但是毕竟会在战斗行列中占据一个光荣的地位;而将来如果有出乎意料的严峻考验或者重大事变要求他们表现出更大的勇气、更大的决心和毅力的时候,他们

27

一定会有充分的准备。"①

恩格斯的话果然有先见之明。几年之后,德国工人遇到了反社会党人非常法这样出乎意料的严峻考验。而德国工人确实是有充分准备地迎接了这次考验,并且胜利地通过了这次考验。

俄国无产阶级将要遇到无比严峻的考验,将要同凶猛的怪物作斗争,宪制国家中的非常法同这个怪物比较起来,真是小巫见大巫。历史现在向我们提出的当前任务,是比其他任何一个国家的无产阶级的一切**当前任务都更革命的**任务。实现这个任务,即摧毁这个不仅是欧洲的同时也是(我们现在可以这样说)亚洲的反动势力的最强大的堡垒,就会使俄国无产阶级成为国际革命无产阶级的先锋队。而我们有理由指望,只要我们能够用我们的先驱者即70年代的革命家那种献身的决心和毅力,来鼓舞我们的比当时更广阔和更深刻千百倍的运动,我们就一定能够获得我们的先驱者在当时已经享有的这个光荣称号。

---

① 见《马克思恩格斯选集》第3版第3卷第36—38页。——编者注

二 群众的自发性和社会民主党的自觉性

我们说,必须用70年代的那种献身的决心和毅力,来鼓舞我们的比当时更广阔和更深刻得多的运动。的确,直到现在,似乎还没有人怀疑过:当前运动的力量在于群众(主要是工业无产阶级)的觉醒,而它的弱点却在于身为领导者的革命家缺乏自觉性和首创精神。

但是,最近有人作出了一个惊人的发现,大有把至今对这个问题的一切流行观点全部推翻之势。作出这个发现的是《工人事业》杂志,它在同《火星报》和《曙光》杂志进行论战的时候,不仅提出局部性的反驳,而且力图把"总的意见分歧"归结到更深的根源上去,即归结为"对自发因素和自觉的'有计划'因素**相比**哪个意义大,有不同的估计"。《工人事业》杂志提出的指责是:"**轻视发展过程中的客观因素或自发因素的意义**"①。对此我们回答说:即使同《火星报》和《曙光》杂志的论战,只是促使《工人事业》杂志想到这个"总的意见分歧",而完全没有产生任何其他的结果,那

---

① 1901年9月《工人事业》杂志第10期第17页和第18页。黑体是《工人事业》杂志用的。

么单是这个结果也就使我们很满意了,因为这句话的含义很深,它把俄国社会民主党人之间当前在理论上和政治上的意见分歧的全部实质都非常清楚地点明了。

正因为如此,自觉性同自发性的关系问题引起了人们极大的普遍的关注,对这个问题应当十分详细地加以讨论。

(一)　自发高潮的开始

我们在前一章中已经指出,90 年代中期俄国有教养的青年醉心于马克思主义理论是很**普遍的**。大约同一时期,在有名的 1896 年彼得堡工业战争**44**之后,工人罢工也带有同样的普遍性。工人罢工遍及全俄,清楚地证明了重新高涨起来的人民运动的深度;假使要说"自发因素",那么首先当然应当承认,正是这种罢工运动是自发的。但自发性和自发性也有不同。在 70 年代和 60 年代(甚至在 19 世纪上半叶),俄国都发生过罢工,当时还有"自发地"毁坏机器等等的现象。同这些"骚乱"比较起来,90 年代的罢工甚至可以称为"自觉的"罢工了,可见工人运动在这个时期的进步是多么巨大。这就向我们表明:"自发因素"实质上无非是自觉性的**萌芽状态**。甚至原始的骚乱本身就已表现了自觉性在某种程度上的觉醒,因为工人已经不像历来那样相信压迫他们的那些制度是不可动摇的,而开始……感觉到(我不说是理解到)必须进行集体的反抗,坚决抛弃了奴隶般的顺从长官的态度。但这种行为多半是绝望和报复的表现,还不能说是**斗争**。90 年代的罢工所表现出来的自觉色彩就多得多了,这时已经提出明确的要求,事先考虑什么样的时机较为有利,并且讨论别处发生的一些事件和实例,等等。如果说骚乱不过是被压迫人们的一种反抗,那么有计划的罢工本身就已表现出阶级斗争的萌芽,但也只能说是一种萌芽。这些罢工本身是工联主义的斗争,还不是社会民主主义的斗争;这些罢工标志着工人已经感觉到他们同厂主的对抗,但是工人还没有意识到而且也不可能意识到他们的利益同整个现代的政治制度和社会制度的不可调和的对立,也就是说,他们还没有而且也不可能有社会民主主义的意识。从这个意义上讲,尽管90年代的罢工比起"骚乱"来有了很大的进步,但仍然是纯粹自发的运动。

我们说,工人本来**也不可能有**社会民主主义的意识。这种意识只能从外面灌输进去,各国的历史都证明:工人阶级单靠自己本身的力量,只能形成工联主义的意识,即确信必须结成工会,必须同厂主斗争,必须向政府争取颁布对工人是必要的某些法律,如此等等。① 而社会主义学说则是从有产阶级的有教养的人即知识分子创造的哲学理论、历史理论和经济理论中发展起来的。现代科学社会主义的创始人马克思和恩格斯本人,按他们的社会地位来说,也是资产阶级知识分子。俄国的情况也是一样,社会民主党的理论学说也是完全不依赖于工人运动的自发增长而产生的,它的产生是革命的社会主义知识分子的思想发展的自然和必然的结果。到我们现在所讲的这个时期,即到90年代中期,这个学说不仅已经成了"劳动解放社"十分确定的纲领,而且已经把俄国大多

---

① 工联主义决不像人们有时认为的那样排斥一切"政治"。工联一向都是进行一定的(但不是社会民主主义的)政治鼓动和斗争的。关于工联主义政治和社会民主主义政治之间的区别,我们将在下一章里加以说明。

数革命青年争取到自己方面来了。

由此可见,当时既有工人群众的自发的觉醒,趋向自觉生活和自觉斗争的觉醒,又有一些用社会民主主义理论武装起来而竭力去接近工人的革命青年。这里特别要指出那个常常被人忘记的(也是不大有人知道的)事实,就是这个时期的**第一批社会民主党人**,在**热心地从事经济鼓动**(而且在这方面他们充分注意到了当时还是手抄本的小册子《论鼓动》[45]中那些真正有益的指示)的同时,不仅没有把经济鼓动当做自己唯一的任务,而且相反,**一开始**就提出了整个俄国社会民主党的最广泛的历史任务,特别是推翻专制制度的任务。例如,创立了"工人阶级解放斗争协会"[46]的那些彼得堡的社会民主党人,早在1895年底就编好了定名为《工人事业报》的创刊号。但是这个准备好要付印的创刊号,在1895年12月8日夜里突然被宪兵从一个会员阿·亚·瓦涅耶夫[1]那里搜走了,于是第一次付排的《工人事业报》就没有能够问世。这张报纸的社论[47](也许过个30年,会有一家像《俄国旧事》[48]那样的杂志把它从警察司档案中找出来)说明了俄国工人阶级的历史任务,并且把争取政治自由作为首要任务。其次,有一篇《我们的大臣们在想些什么?》的文章[2],是揭露警察摧残识字运动委员会的;此外,还有许多不仅从彼得堡,并且从俄国其他地方寄来的通讯(如记载雅罗斯拉夫尔省工人流血事件[49]的通讯)。可见,90年代

---

① 阿·亚·瓦涅耶夫在拘留所被单独拘禁时得了肺病,于1899年在东西伯利亚去世。所以,我们认为可以把正文中所引证的情况公布出来,对于这些情况的确实性,我们可以担保,因为这些消息是从直接了解并最熟悉阿·亚·瓦涅耶夫的情况的人们那里得来的。

② 见《列宁全集》中文第2版增订版第2卷第65—68页。——编者注

俄国社会民主党人所作的这个所谓"初次尝试",并不是要办一个狭隘的地方性的报纸,更不是"经济主义"性质的报纸,而是要办一个力求把罢工斗争同反专制制度的革命运动结合起来,并吸引当时一切受反动黑暗政治压迫的人来支持社会民主党的报纸。凡是稍微知道一点当时的运动情况的人都不会怀疑,这样的报纸一定能够既获得首都工人又获得革命知识分子的完全同情,并且会得到极广泛的传播。而这件事没有办成只是证明,当时的社会民主党人由于革命经验和实际修养不够而不能适应形势的迫切要求。《圣彼得堡工人小报》[50]也是如此;《工人报》以及1898年春季成立的俄国社会民主工党所发表的《宣言》[51]更是如此。当然,我们根本没有想到把这种缺乏修养的情况归罪于当时的活动家。但是,为了利用运动的经验,并且从这个经验中吸取实际的教训,我们必须充分认识各种缺点的原因和意义。因此极为重要的是要明确,一部分(也许甚至是大多数)在1895—1898年间活动的社会民主党人认为,在那个时候,即"自发"运动一开始的时候,就可以提出极其广泛的纲领和战斗策略①,这是完全正确的。至于大

---

① "《火星报》对90年代末的社会民主党人的活动持否定态度,而忽略了那个时候除了为微小的要求而斗争外没有条件进行别的工作"——"经济派"在他们《给俄国社会民主党机关刊物的一封信》(《火星报》第12号)中这样说道。正文中所援引的事实证明,所谓"没有条件"的说法**是同真实情况绝对相反的**。不仅在90年代末,即使在90年代中期,除了为微小的要求而斗争外,进行**别的**工作所需的一切条件也是完全具备了的,当时只是领导者缺乏足够的修养。"经济派"不公开承认我们这些思想家、我们这些领导者缺乏修养的事实,却想把一切都归咎于"没有条件",归咎于物质环境的影响,而物质环境决定着运动的道路,任何思想家都不能使运动脱离这条道路。试问,这不是屈从自发性是什么?这不是"思想家"欣赏自己的缺点是什么?

多数革命家缺乏修养,那是很自然的现象,不应引起什么特别的忧虑。既然任务提得正确,既然有不屈不挠地试图实现这些任务的毅力,那么暂时的失利就不过是一种小小的不幸。革命经验和组织才能,是可以学到的东西。只要有养成这些必要品质的愿望就行! 只要能认识到缺点就行,因为在革命事业中,认识到缺点就等于改正了一大半!

可是,当这种认识开始变得模糊的时候(这种认识在上面提到的那些活动家中本来是很明确的),当有一部分人,甚至还有社会民主党的一些机关刊物,竟想把缺点推崇为美德,甚至想从**理论上论证**自己**对自发性的屈从和崇拜**时,这个小小的不幸可就成了真正的大不幸了。对于这个派别,用"经济主义"这一过于狭隘的概念来说明它的内容是很不确切的,现在是作总结的时候了。

(二) 对自发性的崇拜。《工人思想报》

我们在讲这种对自发性的崇拜在书刊上的种种表现之前,先要指出下面一个很能说明问题的事实(这是我们从上面所说过的那些人那里知道的),根据这个事实多少可以看出,俄国社会民主党内后来的两派之间的纠纷在活动于彼得堡的同志们中是怎样产生和发展起来的。1897 年初,阿·亚·瓦涅耶夫和他的几个同志,在流放之前,参加了一次非正式会议[52],到会的有"工人阶级解放斗争协会"中的"老年派"会员和"青年派"会员。当时谈的主要是组织问题,也谈了《工人储金会章程》问题,这个章程的定稿发表在《〈工作者〉小报》[53]第9—10期合刊上(第46页)。在"老年派"(彼得堡的社会民主党人当时开玩笑地把他们叫做"十二月党人")和一部分"青年派"(他们后来积极参加了《工人思想报》的工作)之间,一下子就暴露出了尖锐的意见分歧,发生了激烈的争论。"青年派"拥护的就是后来发表的那个章程的主要原则。"老年派"说,我们首先需要的决不是这个,而是加强"斗争协会",使它成为革命家的组织,并且使各种工人储金会以及在青年学生中进行宣传的那些小组等等都受它的领导。显然,争论的人们完全没有想到这个意见分歧就是分道扬镳的开端,恰恰相反,他们认为这是极个别的和偶然的意见分歧。可是这个事实表明,即使在俄国,"经济主义"的产生和泛滥也并不是没有经过同"老年派"社会民主党人的斗争的(现在的"经济派"往往忘记了这一点)。至于这个斗争多半没有留下"文件的"痕迹,**唯一的**原因是当时进行活动的各个小组的成员变动极其频繁,没有任何继承性,因此意见分歧也就没有用任何文件记载下来。

《工人思想报》的出现把"经济主义"暴露在光天化日之下,但这也不是一下子暴露的。必须具体地设想一下当时俄国许许多多小组的工作条件及其生命的短促(而只有亲身经历过的人,才能具体地想象出这种情况),才能懂得新派别在各个城市里成败的偶然因素是很多的,才能懂得为什么这个"新"派别的拥护者也好,反对者也好,都长时间不能断定,并且简直是根本无法断定,这究竟真是一种特殊的派别呢,或者只是个别人缺乏修养的表现。比如《工人思想报》头几号的胶印版,甚至绝大多数社会民主党人都完全不知道,而我们现在所以能够引用《工人思想报》创刊号上的社论,只是因为在弗·伊—申的文章(《〈工作者〉小报》第9—

10 期合刊第 47 页及以下各页)中转引了这篇社论,而弗·伊—申
自然没有放过这个机会来热心地——狂热地——夸奖这个同上面
我们所说的各种报纸以及准备出版的报纸大不相同的新报纸。①
而这篇社论却是值得谈一谈的,因为它把《工人思想报》和整个
"经济主义"的**全部精神**都极其明显地表现出来了。

社论指出穿蓝色袖口制服的人[54]阻止不了工人运动的发展,
接着写道:"……工人运动如此富有生命力,是因为工人终于从领
导者手里夺回了自己的命运,由自己来掌握了",并且把这个基本
论点进一步作了详细的发挥。其实,领导者(即社会民主党人,
"斗争协会"的组织者)可以说是被警察从工人手中夺去的②,但
事情却被说成是工人同这些领导者作过斗争而摆脱了他们的束
缚!人们不去号召前进,号召巩固革命组织和扩大政治活动,而去
号召**后退**,号召专作工联主义的斗争。说什么"由于力求时刻牢
记政治理想而模糊了运动的经济基础",说什么工人运动的座右
铭是"为改善经济状况而斗争"(!),或者说得更好一些,是"工人
为工人"。说什么罢工储金会"对于运动比一百个其他的组织更
有价值"(请把 1897 年 10 月说的这段话和 1897 年初"十二月党

---

① 这里顺便提一下:弗·伊—申夸奖《工人思想报》是在 1898 年 11 月,当
时"经济主义",特别是在国外,已经完全形成了,就是这位弗·伊—
申,很快就成了《工人事业》杂志的一个编辑。而《工人事业》杂志当时
却否认俄国社会民主党内存在两派的事实,而且直到现在还在否认这
个事实!

② 从下面一个明显的事实中,可以看出这种比拟是恰当的。这个事实就
是:在"十二月党人"遭到逮捕之后,施吕瑟尔堡大街的工人中间流传
着一个消息,说这次遭到破坏是由一个同"十二月党人"的某个外国团
体有密切联系的奸细 H.H.米哈伊洛夫(牙科医生)促成的,于是这些工
人非常愤慨,决定要杀死米哈伊洛夫。

人"同"青年派"的争论比较一下吧),如此等等。所谓我们应当着重注意的不是工人中间的"精华",而是"中等水平的"即普通的工人,以及所谓"政治始终是顺从于经济的"①等等之类的话,已经成为一种时髦的论调,并且对许多被吸引到运动里来的青年产生了极大的影响,而这些青年往往只是从合法书刊上的论述中知道马克思主义的一些片断的。

这表明,自觉性完全被自发性压倒了,而这种自发性出自那些重复瓦·沃·先生的"思想"的"社会民主党人",出自一部分工人,这些工人听信以下的说法:每个卢布工资增加一戈比,要比任何社会主义和任何政治都更加实惠和可贵;工人要进行"斗争,是因为他们知道,斗争不是为了什么未来的后代,而是为了自己本人和自己的儿女"(《工人思想报》创刊号的社论)。这类词句是西欧资产者向来爱用的武器,他们因仇视社会主义而亲自动手(如德国的"社会政治家"希尔施)把英国的工联主义移植到本国土地上来,向工人说,纯粹工会的斗争②就是为了自己本人和自己的儿女,而不是为了什么未来的后代和什么未来的社会主义。而"俄国社会民主党中的瓦·沃·"现在也来重复这些资产阶级的词句了。这里必须指出三种情况,这些情况对往下分析**当前的**

———————————

① 这也是从《工人思想报》创刊号的那篇社论中摘录下来的。根据这一点就可以断定,这些"俄国社会民主党中的瓦·沃·"[55]的理论修养究竟怎样。当马克思主义者正在书刊上同这位早已因**这样**理解政治与经济的相互关系而得到了"干反动勾当的能手"这个雅号的真正的瓦·沃·先生作战的时候,这些"俄国社会民主党中的瓦·沃·"却在重复这种把"经济唯物主义"粗暴地庸俗化的论调!

② 德国人甚至有"Nur-Gewerkschaftler"这样一个专门名词,意思是:主张"纯粹工会"斗争的人。

意见分歧①是很有用处的。

第一,我们上面所指出的那种自觉性被自发性压倒的现象,也是**自发地**发生的。这好像是在玩弄辞藻,但可惜这是一个令人痛心的真实情况! 这种现象的发生,并不是由于两种完全相反的观点进行了公开的斗争,一种观点战胜了另一种观点,而是由于"老年派"革命家愈来愈多地被宪兵"夺去",而"俄国社会民主党中的瓦·沃·""青年派"愈来愈多地登上舞台。不要说亲身参加过**当前**俄国运动的人,就是任何闻到过运动气味的人也十分清楚,事实正是这样。然而,我们所以要特别坚持让读者彻底弄清这个众所周知的事实,我们所以要为了明确起见而引用有关第一次付排的《工人事业报》以及1897年初"老年派"同"青年派"争论的材料,是因为有些以自己的"民主主义"相标榜的人,总是利用广大公众(或者很年轻的青年们)不知道这个事实来投机取巧。关于这个问题,我们下面还要讲到。

第二,根据"经济主义"最初在书刊上的表现,我们就可以看见一种极其独特而且最能使我们了解当前社会民主党人队伍中的各种意见分歧的现象,这就是那些主张"纯粹工人运动"的人,崇拜与无产阶级斗争保持最密切的、最"有机的"(《工人事业》杂志的说法)联系的人,反对任何非工人的知识分子(哪怕是社会主义的知识分子)的人,为了替自己的立场辩护,竟不得不采用**资产阶**

---

① 我们强调**当前的**,是要请这样一些人注意,这些人会伪善地耸耸肩膀说:现在斥责《工人思想报》是很容易的,不过这是早已过去的事了! 我们回答当前这些伪君子说:这里指的就是你,只是改了一下名字。关于这些伪君子完全被《工人思想报》的思想所征服的事实,我们将在下面加以**证明**。

级"纯粹工联主义者"的论据。这个事实向我们表明:《工人思想报》一开始就已经着手(不自觉地)实现《信条》这一纲领。这个事实表明(这是《工人事业》杂志始终不能了解的):对工人运动自发性的**任何**崇拜,对"自觉因素"的作用即社会民主党的作用的任何轻视,**完全不管轻视者自己愿意与否,都是加强资产阶级意识形态对工人的影响。**所有那些说什么"夸大意识形态的作用"①,夸大自觉因素的作用②等等的人,都以为工人只要能够"从领导者手里夺回自己的命运",纯粹工人运动本身就能够创造出而且一定会创造出一种独立的意识形态。但这是极大的错误。为了补充我们以上所说的话,我们还要引用卡·考茨基谈到奥地利社会民主党的新纲领草案时所说的下面一段十分正确而重要的话③:

"在我们那些修正主义批评派中,有许多人以为马克思似乎曾经断言经济发展和阶级斗争不仅造成社会主义生产的条件,而且还直接产生认识到社会主义生产是必要的那种**意识**〈黑体是卡·考·用的〉。于是这些批评派就反驳道,资本主义最发达的英国,对这种意识却是最陌生的。根据草案可以想见:被人用上述方式驳倒的这一冒充正统马克思主义的观点,奥地利纲领的起草委员会也是赞成的。草案上写道:'资本主义的发展愈是使无产阶级的人数增加,无产阶级也就愈是不得不进行反对资本主义的斗争,并且也愈有可能来进行这个斗争。无产阶级就会意识到'社会主义的可能性和必要性。这样一来,社会主义意识就成了无产阶级阶级斗争的必然的直接的结果。但这种观点是完全不正确的。当然,社会主义这种学说,也同无产阶级的阶级斗争一样,根源于现代经济关系,也同无产阶级的阶级斗争一样,是从

---

① 《火星报》第12号上发表的"经济派"的来信。
② 《工人事业》杂志第10期。
③ 《新时代》杂志**56**第20年卷(1901—1902)第1册第3期第79页。卡·考茨基谈到的纲领起草委员会的草案,由维也纳代表大会(去年年底)稍加修改后通过**57**。

反对资本主义所引起的群众的贫穷和困苦的斗争中产生的,但社会主义和阶级斗争是并列地产生的,而不是一个从另一个中产生出来,它们是在不同的前提下产生的。现代社会主义意识,只有在深刻的科学知识的基础上才能产生出来。其实,现代的经济科学,也像现代的技术(举例来说)一样,是社会主义生产的条件,而无产阶级尽管有极其强烈的愿望,却不能创造出现代的经济科学,也不能创造出现代的技术;这两种东西都是从现代社会发展过程中产生出来的。但科学的代表人物并不是无产阶级,而是**资产阶级知识分子**〈黑体是卡·考·用的〉;现代社会主义也就是从这一阶层的个别人物的头脑中产生的,他们把这个学说传授给才智出众的无产者,后者又在条件许可的地方把它灌输到无产阶级的阶级斗争中去。可见,社会主义意识是一种从外面灌输(von außen Hineingetragenes)到无产阶级的阶级斗争中去的东西,而不是一种从这个斗争中自发地(urwüchsig)产生出来的东西。因此,旧海因菲尔德纲领说得非常正确:社会民主党的任务就是把认清无产阶级的地位及其任务的这种**意识灌输**到无产阶级中去〈直译就是:充实无产阶级〉。假使这种意识会自然而然地从阶级斗争中产生出来,那就没有必要这样做了。新草案接受了旧纲领中的这个原理,而把它勉强附加到上面所引的那个原理上去。但是这样一来,道理就讲不通了……"

　　既然谈不到由工人群众在其运动进程中自己创立的独立的意识形态①,那么问题**只能是这样**:或者是资产阶级的意识形态,或

---

①　这当然不是说工人不参加创立意识形态的工作。但他们不是以工人的身份来参加,而是以社会主义理论家的身份、以蒲鲁东和魏特林一类人的身份来参加的,换句话说,只有当他们能在某种程度上掌握他们那个时代的知识并把它向前推进的时候,他们才能在相应的程度上参加这一工作。为了使工人能**更多地做到这一点**,就必须尽量设法提高全体工人的觉悟水平,就必须使他们不要自己局限于阅读被人为地缩小了的"**工人读物**",而要学习愈来愈多地领会**一般读物**。更正确些说,不是"自己局限于",而是被局限于,因为工人自己是阅读并且也愿意去阅读那些写给知识分子看的读物的,而只有某些(坏的)知识分子,才认为"对于工人"只要讲讲有关工厂中的情况,反复地咀嚼一些大家早已知道的东西就够了。

者是社会主义的意识形态。这里中间的东西是没有的(因为人类没有创造过任何"第三种"意识形态,而且在为阶级矛盾所分裂的社会中,任何时候也不可能有非阶级的或超阶级的意识形态)。因此,对社会主义意识形态的**任何**轻视和**任何**脱离,都意味着资产阶级意识形态的加强。人们经常谈论自发性。但工人运动的**自发的**发展,恰恰导致运动受资产阶级意识形态的支配,**恰恰是按照**《信条》**这一纲领进行的**,因为自发的工人运动就是工联主义的、也就是纯粹工会的运动,而工联主义正是意味着工人受资产阶级的思想奴役。因此,我们社会民主党的任务就是要**反对自发性**,就是要**使**工人运动**脱离**这种投到资产阶级羽翼下去的工联主义的自发趋势,而把它吸引到革命的社会民主党的羽翼下来。因此,《火星报》第12号上发表的那封"经济派"的来信的作者们说什么无论最热心的思想家怎样努力,都不能使工人运动脱离那条由物质因素和物质环境的相互作用所决定的道路,就**完全等于抛弃社会主义**;如果这些作者能够把自己所说的话大胆而透彻地通盘思考一番,正如每个从事写作活动和社会活动的人都应当这样来仔细思考自己的见解一样,那他们就只能"把一双没用的手交叉在空虚的胸前",而……而把阵地让给司徒卢威之流和普罗柯波维奇之流的先生们,由他们把工人运动拉到"阻力最小的路线上去",即拉到资产阶级工联主义路线上去,或是把阵地让给祖巴托夫之流的先生们,由他们把工人运动拉到神父加宪兵的"意识形态"的路线上去。

请回忆一下德国的例子吧。拉萨尔对于德国工人运动的历史功绩何在呢?就在于他**使**这个运动**脱离**了它自发地走上(**在舒尔采-德里奇之类的人的盛情参与下**)的那条进步党[58]的工联主义和合作社主义的道路。为了执行这个任务,所需要的不是谈论什么轻视自发因素,什么策略–过程,什么因素和环境的相互作用等等,而是与此完全不同的做法。为此需要**同自发性进行殊死的斗争**,也正是由于许多年来进行了这种斗争,比如说,柏林的工人才由进步党的支柱变成了社会民主党的最好的堡垒之一。这种斗争直到现在也远远没有结束(也许那些根据普罗柯波维奇的著述研究德国运动的历史,根据司徒卢威的著述研究德国运动的哲学的人,会认为斗争已经结束了[59])。直到现在,德国工人阶级可以说还分属于几种意识形态:一部分工人组织在天主教的和君主派的工会中,另一部分工人组织在崇拜英国工联主义的资产阶级分子所创立的希尔施—敦克尔工会[60]中,还有一部分工人则组织在社会民主党的工会中。最后一部分工人比其余两部分工人多得多,但社会民主党的意识形态只是由于同所有其他的意识形态进行了不懈的斗争才获得了这个首位,而且也只有继续进行这种不懈的斗争,才能保持这个首位。

但是读者会问:自发的运动,沿着阻力最小的路线进行的运动,为什么就恰恰会受资产阶级意识形态的控制呢?原因很简单:资产阶级意识形态的渊源比社会主义意识形态久远得多,它经过了更加全面的加工,它拥有的传播工具也多得**不能相比**①。所以

---

① 人们常常说:工人阶级**自发地**倾向社会主义。在下述意义上说,这是完全正确的,就是社会主义理论比其他一切理论都更深刻更正确地指明了工人阶级受苦的原因,因此工人也就很容易领会这个理论,**只要**这个理论本身不屈服于自发性,**只要**这个理论使自发性受它的支配。通常这是不言而喻的,可是《**工人事业**》杂志恰恰忘记和曲解了这个不言而喻的道理。工人阶级自发地倾向社会主义,然而最流行的(而且时刻以各种各样的形式复活起来的)资产阶级意识形态,却自发地而又最猖狂地迫使工人接受它。

某一个国家中的社会主义运动愈年轻,也就应当愈积极地同一切巩固非社会主义意识形态的企图作斗争,也就应当愈坚决地告诉工人提防那些叫嚷不要"夸大自觉因素"等等的蹩脚的谋士。"经济派"的来信的作者们和《工人事业》杂志异口同声地攻击运动在幼年时期所特有的那种不肯容忍的态度。我们回答说:不错,我们的运动确实还处在幼年状态,而为了赶快成长起来,它正应当采取不肯容忍的态度来对待那些用崇拜自发性阻碍运动发展的人。硬把自己装扮成一个早已经历过斗争中的一切重大变故的老年人,这是再可笑、再有害不过的了!

第三,《工人思想报》创刊号向我们表明,"经济主义"这个名称(我们自然不想丢开这个名称,因为这个称呼毕竟已经用惯了)并没有十分确切地表达新派别的实质。《工人思想报》并不完全否认政治斗争,因为在《工人思想报》创刊号所刊载的那个储金会章程中,就谈到要同政府作斗争。不过《工人思想报》以为"政治始终是顺从于经济的"(《工人事业》杂志则用另一种说法来表达这个论点,它在自己的纲领中说:"在俄国,经济斗争和政治斗争比在其他国家更**是分不开的**")。**假使所谓的政治是指社会民主主义的政治**,那么《工人思想报》和《工人事业》杂志的这种说法就是完全不对的。正如我们看到的,工人的经济斗争往往是同资产阶级、教权派等等的政治相联系的(尽管不是分不开的)。假使所谓的政治是指工联主义的政治,即指一切工人普遍地要求由国家采取某些措施来减轻工人的地位所固有的困苦,但不是摆脱这种地位即消灭劳动受资本支配的现象,那么《工人事业》杂志的说法就是对的。这种要求确实是敌视社会主义的英国工联会员以及天主教工人和"祖巴托夫的"工人等等所共有的。有各种各样的政治。可见,《工人思想报》对政治斗争的态度,与其说是否定它,不如说是崇拜它的**自发性**,崇拜它的不觉悟性。《工人思想报》完全承认从工人运动本身中自发生长出来的政治斗争(正确些说:工人的政治愿望和政治要求),但完全不肯**独立地研究一下特殊的社会民主主义的政治**,即适合社会主义的一般任务和现代俄国条件的政治。下面我们就要指出,《工人事业》杂志所犯的错误也是这样。

(三)"自我解放社"[61]和《工人事业》杂志

我们这样详细地分析《工人思想报》创刊号上那篇很少有人知道而且现在差不多已被遗忘的社论,是因为它最早而且最明显地表现了一个总的潮流,这个潮流后来又涌现出无数细流。弗·伊—称赞《工人思想报》创刊号及其社论,说它写得"很尖锐,很有斗志"(《〈工作者〉小报》第9—10期合刊第49页),这是完全正确的。每一个坚信自己的意见正确、认为自己提出了某种新主张的人,写起文章来总是"很有斗志",总是很鲜明地表达自己的观点的。只有那些惯于脚踏两只船的人才会毫无"斗志",只有这样的人,才会昨天称赞《工人思想报》的斗志,今天却攻击该报论敌的"论战的斗志"。

我们现在且不谈《〈工人思想报〉增刊》(下面谈到各种问题时,我们还得引用这篇最彻底地表达了"经济派"思想的作品),而只简单地谈谈《工人自我解放社宣言》(发表于1899年3月,转载于1899年7月伦敦《前夕》杂志[62]第7期)。这篇宣言的作者们说得很公道,"工人的俄国**还刚开始觉醒**,刚在那里举目四望并**本能**

地抓住最初碰到的斗争手段",但是他们也和《工人思想报》一样从这里得出了同一个不正确的结论,忘记了本能性也就是社会主义者应当予以帮助的那种不觉悟性(自发性),忘记了在现代社会里"最初碰到的"斗争手段总会是工联主义的斗争手段,而"最初碰到的"意识形态总会是资产阶级的(工联主义的)意识形态。这些作者也同样不"否认"政治,不过(不过!)他们跟着瓦·沃·先生说,政治是上层建筑,所以"政治鼓动应当是为经济斗争而进行的鼓动的上层建筑,应当在经济斗争的基础上生长起来,并服从于它"。

至于说到《工人事业》杂志,那么它的活动一开始就是为"经济派""辩护"的。《工人事业》杂志竟在它的第 1 期(第 141—142 页)上**公然撒谎**,说它"不知道阿克雪里罗得"在他那本有名的小册子①里警告"经济派"时"所说的究竟是哪些年轻的同志",但是在同阿克雪里罗得和普列汉诺夫因这种谎话而进行激烈争论的时候,《工人事业》杂志又不得不承认它"是想用迷惑不解的口气来替所有那些比较年轻的侨居国外的社会民主党人**辩护**,以反驳这种不公正的责备"(即阿克雪里罗得责备"经济派"眼界狭小)。**63** 其实,这个责备是很公正的,并且《工人事业》杂志清楚地知道这个责备也落到了它的一位编辑弗·伊—申的头上。我想顺便指出:在上述争论中,在解释我的那本小册子《俄国社会民主党人的任务》②时,阿克雪里罗得完全正确,《工人事业》杂志却完全不正确。这本小册子是在 1897 年,在《工人思想报》还没有出版的时候写的,当时我认为并且有理由认为我上面叙述过的圣彼得堡

---

① 《论俄国社会民主党人的当前任务和策略问题》1898 年日内瓦版。1897 年写给《工人报》的两封信。

② 见《列宁全集》中文第 2 版增订版第 2 卷第 428—451 页。——编者注

"斗争协会"**最初的**方向是占统治地位的方向。至少到 1898 年上半年为止,这个方向确实是占统治地位的。所以,《工人事业》杂志丝毫没有权利援引我这本小册子来否认"经济主义"的存在和危险,我这本小册子上所阐述的观点已于 1897—1898 年间在圣彼得堡被"经济主义"观点**排挤掉了**。①

但是,《工人事业》杂志不仅为"经济派""辩护",而且自己也时常滑到他们的基本错误上去。所以会滑下去,是因为《工人事业》杂志的纲领中有这样一个模棱两可的论点:"我们认为近年来发生的**群众性工人运动**〈黑体是《工人事业》杂志用的〉是俄国生活中最重要的现象,这个现象基本上**将决定**联合会的书刊工作的**任务**〈黑体是我们用的〉和性质。"说群众性运动是最重要的现象,这是无可争辩的。但是整个问题就在于怎样理解这个群众性运动"决定任务"这句话。对于这句话可以有两种理解:**或者**是理解为崇拜这个运动的自发性,即把社会民主党的作用降低为专替这个工人运动当听差(《工人思想报》、"自我解放社"以及其他的"经济派"就

———————

① 《工人事业》杂志在写了头一段谎话("我们不知道帕·波·阿克雪里罗得所说的究竟是哪些年轻的同志")之后,为了替自己辩护,又在《回答》中写出了第二段谎话:"自从我们写了对《任务》一书的书评以来,俄国某些社会民主党人中已经产生或是较为明确地形成了经济主义片面性的倾向,这种倾向同《任务》一书描绘的我国运动的状况相比,就是后退了一步。"(第 9 页)**1900 年**出版的《回答》是这样说的。但《工人事业》杂志第 1 期(即登载有书评的那一期)是在 **1899 年 4 月**出版的。难道"经济主义"1899 年才产生出来吗?不,1899 年俄国社会民主党人就初次对"经济主义"提出了抗议(即对《信条》的抗议书)(见《列宁全集》中文第 2 版增订版第 4 卷第 144—156 页。——编者注)。"经济主义"是在 1897 年产生的,《工人事业》杂志分明知道这一点,因为**弗·伊—早在 1898 年 11 月**(在《〈工作者〉小报》第 9—10 期合刊上)就称赞过《工人思想报》了。

是这样理解的);或者是理解为群众性运动向我们提出了理论上、政治上和组织上的**新任务**,这些任务要比群众性运动产生以前可以使我们感到满足的那些任务复杂得多。《工人事业》杂志过去和现在都正是倾向于前一种理解,因为它根本没有明确地讲过任何新任务,而始终都认为,似乎这个"群众性运动"使我们**不必去**清楚地认识和解决运动所提出的种种任务。为了证明这一点,只要指出下面的事实就够了:《工人事业》杂志认为不可能把推翻专制制度当做群众性工人运动的**首要**任务,而把这种任务降低为(为了群众性运动的利益)争取实现最近的政治要求的任务(《回答》第25页)。

　　《工人事业》杂志编辑波·克里切夫斯基发表在第7期上的《俄国运动中的经济斗争与政治斗争》一文,也重复了同样的错误①,我

①　例如,在这篇文章中,政治斗争中的"阶段论"或"小心翼翼地曲折前进"论是这样论述的:"政治要求按其性质是全俄共同的,但是在最初的时候〈这是在1900年8月写的!〉应当适合于该工人阶层〈原文如此!〉从经济斗争中所获得的经验。只有〈!〉在这种经验的基础上才能够、才应当去进行政治鼓动"等等(第11页)。在第4页上,作者反驳了那种在他看来是毫无理由的、说他们宣传经济主义邪说的斥责,他慷慨激昂地喊道:"试问哪一个社会民主党人不知道,根据马克思和恩格斯的学说,各个阶级的经济利益在历史上起决定作用,**所以**,无产阶级为自己的经济利益而进行的斗争对它的阶级发展和解放斗争也应当有首要的意义呢?"(黑体是我们用的)这"所以"二字是用得完全不恰当的。根据经济利益起决定作用这一点,**决不应当作出**经济斗争(等于工会斗争)具有首要意义的结论,因为总的说来,各阶级最重大的、"决定性的"利益**只有**通过根本的**政治**改造来满足,具体说来,无产阶级的基本经济利益只能通过无产阶级专政代替资产阶级专政的政治革命来满足。波·克里切夫斯基所重复的是"俄国社会民主党中的瓦·沃·"的议论(即政治服从于经济等等),以及德国社会民主党中的伯恩施坦派的议论(例如沃尔特曼正是用这种议论来证明工人应当首先获得"经济力量",然后才能考虑政治革命)。

们暂且不谈这篇文章,而直接来谈《工人事业》杂志第 10 期。我们当然不准备去分析波·克里切夫斯基和马尔丁诺夫对《曙光》杂志和《火星报》提出的各条反驳意见。我们感兴趣的只是《工人事业》杂志在第 10 期上所持的原则立场。我们也不想去分析,比如说《工人事业》杂志发现下面两种提法是"绝对矛盾"的这种笑话。一种提法是:

"社会民主党不能用某种事先想好的政治斗争的计划或方法来束缚自己的手脚,缩小自己的活动范围。它承认一切斗争手段,只要这些手段同党的现有力量相适应"等等。(《火星报》创刊号)①另一种提法是:

"没有一个在任何环境和任何时期都善于进行政治斗争的坚强的组织,就谈不到什么系统的、具有坚定原则的和坚持不懈地执行的行动计划,而只有这样的计划才配称为策略。"(《火星报》第4 号)②

原则上承认一切斗争手段、一切计划和方法(只要它们是适当的)是一回事,要求**在一定的政治局势下**遵循一个坚持不懈地执行的计划(如果想谈策略的话)是另一回事;把这两者混为一谈,那就等于把医学上承认各种疗法同要求在医治某种病症时采用一定的疗法混为一谈。可是问题也就在于《工人事业》杂志自己得了我们称之为崇拜自发性的病症,却不愿承认医治**这个**病症的任何"疗法"。因此它就有了一个了不起的发现:"策略-计划是同马克思主义的基本精神相矛盾的"(第 10 期第 18 页),策略是

---

① 见《列宁全集》中文第 2 版增订版第 4 卷第 337 页。——编者注
② 同上,第 5 卷第 2 页。——编者注

"党的任务随着党的发展而增长的过程"（第 11 页，黑体是《工人事业》杂志用的）。后面这一句话很有希望成为一句名言，成为《工人事业》杂志这一"派别"的一座不朽的纪念碑。对于**"往何处去?"**这个问题，指导性的机关刊物所作的回答是：运动是运动的起点同它下面一点之间的距离改变的过程。可是，这种无比深奥的议论并不只是一个笑话（如果是这样，那就不值得特别来讲了），而且是**整个派别的纲领**，尔·姆·在《〈工人思想报〉增刊》上把这个纲领表述如下：最合适的斗争就是可能进行的斗争，而可能进行的斗争就是目前正在进行的斗争。这正是消极地迁就自发性的极端机会主义派别。

"策略-计划是同马克思主义的基本精神相矛盾的!"这真是对马克思主义的诬蔑，是把马克思主义变得面目全非，正如民粹派在同我们论战时所做的那样。这就是贬低自觉的活动家的首创精神和毅力，而马克思主义却与此相反，它大大推动社会民主党人的首创精神和毅力，给他们开辟最广阔的前景，把"自发地"起来进行斗争的工人阶级千百万人的强大力量交给（假使可以这样说的话）他们指挥！国际社会民主党的全部历史充满着时而由这个政治领袖时而由那个政治领袖提出的种种计划，证实了某个领袖所持的政治观点和组织观点的远见和正确，暴露了另一个领袖的近视和政治错误。当德国遇到建立帝国、成立帝国国会、赐予普选权这种极大的历史转变时，李卜克内西提出了一个关于社会民主党的政策和整个工作的计划，而施韦泽则提出了另一个计划。当德国社会党人遭到非常法的打击时，莫斯特和哈赛尔曼提出了一个计划，打算干脆号召采用暴力和恐怖手段；赫希柏格、施拉姆以及伯恩施坦（部分参与）则提出另一个计划，他们向社会民主党人宣传说,由于社会民主党人自己过分激烈和过分革命才招来了非常法,所以现在应当以模范行为来求得宽恕;当时那些筹备并出版了秘密机关报[64]的人则提出了第三个计划。在选择道路问题引起的斗争已经结束,历史对所选定的道路的正确性已经下了最后的定论以后过了许多年,回顾往事,发表深奥的议论,说什么党的任务随着党的发展而增长,这当然是容易的。但是在目前这个混乱时期①,当俄国的"批评派"和"经济派"把社会民主主义运动降低为工联主义运动,而恐怖派竭力宣扬采取重蹈覆辙的"策略-计划"的时候,局限于发表这种深奥的议论,那就等于"证明"自己"思想贫乏"。目前,当许多俄国社会民主党人恰恰缺少首创精神和毅力,当他们缩小"政治宣传、政治鼓动和政治组织的……范围"②,当他们缺少更广泛地进行革命工作的"计划"的时候,说什么"策略-计划是同马克思主义的基本精神相矛盾的",那就不仅是在理论上把马克思主义庸俗化,而且是在实践上**把党拉向后退**。

《工人事业》杂志往下又教训我们说:"社会民主党人革命家的任务,只是要以本身自觉的工作来加速客观发展过程,而不是要取消客观发展过程或者以主观计划来代替它。《火星报》在理论上是知道这一切的。但是,由于《火星报》对策略持有一种学理主义的观点,马克思主义关于自觉的革命工作具有重大意义的正确提法,竟使《火星报》在实践上偏向于**轻视发展过程中的客观因素或自发因素的意义**。"(第18页)

这又是瓦·沃·先生及其伙伴们才会有的一种极大的理论混

---

① 梅林所著《德国社会民主党史》一书中有一章标题为 Ein Jahr der Verwirrung(混乱的一年),在这一章内他描写了社会党人在选择适合新环境的"策略-计划"时起先所表现的那种动摇和犹豫。
② 摘自《火星报》创刊号的社论。(见《列宁全集》中文第2版增订版第4卷第336页。——编者注)

乱。我们要问问我们的这位哲学家：主观计划的制订者对客观发展过程的"轻视"，可能表现在什么地方呢？显然表现在他会忽略这个客观发展过程正在产生或巩固、毁灭或削弱某些阶级、某些阶层、某些集团、某些民族、某些民族集团等等，从而决定国际上各种力量的政治划分以及各个革命政党的立场，等等。如果是这样，那么这些计划制订者的过错就不是轻视自发因素，反而是轻视**自觉**因素，因为他缺乏正确了解客观发展过程的"自觉性"。可见，单是谈论什么对自发性和自觉性"**相比**〈黑体是《工人事业》杂志用的〉哪个意义大的估计"，就已经暴露出完全没有"自觉性"。假如说某些"发展过程中的自发因素"一般是人的意识所能觉察到的，那么对这种自发因素的不正确估计，就等于"轻视自觉因素"。假如说这种因素是人的意识所不能觉察到的，那我们就不知道这种因素，也无法加以谈论了。波·克里切夫斯基所讲的究竟是什么呢？假使他认为《火星报》的"主观计划"是错误的（而他正是宣布这些计划是错误的），那他就应当指明这些计划究竟忽略了哪些客观事实，就应当因这种忽略而责备《火星报》**缺乏自觉性**，用他的说法，就是"轻视自觉因素"。假使他不满意主观计划，除了援引"轻视自发因素"（!!）之外又没有其他论据，那么他以此只是证明：（1）在理论上，他对马克思主义的理解也和备受别尔托夫讥笑的卡列耶夫之流和米海洛夫斯基之流一样；（2）在实践上，他完全满足于那些把我们的合法马克思主义者引诱到伯恩施坦主义上去，而把我们的社会民主党人引诱到"经济主义"上去的"发展过程中的自发因素"；并且他对那些无论如何也要使俄国社会民主党**脱离**"自发"发展道路的人"十分恼火"。

再往下纯粹是些滑稽可笑的话了。"正如人们不管自然科学

取得什么成就而还是要用古老的方式繁殖一样,将来新社会制度
的出现也会不管社会科学取得什么成就以及自觉的战士如何增加
而仍然**多半**是自发地爆发的结果。"(第 19 页)有一句老话说得
妙:要生儿养女,谁没有智慧?——同样,"现代社会党人"(像纳
尔苏修斯·土波雷洛夫⁶⁵之类)也有一句话说得妙:要参与新社会
制度的自发诞生,谁都有智慧。我们也认为谁都有这种智慧。为
了参与,只要在"经济主义"流行时**听从**"经济主义",在恐怖主义
出现时**听从**恐怖主义就行了。例如,今年春天,正应当告诫大家不
要醉心于恐怖手段的时候,《工人事业》杂志对这个在它看来是
"新的"问题感到困惑莫解。现在,过了半年之后,当问题已经不
很迫切的时候,它却一方面向我们声明说,"我们认为,社会民主
党的任务不能够也不应当是阻止恐怖主义情绪的发展"(《工人事
业》杂志第 10 期第 23 页),同时又向我们提出代表大会的决议,
说"代表大会认为有计划的进攻性的恐怖手段是不合时宜的"
(《两个代表大会》第 18 页)。你看,这话说得多么清楚、多么圆
通! 我们不去阻止它,但宣布它不合时宜,而且这样宣布的意思是
说,"决议"并没有把无计划的和防御性的恐怖手段包括在内。应
当承认,这样一个决议很保险,完全可以保证不犯错误,正如一个
说话是为了什么也不说的人可以保证不犯错误一样! 为了拟定这
样一个决议,只要善于做运动的**尾巴**就行了。当《火星报》讥笑
《工人事业》杂志把恐怖手段问题说成一个新问题时^①,《工人事
业》杂志怒气冲冲地指责《火星报》"把一群侨居国外的作家在 15
年以前提出的那种解决策略问题的办法强加于党的组织,这简直

_____

① 见《列宁全集》中文第 2 版增订版第 5 卷第 2 页。——编者注

是太狂妄了"（第 24 页）。的确，预先在理论上解决问题，然后设法说服组织，说服党和群众相信这个解决办法正确，——这是多么狂妄和多么夸大自觉因素啊![①] 如果只是旧调重弹，不拿什么"强加于"人，对于每一次向"经济主义"或向恐怖主义的"转变"都唯命是从，那该多么好呀。《工人事业》杂志甚至对这一伟大的处世秘诀作了概括，责备《火星报》和《曙光》杂志"把自己的纲领同运动对立起来，把自己的纲领当做凌驾于混沌状态之上的神灵"（第 29 页）。难道社会民主党的作用不正是要成为"神灵"，不仅凌驾于自发运动之上，而且要把这一运动**提高到"自己的纲领"**的水平上去吗？它的作用当然不是做运动的**尾巴**，因为，如果做运动的尾巴，那么好则对运动无益，坏则对它极其有害。所谓的《工人事业》杂志不仅追随这种"策略－过程"，而且把它奉为原则，因此，与其把《工人事业》杂志这一派别称为机会主义，倒不如（根据尾巴这个词）称为**尾巴主义**。而且不能不承认，下定决心要永远做运动的尾巴跟着运动走的人，是永远和绝对不会"轻视发展过程中的自发因素"的。

＊　　　＊　　　＊

总之，我们确信，俄国社会民主党内的"新派别"的基本错误就在于崇拜自发性，就在于不了解群众的自发性要求我们社会民主党人表现巨大的自觉性。群众的自发高潮愈增长，运动愈扩大，对于社会民主党在理论工作、政治工作和组织工作方面表现巨大的自觉性的要求也就愈无比迅速地增长起来。

---

① 同时还不要忘记，"劳动解放社""在理论上"解决恐怖手段问题时，还**总结了**以前的革命运动的经验。

俄国群众的自发高潮来得这样迅速(并且继续在迅速地发展),以致社会民主党的青年们对于完成这些巨大的任务显得缺乏修养。这种缺乏修养的状况是我们大家的不幸,是**全体**俄国社会民主党人的不幸。群众的高潮在连续不断地、前后相承地增长和扩大起来,不仅没有在它开始发生的地方停止,而且席卷了新的地区和新的居民阶层(在工人运动的影响下,青年学生、整个知识界以至农民都掀起了风潮)。但是革命家无论在自己的"理论"或自己的活动中,都**落后于**这个高潮,没有建立起一种连续不断的、前后相承的、能够**领导**全部运动的组织。

在第一章里,我们已经明确指出,《工人事业》杂志贬低我们的理论任务并"自发地"重复"批评自由"这一时髦口号,因为重复这一口号的人,对了解机会主义者"批评派"的立场和革命派的立场在德国和俄国是完全相反的这一点缺乏"自觉性"。

在下面几章中,我们就要来考察一下,在社会民主党的政治任务方面和组织工作中,这种对自发性的崇拜是怎样表现的。

三 工联主义的政治和社会
民主主义的政治

我们还是从夸奖《工人事业》杂志开始吧。马尔丁诺夫在《工人事业》杂志第 10 期上，发表了一篇论述同《火星报》的意见分歧的文章，标题为《揭露性的出版物和无产阶级的斗争》。他把这些意见分歧的实质表述如下："我们不能只限于揭露那个阻碍它〈工人政党〉发展的制度。我们还应当对无产阶级当前的日常利益作出反应。"（第 63 页）"……《火星报》……实际上是革命反对派的机关报，它揭露我国的制度，主要是政治制度……　而我们现在和将来都要在同无产阶级斗争保持密切的有机联系的条件下为工人的事业努力。"（同上）对马尔丁诺夫的这种说法，我们不能不表示感谢。这种说法具有重大的普遍意义，因为它实质上决不仅仅是概括了我们同《工人事业》杂志的意见分歧，而且概括了我们同"经济派"在政治斗争问题上的一切意见分歧。我们已经指出过，"经济派"并不绝对否认"政治"，而只是常常从社会民主主义的政治观滑到工联主义的政治观上去。马尔丁诺夫也正是这样滑过去的。因此我们也就同意选择他作为经济派在这个问题上的错误的**典型**。对于这一选择，无论《〈工人思想报〉增刊》的作者们，还是"自我解放社"宣言的作者们，或《火星报》第 12 号上所载的那封

"经济派"的来信的作者们,都没有理由责备我们,这一点我们往下将予以证明。

(一) 政治鼓动和经济派缩小
政治鼓动的范围

　　大家知道,俄国工人经济①斗争的广泛开展和加强,是同创办揭露经济(工厂方面和职业方面的)情况的"出版物"密切相联的。"传单"的主要内容是揭露工厂中的情况,于是在工人中很快激起了进行揭露的真正热情。工人一看见社会民主党人小组愿意而且能够给他们提供一种新的传单,来叙述工人的贫困生活、无比艰苦的劳动和无权地位的全部真实情况,他们也就纷纷寄来了工厂通讯。这种"揭露性的出版物"不仅在某一传单所抨击的那个工厂里引起了强烈的反响,而且在所有听到揭露出来的事实的工厂里都引起了强烈的反响。既然各行各业工人的贫困和痛苦有许多共同之处,"叙述工人生活的真实情况"就使**所有的人**赞赏不已。甚至在最落后的工人中,也产生了一种想"发表文章"的真正热情,一种想用这种萌芽形式的战争去反对建立在掠夺和压迫的基础上的整个现代社会制度的高尚热情。这些"传单"在绝大多数场合下都真正成了一种宣战书,因为这种揭露起了极大的激励作用,使工

----

① 为了避免误会,我们要说明一下:在以下的论述中,所谓经济斗争(按我们的习惯用词)全都是指"经济实践方面的斗争",在上述引文中,恩格斯称这种斗争为"对资本家的反抗",而在各自由国家里则称为工会的、工团的或工联的斗争。

人一致要求消灭各种令人发指的丑恶现象,并且决心用罢工来支持这种要求。结果,厂主自己也往往宁愿不等战争本身到来就完全承认这些传单所起的宣战书的作用。这种揭露,总是一经出现就变得强大有力,形成强大的道义上的压力。往往只要一有传单出现,就可以使一切要求或部分要求得到满足。总之,经济方面的(工厂方面的)揭露,过去和现在都是经济斗争的重要杠杆。只要还存在着必然会使工人起来自卫的资本主义,这方面的揭露将始终保持这种意义。即使在最先进的欧洲各国,现在也还可以看到,揭露某个落后的"行业"或某个被人遗忘的家庭手工业部门的种种丑恶现象,可以成为唤起阶级意识、开展工会斗争和传播社会主义的起点。①

近来,绝大多数俄国社会民主党人几乎把全副精力都用在组织对工厂的揭露这种工作上了。只要回想一下《工人思想报》就可以知道,人们在这种工作上耗费了多少精力,竟忘记了这种活动**本身**实质上还不是社会民主主义的活动,而只是工联主义的活动。实际上,这种揭露只涉及**某个职业**的工人同厂主的关系,而得到的

---

① 我们在本章中所讲的只是**政治**斗争,较广义的或较狭义的政治斗争。所以我们只顺便指出,《工人事业》杂志非难《火星报》"过分避讳"经济斗争(《两个代表大会》第27页;马尔丁诺夫在他写的《社会民主党和工人阶级》这本小册子中也再三重复过这种非难),这不过是一个笑话而已。如果提出这种非难的先生们把一年来《火星报》上的经济斗争栏的篇幅即使用普特或印张计算一下(这是他们所爱用的方法),并且把它拿来同《工人事业》杂志和《工人思想报》上的经济斗争栏的篇幅的总和比较一下,那他们马上就会看到,他们在这一方面也是落后的。显然,他们意识到了这种简单的真实情况,才迫不得已提出一些清楚表明他们惶惑不安的心情的论据。他们写道:"《火星报》不管愿意不愿意〈!〉,都不得不〈!〉考虑到实际生活的迫切要求,至少〈!!〉也得刊载一些有关工人运动的通讯。"(《两个代表大会》第27页)这真是一个把我们驳得体无完肤的论据!

结果不过是使出卖劳动力的人学会较有利地出卖这种"商品",学会在纯粹商业契约的基础上来同买主作斗争。这种揭露可能(在革命家组织适当利用这种揭露的条件下)成为社会民主主义的活动的开端和组成部分,但是也可能(而在崇拜自发性的条件下则一定会)导致"纯粹工会的"斗争和非社会民主主义的工人运动。社会民主党领导工人阶级进行斗争不仅是要争取出卖劳动力的有利条件,而且是要消灭那种迫使穷人卖身给富人的社会制度。社会民主党代表工人阶级,不是就工人阶级同仅仅某一部分企业主的关系而言,而是就工人阶级同现代社会的各个阶级,同国家这个有组织的政治力量的关系而言。由此可见,社会民主党人不但不能局限于经济斗争,而且不能容许把组织经济方面的揭露当做他们的主要活动。我们应当积极地对工人阶级进行政治教育,发展工人阶级的政治意识。**现在**,当《曙光》杂志和《火星报》向"经济主义"作了第一次冲击之后,这一点已经"是大家都同意的了"(虽然我们在下面就会看到,有些人只是口头上同意而已)。

　　试问,政治教育究竟应当有哪些内容呢? 能不能局限于宣传工人阶级与专制制度敌对的观念呢? 当然不能。只**说明**工人在政治上受压迫是不够的(正如只向工人**说明**他们的利益同厂主的利益相对立是不够的一样)。必须利用这种压迫的每一个具体表现来进行鼓动(正如我们已经开始利用经济压迫的具体表现来进行鼓动一样)。既然**这种**压迫是落在社会的各个不同阶级的身上,既然这种压迫表现在生活和活动的各个不同的方面,包括职业、一般公民、个人、家庭、宗教、科学以及其他等等方面,那么我们如果**不负起责任**组织对专制制度的**全面政治揭露**,就**不能完成我们**发展工人的政治意识的**任务**,这难道不是显而易见的吗? 为了利用压

58

迫的具体表现来进行鼓动,不是应当把这些表现揭露出来吗(正如为了进行经济鼓动,应当把工厂里的舞弊行为揭露出来一样)?

看来,这是很明白的吧? 但正是在这里我们可以看到,"大家"只是口头上同意必须**全面**发展政治意识。正是在这里我们可以看到,例如《工人事业》杂志不仅没有担负起组织(或是提倡组织)全面政治揭露的任务,反而把已经着手实现这个任务的《火星报》拉向后退。请听吧:"工人阶级的政治斗争只是〈恰恰不只是〉最发展、最广泛和最切实的经济斗争形式。"(《工人事业》杂志的纲领,《工人事业》杂志第1期第3页)"现在摆在社会民主党人面前的任务,是要尽量赋予经济斗争本身以政治性质。"(马尔丁诺夫的文章,《工人事业》杂志第10期第42页)"经济斗争是吸引群众参加积极的政治斗争的最普遍适用的手段。"(联合会代表大会决议和"修正案":《两个代表大会》第11页和第17页)读者可以看到,所有这些论调,从《工人事业》杂志产生时起,直到最近的"给编辑部的指示"为止,始终都贯穿在《工人事业》杂志中,并且这些论调显然都是用同一个观点看待政治鼓动和政治斗争的。你们可以根据政治鼓动应当**服从**于经济鼓动这个在一切"经济派"中流行的意见来仔细考察一下这个观点。说经济斗争一般讲来①

---

① 我们所以说"一般讲来",是因为《工人事业》杂志上所讲的正是全党的一般原则和一般任务。无疑,在实践中,政治有时的确**应当**服从于经济,但只有"经济派"才会在准备用于全俄的决议中说到这一点。其实,也有"从一开始"就**能够**"只在经济基础上"进行政治鼓动的情况,可是《工人事业》杂志终于认为这是"根本不必要"的(《两个代表大会》第11页)。我们在下一章中就要证明,"政治派"和革命家的策略不仅不忽略社会民主党的工联任务,恰恰相反,只有它才能**保证**这种任务彻底实现。

是吸引群众参加政治斗争的"最普遍适用的手段",这是否正确呢? 完全不正确。**各种各样**警察压迫和专制暴行的表现,也是同样能"吸引"群众的一种"普遍适用的"手段,而决不是只有那些同经济斗争相联系的表现才是这种手段。地方官横行不法,农民遭受体罚,官吏贪污受贿,警察欺压城市"老百姓",摧残饥民,压制人民追求光明和知识的愿望,横征暴敛,迫害教派信徒,虐待士兵,侮辱学生和自由派知识分子,——为什么所有这些事实以及千百种诸如此类不是同"经济"斗争直接联系的压迫行为,一般讲来就是进行政治鼓动和吸引群众参加政治斗争的**不那么**"普遍适用的"手段和缘由呢? 恰恰相反,在工人(他们自己或者同他们亲近的人)受无权之苦,受专横和强暴压迫之苦的所有活生生的事例中,警察在工会斗争中进行迫害的事例无疑只占很小一部分。试问为什么要预先**缩小**政治鼓动的范围,只把**一种**手段称为"最普遍适用的"手段,而否认社会民主党人同时还应当有其他的一般讲来是同样"普遍适用的"手段呢?

在很久很久以前(一年以前! ……),《工人事业》杂志曾经写道:"经过一次罢工,或者最多经过几次罢工以后","只要政府出动警察和宪兵","当前的政治要求就会成为群众所能理解的要求了"。(1900年**8月**第7期第15页)现在联合会已经把这个机会主义的阶段论推翻而向我们表示让步,说"根本不必要从一开始就只在经济基础上进行政治鼓动"(《两个代表大会》第11页)。将来写俄国社会民主主义运动史的人,只要根据"联合会"对自己的那一部分旧的错误见解所作的这一否定,就可以比根据各种长篇大论更清楚地看到,我们的"经济派"把社会主义贬低到怎样的地步了! 但联合会该是多么幼稚,竟以为靠放弃一种缩小政治范围的形式就能促使我们去赞同另一种缩小政治范围的形式！如果在这里也说经济斗争必须尽量广泛地进行，也说要始终利用经济斗争来进行政治鼓动，但"根本不必要"认为经济斗争是一种吸引群众参加积极的政治斗争的**最普遍适用的手段**，这岂不更合乎逻辑吗？

　　联合会认为用"最普遍适用的手段"这个说法来代替犹太工人联盟（崩得[66]）第四次代表大会的相应决议中的"最好的手段"的说法是有意义的。我们实在很难说这两个决议中究竟哪一个好些，因为在我们看来，**两个都很糟糕**。无论联合会或是崩得，都滑到（在某种程度上也许甚至是不自觉的，是受了传统的影响）经济主义即工联主义的政治观上去了。至于这里用的字眼是"最好的"，还是"最普遍适用的"，实质上毫无差别。假使联合会说"在经济基础上的政治鼓动"是最普遍采用的（而不是"适用的"）手段，那么，对于我国社会民主主义运动发展的一定时期来说，这是正确的。也就是说，对于**"经济派"**，对于1898—1901年间的许多（也许是大多数）实际工作者来说，这是正确的，因为这些做实际工作的"经济派"的确**几乎完全是在经济基础上采用**（就算他们都采用过！）政治鼓动的。正如我们看到的，《工人思想报》和"自我解放社"都承认甚至推荐过**这种**政治鼓动！《工人事业》杂志本来应当**坚决斥责**在进行经济鼓动这种有益的事情时缩小政治斗争范围的有害行为，但它并没有这样做，反而把最普遍采用的（"**经济派**"采用的）手段称为最普遍适用的手段！无怪乎当我们把这帮人称为"经济派"的时候，他们也就只好破口大骂我们又是"捏造者"，又是"捣乱者"，又是"圣使"，又是"诽谤者"[1]；只好向大家哭

----

① 这是《两个代表大会》一书的原话；该书第31、32、28、30页。

诉说,这使他们蒙受奇耻大辱;只好用几乎是发誓赌咒的口吻声明:"现在根本没有一个社会民主党组织犯'经济主义'的错误。"①啊,这些诽谤者,凶恶的政治派!整个"经济主义"不正是他们完全出于仇恨人的心理而故意捏造出来,使人蒙受奇耻大辱的吗?

马尔丁诺夫向社会民主党提出"赋予经济斗争本身以政治性质"的任务,这究竟有什么具体的现实意义呢?经济斗争是工人为争得**出卖劳动力**的有利条件,为改善工人劳动条件和生活条件而向厂主进行的集体斗争。这种斗争必然是职业性的斗争,因为各种职业的劳动条件极不相同,所以争取**改善**这些条件的斗争,也就不能不按职业来进行(在西方通过工会,在俄国通过临时工会联合会和传单等等)。因此,赋予"经济斗争本身以政治性质",就等于力争用"立法和行政措施"(像马尔丁诺夫在他那篇文章的下一页即第 43 页上所说的那样)来实现这些职业的要求,在这一职业范围内改善劳动条件。所有的工会现在是而且向来都是这样做的。你们只要看一看韦伯夫妇这两位造诣很深的学者(和"造诣很深的"机会主义者)的著作**67**,就可以知道英国的工会很早以前就认识到了并且一直在实现"赋予经济斗争本身以政治性质"的任务,很早以前就为罢工自由,为取消法律上对合作社运动和工会运动的一切限制,为颁布保护妇女和儿童的法律,为制定卫生法和工厂法来改善劳动条件等等而从事斗争了。

由此可见,"赋予经济斗争**本身**以政治性质"这句漂亮话,听起来"极端"深奥,"极端"革命,其实却掩盖着那种力求把社会民

---

① 《两个代表大会》第 32 页。

主主义的政治**降低**为工联主义的政治的传统意图！他们表面上是要纠正《火星报》的片面性,说《火星报》"把教条的革命化看得高于生活的革命化"①,而实际上却把**争取经济改良的斗争**当做一种新东西奉送给我们。其实,"赋予经济斗争本身以政治性质"这句话的含义不过是争取经济改良而已。只要马尔丁诺夫仔细分析一下自己所说的那些话的意思,那他自己就可以作出这个简单的结论。马尔丁诺夫拖出了他的一门最大的重炮来反对《火星报》,他说:"我们党能够而且应当向政府提出具体要求,要它实行种种立法和行政措施来反对经济剥削,消除失业,消除饥荒等等。"(《工人事业》杂志第 10 期第 42—43 页)具体要求实行种种措施,这难道不正是要求实行社会改良吗? 我们现在要再一次问问没有偏见的读者:当工人事业派(恕我使用这个笨拙的流行名词!)提出必须争取经济改良这个论点来表明他们同《火星报》的**意见分歧**的时候,我们称他们为暗藏的伯恩施坦派,这是不是诬蔑他们呢?

革命的社会民主党过去和现在一直把争取改良的斗争包括在自己的活动范围之内。但是它利用"经济"鼓动,并不仅仅是为了要求政府实行种种措施,而且是(并且首先是)要求政府不再成为专制政府。此外,革命的社会民主党认为有责任**不仅**根据经济斗争,而且根据社会政治生活方面的一切现象来向政府提出这个要求。总之,革命的社会民主党使争取改良的斗争服从于争取自由

---

① 《工人事业》杂志第 10 期第 60 页。在这里,马尔丁诺夫是用另一种方式来玩弄我们在上面已经描写过的那种把戏,即把"一步实际运动比一打纲领更重要"这一论点应用到我国运动现在的这种混乱状态中来。其实,这只是把伯恩施坦所说的"运动就是一切,最终目的算不了什么"这句奥名远扬的话翻译成俄文罢了。

和争取社会主义的革命斗争,就像使局部服从整体一样。而马尔
丁诺夫却用另一种形式把阶段论复活起来,力求规定政治斗争必
须按所谓经济的道路发展。他在革命高涨时提出所谓争取改良的
特殊斗争"任务",就是把党拉向后退,而助长"经济派的"和自由
派的机会主义。

　　其次,马尔丁诺夫羞羞答答地用"赋予经济斗争本身以政治
性质"的漂亮的论点来掩饰争取改良的斗争,而把**仅仅是经济的**
(甚至仅仅是工厂的)**改良**当做一种特殊的东西提出来。他为什
么要这样做,我们不得而知。也许是由于一时疏忽吧? 但是,如果
他所指的不只是"工厂的"改良,那么我们刚才所引过的他那个论
点就会毫无意义了。也许是由于他认为政府只是在经济方面才可
能实行和大概会实行"让步"吧?① 如果是这样,那就是一种很奇
怪的谬误,因为政府在笞刑、身份证、赎金、教派、书报检查制度等
等的立法方面,也是可能作出让步而且经常作出让步的。"经济
的"让步(或者假让步),对政府来说,自然是最便宜最有利的,因
为它想借此博得工人群众对它的信任。但是,正因为如此,我们社
会民主党人无论如何也绝对**不应当**使人们得出这样一种看法(或
产生这样一种误解),以为经济改良对我们更有价值,以为我们正
是把这种改良看得特别重要,等等。马尔丁诺夫在解释他上面提
出的那些关于立法和行政措施方面的具体要求时说道:"这样的
要求,不会成为一种空话,因为这些要求既然能产生某些显著结
果,就会获得工人群众的积极支持……" 我们可不是"经济派"

---

① 第43页上写道:"当然,如果说我们劝工人向政府提出某些经济要求,
　　那是因为在**经济**方面,专制政府出于需要而愿意作某些让步。"

啊！我们不过是像伯恩施坦之流、普罗柯波维奇之流、司徒卢威之流、尔·姆·之流以及诸如此类的先生们一样屈从于那些具体结果的"显著性"而已！我们不过是（同纳尔苏修斯·土波雷洛夫一起）向大家暗示说：凡不"能产生显著结果"的都是"空话"！我们不过是要表明，似乎工人群众不能够（并且同那些把自己的庸俗思想强加于他们的人的愿望相反，没有证明自己能够）积极支持对专制制度的**任何**反抗，支持那些甚至**绝对不能对他们产生任何显著结果的反抗**！

就拿马尔丁诺夫本人援引的关于消除失业和饥荒的"种种措施"的例证来说吧。从《工人事业》杂志自己的诺言来看，它正在致力于制定和详细制定"能产生显著结果"的"立法和行政措施方面的具体要求〈以法案的形式吗?〉"，而《火星报》"却始终把教条的革命化看得高于生活的革命化"，极力说明失业同整个资本主义制度有不可分割的联系，警告大家说"饥荒在蔓延"，揭露警察"摧残饥民"的行为和可恶的"暂行苦役条例"；《曙光》杂志则把论述饥荒问题的那一部分《内政评论》①印成了单行本，作为鼓动的小册子。可是，天哪，这帮狭隘得不可救药的正统派，这帮对"生活本身"的要求置若罔闻的教条主义者又是多么"片面"啊！他们的任何一篇文章都没有提出（这还了得！）**任何一个**，真是根本没有提出任何一个"能产生显著结果"的"具体要求"！多么可怜的教条主义者啊！应当叫他们到克里切夫斯基之流和马尔丁诺夫之流那里去领教领教，好让他们懂得策略是……发展……而增长的过程，好让他们懂得必须赋予经济斗争**本身**以政治性质！

---

① 见《列宁全集》中文第 2 版增订版第 5 卷第 268—286 页。——编者注

"工人同厂主和政府作经济斗争（"同政府作**经济**斗争"!!），除了它的直接的革命意义之外，还有一种意义，就是它能使工人经常碰到他们政治上无权的问题。"（马尔丁诺夫的文章，第 44 页）我们把这段话抄下来，并不是要把上述那些反复说过千百次的东西再重复一次，而是要来特意感谢马尔丁诺夫提出了所谓"工人同厂主和政府作经济斗争"这样一个新鲜而出色的公式。真是妙极了！真是以独到的才能，极其巧妙地抹掉了"经济派"之间的一切局部的意见分歧和细微的差别，而在这里用简单明了的话表明了"经济主义"的**全部实质**，开始是号召工人作"政治斗争以维护共同的利益，即改善全体工人的状况"①，接着是大谈阶段论，最后是在代表大会决议中说什么"最普遍适用"等等。"同政府作经济斗争"正是工联主义的政治，而工联主义的政治离社会民主主义的政治还很远很远。

（二）谈谈马尔丁诺夫是怎样深化了
普列汉诺夫的意见的

有一次，一位同志说："近来我们社会民主党的罗蒙诺索夫何其多啊！"他指的是，许多倾心于"经济主义"的人都有一种令人惊奇的倾向，总想"凭自己的头脑"发现一些伟大的真理（比如说经济斗争使工人碰到无权的问题），同时又用天生才子不可一世的态度鄙弃所有先前的革命思想和革命运动发展过程已经提供的一

———————————
① 《〈工人思想报〉增刊》第 14 页。

切。罗蒙诺索夫式的马尔丁诺夫就是这样的一位天生才子。你们只要瞧瞧他所写的《当前问题》一文，就能看出他怎样"凭自己的头脑"**正在接近**阿克雪里罗得早就说过的东西（关于阿克雪里罗得，我们的罗蒙诺索夫当然是完全避而不谈的），就能看出他**正在开始**理解，例如我们不能忽视资产阶级中某些阶层的反政府态度这种道理（《工人事业》杂志第 9 期第 61、62、71 页；参看《工人事业》杂志编辑部对阿克雪里罗得的《回答》，第 22、23 — 24 页）等等。但可惜只是"正在接近"和只是"正在开始"，仅此而已，因为他毕竟还根本没有理解阿克雪里罗得的意思，所以还在说什么"同厂主和政府作经济斗争"。三年来（1898 — 1901 年），《工人事业》杂志一直在努力理解阿克雪里罗得的意思，然而——然而毕竟还是没有理解这种意思！可能这也是由于社会民主党"像人类一样"始终只提出自己能够实现的任务吧？

但是，罗蒙诺索夫之流的特色，不仅表现在他们对于许多东西都不知道（这不过是小小的不幸！），并且还表现在他们不认识自己的无知。这才是真正的大不幸，正是这种不幸促使他们马上就来着手"深化"普列汉诺夫的意见。

罗蒙诺索夫式的马尔丁诺夫写道："自从普列汉诺夫写了这本书〈《俄国社会党人同饥荒作斗争的任务》〉以来，已经过去许多时候了。社会民主党人在 10 年中间虽然领导了工人阶级的经济斗争……但是他们还没有来得及给党的策略奠定一个广泛的理论基础。现在这个问题成熟了。我们如果愿意奠定这样的理论基础，显然就应当大大深化普列汉诺夫以前阐发过的那些策略原则……　现在，我们确定宣传和鼓动的差别，应当不同于普列汉诺夫〈马尔丁诺夫刚刚引用了普列汉诺夫的话："宣传员给一个人或几个人提供许多观念，而鼓动员只提供一种或几个观念，但是他把这些观念提供给一大群人"〉。我们认为宣传就是用革命观点来说明整个现存制度或其局部表现，至于在宣传时所用的形式能为几个人还是能为广大群众所接受,那没有什么关系。所谓鼓动,严格讲来〈原文如此!〉,我们却认为是号召群众去采取某些具体行动,是促进无产阶级去对社会生活进行直接的革命的干预。"

我们祝贺俄国的以及国际的社会民主党获得了一套新的、马尔丁诺夫式的、更严格更深奥的术语。直到现在,我们(同普列汉诺夫以及国际工人运动的所有领袖们一起)都认为:例如宣传员讲到失业问题的时候,就应当解释清楚危机的资本主义本质,指出危机在现代社会中不可避免的原因,说明必须把现代社会改造为社会主义社会等等。总之,他应当提供"许多观念",多到只有少数人(相对地讲)才能一下子全部领会,完全领会。而鼓动员讲到这个问题时,却只要举出全体听众最熟悉和最明显的例子,比如失业者家里饿死人,贫困加剧等等,并尽力利用大家都知道的这种事实来向"群众"提供富者愈富和贫者愈贫的矛盾是不合理的这样**一个观念**,竭力**激起**群众对这种极端不公平现象的不满和愤恨,而让宣传员去全面地说明这种矛盾。因此,宣传员的活动主要是**动笔**,鼓动员的活动则主要是**动口**。要求宣传员具备的素质是不同于鼓动员的。例如,我们称考茨基和拉法格为宣传家,而称倍倍尔和盖得为鼓动家。想在实际活动中分出第三个方面或者第三种职能,并把"号召群众去采取某些具体行动"归入这种职能,那就十分荒唐了,因为"号召"作为单独的行为,要么是理论著作、宣传小册子和鼓动演说的自然和必然的补充,要么是一种纯粹执行性质的职能。实际上,可以拿现在德国社会民主党人反对谷物税的斗争来作例子。比如说,理论家写关税政策的研究著作,"号召"为通商条约、为贸易自由而斗争;宣传员在杂志上也这样做,鼓动员在公开演说中也这样做。在这种情况下,群众的"具体行动"就是签名上书帝国国会,要求不增加谷物税。采取这些行动的号召,间接是出自理论家、宣传员和鼓动员,直接是出自那些把签名簿分送到各工厂和各私人住宅去的工人。照"马尔丁诺夫式的术语"来讲,岂不是要把考茨基和倍倍尔两人都称为宣传员,而把分送签名簿的人称为鼓动员吗?

　　德国人的例子使我想起了一个德语单词:Verballhornung。按俄文直译是:巴尔霍恩式的修正。约翰·巴尔霍恩是16世纪莱比锡的一个出版商①。他出版了一本识字课本,并且照例也加上了一张画有雄鸡的插图,不过他画的不是通常脚上有距的雄鸡,而是脚上无距的雄鸡,旁边还有两个鸡蛋。课本封面上加了一行字:"约翰·巴尔霍恩**修正版**"。从那时起,德国人讲到实际上把东西改坏的那种"修正"时,就说是巴尔霍恩式的修正。所以当你看到马尔丁诺夫之流如何"深化"普列汉诺夫的意见时,就不禁想起巴尔霍恩的故事来……

　　为什么我们的罗蒙诺索夫"发明了"这种糊涂观念呢?他是为了说明,《火星报》"也像普列汉诺夫在15年以前那样,只注意到事情的一方面"(第39页)。"《火星报》至少在目前是偏重宣传任务而忽视鼓动任务。"(第52页)假如我们把后面这个论点从马尔丁诺夫式的语言译成普通人的语言(因为人类还没有来得及接受这种新发明的术语),那就是说《火星报》偏重政治宣传和政治鼓动任务而忽视这样一个任务,即"向政府提出""能产生某些显著结果"的"立法和行政措施方面的具体要求"(或社会改良的要求,——假如允许把还没有发展到马尔丁诺夫那种水平的旧人类

---

① 应为吕贝克的一个出版商。——编者注

的旧术语再使用一次的话）。请读者把这个论点同下面的一段议
论对照对照吧！

"这些纲领〈即革命社会民主党人的纲领〉还有使我们吃惊的地方，就是
它们始终偏重工人在议会〈我国现时所没有的议会〉中活动的好处，而完全忽
视〈由于这些纲领的革命虚无主义〉工人参加我国现有的厂主工厂事务立法
会议工作……或至少参加城市自治机关工作的重要意义……"

这一段议论的作者把罗蒙诺索夫式的马尔丁诺夫凭自己的头
脑想出来的那个思想说得稍微直率、明确和坦白了一些。而这位
作者就是《〈工人思想报〉增刊》（第 15 页）上的那位尔·姆·。

（三）政治揭露和"培养革命积极性"

马尔丁诺夫提出他那个"提高工人群众的积极性"的"理论"
来反对《火星报》，实际上就是暴露他竭力想**降低**这种积极性，因
为他把一切"经济派"所崇拜的那种经济斗争说成是激发这种积
极性的最好的、特别重要的、"最普遍适用的"手段和表现这种积
极性的舞台。这种错误所以特别值得注意，是因为这远不是马尔
丁诺夫一个人所特有的。其实，"提高工人群众的积极性"，**只有**
在我们**不局限于**"在经济基础上的政治鼓动"这个条件下才能够
做到。而把政治鼓动扩大到必要程度的基本条件之一，就是组织
全面的政治揭露。不进行这样的揭露，**就不能**培养群众的政治意
识和革命积极性。因此，这一类活动是整个国际社会民主党的最
重要的职能之一，因为就是政治自由也丝毫不会取消这种揭露，而
只会稍微改变一下揭露的方面。例如，德国党正是由于毫不松懈

地致力于政治揭露运动,才特别巩固了自己的地位,扩大了自己的影响。当工人还没有学会对**各种各样**的专横和压迫、暴行和胡作非为(不管这些现象是针对**哪些阶级**的)作出反应,并且正是从社会民主党的观点,而不是从其他什么观点来作出反应时,工人阶级的意识是不能成为真正的政治意识的。当工人还没有学会根据各种具体的、而且确实是大家关心的(迫切的)政治事实和政治事件来观察其他**每一个**社会阶级在思想、精神和政治生活中的**一切**表现时,当工人还没有学会在实践中对**一切**阶级、阶层和居民集团的活动和生活的**各个**方面作出唯物主义分析和唯物主义评价时,工人群众的意识是不能成为真正的阶级意识的。谁把工人阶级的注意力、观察力和意识完全或者哪怕是主要集中在工人阶级自己身上,他就不是社会民主党人,因为工人阶级的自我认识是同那种不仅是理论上的……更确切些说,与其说是理论上的,不如说是根据政治生活经验形成的对于现代社会**一切**阶级相互关系的十分明确的认识密切联系着的。所以,我们的"经济派"宣扬经济斗争是吸引群众参加政治运动的最普遍适用的手段,按其实际意义来说,是极其有害而且极端反动的。工人要想成为社会民主党人,就应当明确认识地主和神父、大官和农民、学生和游民的经济本性及其社会政治面貌,就应当知道他们的强的方面和弱的方面,就应当善于辨别每个阶级和每个阶层用来**掩饰**它自私的企图和真正的"心意"的流行词句和种种诡辩,就应当善于辨别哪些制度和法律反映和怎样反映哪些人的利益。而这种"明确的认识"无论在哪一本书里也学不到,要学到它,只有通过生动的场面和及时的揭露,揭露当前我们周围发生的事情,揭露大家按自己的观点在谈论着的或者哪怕是在窃窃私议的东西,揭露由某些事件、某些数字、某些法庭判决词等等反映出来的情况。这种全面的政治揭露,是培养群众革命积极性的必要条件和**基本**条件。

为什么俄国工人对于警察欺压人民,对于迫害教派信徒和殴打农民,对于书报检查机关的为非作歹,对于虐待士兵,摧残各种最无害的文化事业等等现象,还很少表现出自己的革命积极性呢?是不是因为"经济斗争"没有使他们"碰到"这些事呢? 是不是因为这些事对他们很少"能产生""显著结果",很少有"好处"呢?不是。我们再说一遍,这种意见不过是想嫁祸于人,把自己的庸俗思想(即伯恩施坦主义)强加于工人群众罢了。我们应当责备我们自己,责备我们还落后于群众运动,责备我们还不能对这一切丑恶现象组织十分普遍、明显而迅速的揭露。假使我们进行了这种工作(我们是应当而且能够进行这种工作的),那么连文化水平最低的工人也会懂得**或者感觉到**:辱骂和欺压学生、教派信徒、农民和作家的,也就是那种随时随地都在蹂躏和压迫他们的黑暗势力。工人一感觉到这一点,自己就会愿意而且十分愿意有所反应,就会今天咒骂书报检查官,明天在镇压农民骚乱的省长官邸前游行示威,后天惩治那些干着神圣的宗教裁判所勾当的身穿法衣的宪兵,如此等等。我们还很少、几乎一点也没有把各方面新揭露出来的情况**传播**到工人群众中去。我们中间有许多人甚至还没有认识到自己的这个**责任**,而是自发地蹒跚地跟在那种局限于狭隘的工厂生活范围内的"平凡的日常斗争"后面走。在这种情况下,说什么"《火星报》有轻视平凡的日常斗争进程,而偏重宣传光辉的完备的思想的倾向"(马尔丁诺夫的文章,第61页),就等于把党拉向后退,就等于袒护和赞美我们缺乏修养和落后。

至于说号召群众行动起来,那么只要我们进行有力的政治鼓动和生动而鲜明的揭露，就自然会做到的。当场抓住罪犯，立即到处当众加以谴责，这样做本身要比任何"号召"都更有效果，而且往往使得后来根本无法查明，究竟是谁"号召了"群众，究竟是谁提出了某种游行示威计划等等。号召，不是说一般号召，而是说具体号召，那就只有在现场进行，并且只有当时亲身参加的人才能办到。而我们的任务，社会民主党政论家的任务，就是要加深、扩大和加强政治揭露和政治鼓动。

顺便来谈谈"号召"吧。**在春季事件以前**，就大学生被送去当兵这个对工人来说完全不能**产生任何显著结果**的问题，**号召**工人积极加以干预的**唯一机关报，就是《火星报》**。1月11日关于"送183个大学生去当兵"这道命令一公布，《火星报》立刻就发表了一篇论述这件事情的文章（2月第2号）①，而且**在任何游行示威都还没有开始以前**，就已经直接**号召**"工人帮助大学生"，号召"人民"公开回答政府这种野蛮的挑衅行为。我们要问问大家：马尔丁诺夫关于"号召"讲得这样多，甚至把"号召"看做一种特别的活动方式，但他对我们上面所讲的**这个**号召却只字未提，对于这一明显的事实应当怎样和用什么来加以解释呢？既然如此，那么马尔丁诺夫宣称《火星报》**片面**，说它没有充分"号召"大家去争取实现"能产生显著结果"的要求，这难道不是一种庸俗做法吗？

我们的"经济派"，也包括《工人事业》杂志，所以受欢迎，是因为他们迎合不开展的工人的心理。可是，工人社会民主党人，工人革命家（这种工人的数目是与日俱增的），却会愤然驳斥所有那些争取实现"能产生显著结果"的要求等等的议论，因为他们懂得这

---

① 见《列宁全集》中文第2版增订版第4卷第346—351页。——编者注

不过是重弹每个卢布工资增加一戈比的那种老调而已。这样的工人会向《工人思想报》和《工人事业》杂志的那些谋士们说:先生们,你们在瞎折腾,你们过分热心地干预我们自己也应付得了的事情,却逃避你们自己的真正责任。要知道,你们说社会民主党人的任务是要赋予经济斗争本身以政治性质,这未免太不聪明了;这只是一个开端,而社会民主党人的主要任务并不在这里,因为世界各国,包括俄国在内,**警察往往是自己开始赋予**经济斗争以政治性质,而工人自己就可以学会了解政府是站在谁的一边。① 要知道,你们像发现新大陆似的来鼓吹的那种"工人同厂主和政府作经济斗争",在俄国的许多穷乡僻壤,正由那些只听说过罢工而几乎完全没有听说过社会主义的工人们自己在进行。要知道,你们总想提出一些能产生显著结果的具体要求来维持我们工人的"积极性",而这种"积极性"我们已经具备了,并且我们自己在我们日常的、职业性的、细小的工作中,往往不需要知识分子的任何帮助就能提出这些具体要求。但是**这样的**积极性对我们来

---

① "赋予经济斗争本身以政治性质"这个要求,最突出地表明了在政治活动方面**对自发性的崇拜**。经济斗争获得政治性质,往往是**自发的**,即不需要"知识分子这种革命细菌"的干预,不需要自觉的社会民主党人的干预。例如,英国工人的经济斗争获得政治性质,就是根本没有社会党人参与的。社会民主党人的任务并不只限于经济基础上的政治鼓动,他们的任务是要**把**这种工联主义的政治**变为**社会民主主义的政治斗争,利用经济斗争给予工人的初步政治意识,把工人**提高**到**社会民主主义**政治意识的水平。而马尔丁诺夫之流却不去提高和推进自发产生的政治意识,反而**拜倒在自发性面前**,唠叨说,——老是令人作呕地唠叨说,经济斗争使工人"碰到"他们政治上无权的问题。先生们,可惜工联主义政治意识的这种自发的觉醒却没有使你们"**碰到**"你们的社会民主主义任务的问题!

说是很不够的；我们并不是一些单靠"经济主义"政治稀粥就能
喂饱的小孩子；我们想知道别人所知道的一切，我们想详细了解
政治生活的**各**方面，想**积极**参加所有各种政治事件。为此就需
要知识分子们少讲些我们自己已知道的东西①，而多给我们些
我们还不知道的，并且是我们自己根据自己工厂方面的经验和
"经济方面的"经验永远也不可能知道的东西，即政治知识。这种
知识是你们知识分子所能够获得的，你们**有责任**比过去多千百
倍地供给我们这种知识，并且也不要仅以专著、小册子和文章为
限（这些东西——恕我们直率地说！——往往是枯燥无味的），
而一定要**把**目前我国政府和我国统治阶级在实际生活各方面的

---

① 工人对"经济派"说的这番话，决不是我们凭空想出来的。为了证实这
一点，我们可以举出两个见证人，他们无疑很熟悉工人运动并且是绝
对不想袒护我们这些"教条主义者"的，因为一个见证人是"经济派"
（他甚至认为《工人事业》杂志是政治性的机关刊物！），另一个见证人
是恐怖派。前一个见证人在《工人事业》杂志第6期上发表了一篇极
其真实而生动的文章，标题是《彼得堡的工人运动与社会民主党的实
际任务》。他把工人分成三类：（1）自觉的革命家，（2）中间阶层，（3）
其余的群众。中间阶层"对政治生活问题往往要比对自己当前的经济
利益更感兴趣，因为这种经济利益同一般社会条件的联系大家都早已
懂得了……" "大家都尖锐地批评"《工人思想报》说："你们讲来讲
去总是这一套，总是大家早已知道、早已读过的东西"，"而在政治评论
栏里又是什么也没有"。（第30—31页）而且就是第三类工人，"这些
较为敏感、较为年轻、受酒馆和教会腐蚀较少的工人群众，几乎从来没
有获得政治书籍的机会，也在那里乱谈政治生活中的现象，思索学生
骚乱的片断消息"等等。而那个恐怖派则写道："……把本城以外的各
个城市的工厂的生活琐事浏览过一两次就再也不看了…… 枯燥无
味…… 在工人的报纸上不谈国家问题…… 等于把工人当小孩子
看待…… 工人并不是小孩子。"（革命社会主义自由社出版的《自由》
杂志**68**第69页和第70页）

所作所为都生动地**揭露**出来。请你们多用些力气来履行你们的这个责任,而**少讲些"提高工人群众的积极性"的空话吧**。我们的积极性要比你们所想象的高得多;我们能够用公开的街头斗争来支持那些甚至不能产生任何"显著结果"的要求!你们没有资格来给我们"提高"积极性,因为**你们自己恰恰就缺乏积极性**!先生们,请你们还是少崇拜点自发性,多想想如何提高你们**自己的**积极性吧!

(四) 经济主义和恐怖主义有什么共同之点?

在上面的脚注中,我们已经把偶然趋于一致的一个"经济派"和一个非社会民主党人恐怖派作了对比。不过,一般讲来,在这两种人之间是有一种并非偶然而是必然的内在联系的。关于这种联系,我们以后还要讲到,并且就在谈培养革命积极性的问题时必然要涉及。"经济派"和现代恐怖派有一个共同的根源,这就是**崇拜自发性**。关于这一点,我们在前一章里已经把它当做一般的现象讲过,现在我们来考察一下它对政治活动和政治斗争方面的影响。乍看起来,我们的断语似乎是不近情理的:一种人强调"平凡的日常斗争",另一种人号召作单个人的最大的自我牺牲的斗争,看来其间的差别是多么大呀。但是我们的断语并不是不近情理的。"经济派"和恐怖派是各自崇拜自发潮流的一个极端:"经济派"崇拜"纯粹工人运动"的自发性,恐怖派崇拜那些不善于或者没有可能把革命工作同工人运动结合成一个整体的知识分子的最狂热的愤懑情绪的自发性。凡是不再相信或者从来不相信有这种可能的人,除了采取恐怖手段之外,确实是难以找到别的方式来表示自己的愤懑情绪和革命毅力。由此可见,以上我们所指出的对两个方面的自发性的崇拜,都无非是在**开始实现**《信条》这一著名的纲领:让工人自己去"同厂主和政府作经济斗争"(请《信条》的作者原谅我们用马尔丁诺夫的话来表达他的意思吧!我们认为我们有理由这样做,因为在《信条》中也说到工人在经济斗争中"碰到政治制度"),而让知识分子靠自己的力量去进行政治斗争,当然,用的是恐怖手段!这是不能不加以坚持的一个完全合乎逻辑和完全不可避免的**结论,尽管那些**开始实现这个纲领的**人自己也没有意识到**这个结论的不可避免性。政治活动有自己的逻辑,而不取决于那些怀有最善良的愿望或者号召采取恐怖手段或者号召赋予经济斗争本身以政治性质的人的意识。地狱是由善良的愿望铺成的,而在我们所讲的这种情况下,善良的愿望也无法挽救人们免于自发地滚到"阻力最小的路线"上去,滚到《信条》这种**纯粹资产阶级**纲领的路线上去。而俄国的许多自由派,无论是公开的自由派还是戴着马克思主义假面具的自由派,都打心眼里同情恐怖手段,并竭力助长目前的恐怖主义情绪,这也不是偶然的。

所以,"革命社会主义自由社"一产生,它就把全面促进工人运动作为自己的任务,但同时又把恐怖手段包括**在纲领中**,并且力求摆脱所谓社会民主党的束缚,——这一事实再一次证明了帕·波·阿克雪里罗得具有卓越的远见,他**早在 1897 年底就确切地预见到了**社会民主党人的动摇所要产生的这种结果(《论当前任务和策略问题》),并且拟定了他那有名的"两个前途"。**69** 俄国社会民主党人中间后来发生的一切争论和意见分歧,都已经包含在这两个前途①中,就像植物包含在种子里一样。

从上述观点可以清楚地看出,没有顶住"经济主义"的自发性的《工人事业》杂志,也没有顶住恐怖主义的自发性。在这里,把"自由社"提出来为恐怖手段辩护的那种特别的论据拿来谈谈,是很有意思的。它"完全否认"恐怖手段的恐吓作用(《革命主义的复活》第64页),但是,它却推崇这种手段的"激发性作用"。这是很值得注意的,第一,因为这标志着那种使人拘守恐怖手段的一套传统思想(社会民主党以前的思想)瓦解和衰落的一个阶段。承认现在用恐怖手段不能"吓倒"因而也不能瓦解政府,其实也就是完全排斥恐怖手段这一斗争方式,这一由纲领规定的活动范围。第二,这尤其值得注意,因为这是不了解我们"培养群众革命积极性"的迫切任务的一种典型例子。"自由社"宣传恐怖手段是"激发"工人运动、给工人运动以"强有力的推动"的手段。很难想象还有更为明显的自相矛盾的论据了!试问,难道在俄国的实际生活中这种丑恶现象还少,以致需要虚构出一

---

① 马尔丁诺夫"认为有另外的更现实的〈?〉二者择一的前途"(《社会民主党和工人阶级》第19页):"或者是社会民主党负起责任来直接领导无产阶级的经济斗争,用这种方法〈!〉把它转变成革命的阶级斗争……" 所谓"用这种方法",显然是指直接领导经济斗争。请马尔丁诺夫告诉我们,什么地方见过**只是**领导工会斗争就可以把工联主义的运动转变成革命的阶级运动呢?他能否想到:要达到这种"转变",我们就应当积极着手"**直接领导**"**全面的**政治鼓动呢?…… "或者就是另外一个前途:社会民主党放弃对工人经济斗争的领导,因而……剪去自己的翅膀……" 照上面所引证的《工人事业》杂志的意思,是《火星报》"放弃"对经济斗争的领导。但是我们已经看到:《火星报》在领导经济斗争方面**比《工人事业》杂志所做的多得多**,而且它并不以此为限,并**不**为此而**缩小**自己的政治任务。

些特殊的"激发性"手段来吗？另一方面，一个人要是连俄国的专横暴虐也没有把他激发起来，也不能把他激发起来，那么他对政府同一小群恐怖派的单独决斗也只会"袖手旁观"，这难道不是很明显的吗？问题是工人群众已经因俄国实际生活中的种种丑恶现象而非常激动，但我们却不善于把人民激愤之情的一切水滴和细流汇集起来——假使可以这样讲的话——和集中起来；这些水滴和细流是被俄国的实际生活压榨出来的，其数量之大，远远超出我们的想象，而我们正应当把它们汇集成**一股**巨流。这个任务是能够实现的，工人运动的巨大发展以及上面指出的工人渴望政治书刊的情况都无可争辩地证明了这一点。而无论号召采用恐怖手段，或者号召赋予经济斗争本身以政治性质，都不过是以不同的形式来**推卸**俄国革命家所应当担负的最迫切的责任，即组织全面的政治鼓动工作。"自由社"想以恐怖手段来**代替**鼓动，并公开承认："一旦在群众中进行强有力的鼓动工作，恐怖手段的激发性作用就完结了。"（《革命主义的复活》第68页）这正好说明，无论恐怖派或"经济派"都对群众的革命积极性**估计不足**，而不顾春季事件①已经明显地证实了这种积极性；前者拼命去找人为的"激发性手段"，后者则高谈所谓"具体要求"。可是两者都没有充分注意发挥**自己**在政治鼓动和组织政治揭露方面的**积极性**。而这种工作，无论现在或在其他任何时候，都是不能拿别的什么东西来**代替**的。

---

① 指**1901**年春季开始的大规模的街头游行示威**70**。（这是作者为1907年版加的注释。——编者注）

（五）工人阶级是争取民主制的先进战士

我们已经看到,进行最广泛的政治鼓动,以及组织全面的政治揭露,是真正的社会民主党的活动中绝对必要和**极其迫切**需要的任务。但我们**只是**根据工人阶级对政治知识和政治教育的最迫切需要作出这个结论的。然而只是这样提问题,就未免过于狭隘,就会忽略一切社会民主党特别是当前俄国社会民主党的一般民主主义任务。为了尽量具体地说明这个道理,我们试从"经济派"最"关切的"方面,即从实践方面来谈这个问题。"大家都同意"必须发展工人阶级的政治意识。但请问**怎样**来做到这一点呢? 为了做到这一点需要什么呢? 经济斗争只能使工人"碰到"政府同工人阶级的关系问题,因此**我们无论怎样努力**来完成"赋予经济斗争本身以政治性质"的任务,**也永远不能**在这个任务范围内发展工人的政治意识(发展到社会民主主义政治意识的程度),因为**这个范围本身就是很狭隘的**。马尔丁诺夫的公式对我们来说所以有价值,决不是因为它表明马尔丁诺夫有混淆是非的本事,而是因为它突出地表明了一切"经济派"的基本错误,即认为可以**从所谓工人经济斗争内部**发展工人的阶级政治意识,也就是认为,仅仅(或哪怕主要是)从经济斗争出发,仅仅(或哪怕主要是)在经济斗争的基础上,就可以发展工人的阶级政治意识。这种看法是根本错误的。正因为"经济派"对我们同他们进行论战很生气,不愿仔细想一想意见分歧的由来,结果就使我们简直互不了解,各讲各的话。

阶级政治意识**只能从外面灌输给工人**,即只能从经济斗争外面,从工人同厂主的关系范围外面灌输给工人。只有从**一切阶级**和阶层同国家和政府的关系方面,只有从**一切**阶级的相互关系方面,才能汲取到这种知识。所以,对于怎么办才能向工人灌输政治知识这个问题,决不能只是作出往往可以使实际工作者,尤其是那些倾心于"经济主义"的实际工作者满意的那种回答,即所谓"到工人中去"。为了向**工人灌输政治知识**,社会民主党人应当**到居民的一切阶级中去**,应当派出自己的队伍分赴**各个方面**。

我们故意选择这样一个尖锐的说法,故意说得这样简单生硬,并不是因为我们想标新立异,而是为了要"经济派"好好"碰一碰"他们不可饶恕地忽视的任务,"碰一碰"他们不愿了解的工联主义政治和社会民主主义政治之间的区别。所以,请读者不要着急,仔细地把我们的话听完。

就拿近年来最盛行的那种社会民主党人小组为例,来考察一下它的工作吧。这种小组"同工人有联系"并对此心满意足,它只是印发传单来抨击工厂里的胡作非为现象,抨击政府对资本家的袒护行为和警察的暴行;在会议上同工人谈话往往不超出或者几乎不超出这一类题目的范围;对于革命运动史、我国政府对内对外政策问题、俄国和欧洲的经济演进问题以及现代社会中各个阶级的地位等等问题,极少作报告和举行座谈;至于有系统地取得并扩大同社会上其他阶级的联系的问题,谁也不去考虑。实际上,这种小组成员心目中的理想人物,多半像是工联书记,而不像是社会党人——政治领袖。要知道,任何一个工联书记,例如英国的工联书记,总是帮助工人进行经济斗争,组织对工厂的揭露,说明那些限制罢工自由、限制设纠察哨(为的是告诉大家该厂工人已经罢工)的自由的法律和措施是不公正的,说明那些属于资产阶级的仲裁人袒护一方,等等。总之,任何一个工联书记,都是搞并且帮助搞"同厂主和政府作经济斗争"的。因此,我们应当始终坚持说:**这还不是社会民主主义**;社会民主党人的理想不应当是工联书记,而应当是**人民的代言人**,他们要善于对所有一切专横和压迫的现象作出反应,不管这种现象发生在什么地方,涉及哪一个阶层或哪一个阶级;他们要善于把所有这些现象综合成为一幅警察暴行和资本主义剥削的图画;他们要善于利用每一件小事来**向大家**说明自己的社会主义信念和自己的民主主义要求,**向大家**解释无产阶级解放斗争的世界历史意义。例如,你们可以把罗伯特·奈特(英国最强大的工联之一——锅炉工人联合会著名的书记和领袖)和威廉·李卜克内西这样两位活动家比较一下,可以试一试把马尔丁诺夫形容自己和《火星报》的意见分歧时用的那些对比的词句应用到他们身上去。你们就会看到(下面我就来摘录马尔丁诺夫的文章):罗·奈特多半是"号召群众去采取某些具体行动"(第39页),而威·李卜克内西则较多的是"用革命精神来说明整个现存制度或其局部表现"(第38—39页);罗·奈特"规定了无产阶级的当前要求而且指出了实现这些要求的手段"(第41页),而威·李卜克内西虽然也在这样做,但是并不放弃"同时领导各个反政府阶层的积极行动","向他们提出积极的行动纲领"①(第41页);罗·奈特正是努力于"尽量赋予经济斗争本身以政治性质"(第42页),而且极其善于"向政府提出能产生某些显著结果的具体要求"(第43页),而威·李卜克内西则多半致力于"片面的"

---

① 例如李卜克内西在普法战争时提出了**整个民主派的**行动纲领,而1848年时马克思和恩格斯在这方面做得更多。

"揭露"(第40页);罗·奈特侧重于"平凡的日常斗争进程"(第61页),而威·李卜克内西则侧重于"宣传光辉的完备的思想"(第61页);威·李卜克内西把自己所领导的报纸办成了"革命反对派的机关报,它揭露我国的制度,主要是政治制度,因为它们是同各个不同的居民阶层的利益相抵触的"(第63页),而罗·奈特则"在同无产阶级斗争保持密切的有机联系的条件下为工人的事业努力"(第63页)——如果这里所谓保持"密切的有机联系",就是我们上面通过克里切夫斯基和马尔丁诺夫的例子研究过的那种对自发性的崇拜——并且"缩小了自己的影响的范围",他当然也和马尔丁诺夫一样,深信自己"因而就使这种影响复杂化了"(第63页)。总之,你们会看到,实际上马尔丁诺夫是把社会民主主义降低为工联主义,当然,他这样做决不是因为他不愿意社会民主党好,而只是因为他没有下功夫去理解普列汉诺夫的意见,却有些急于去深化普列汉诺夫的意见。

让我们言归正传吧。我们已经讲过,社会民主党人如果不只是口头上主张必须全面发展无产阶级的政治意识,那就应当"到居民的一切阶级中去"。于是就产生了这样一些问题:怎样才能做到这一点呢?我们有没有力量做到这一点呢?有没有在其他一切阶级中进行这种工作的基础呢?这是不是意味着放弃或者导致放弃阶级观点呢?现在我们来谈谈这些问题。

我们应当既以理论家的身份,又以宣传员的身份,既以鼓动员的身份,又以组织者的身份"到居民的一切阶级中去"。社会民主党人的理论工作应当研究各个阶级的社会地位和政治地位的一切特点,这是谁也不怀疑的。但是这方面的工作还做得很少很少,同研究工厂生活特点的工作相比,未免太不相称了。在各个委员会和小组中你们可以看到,有一些人甚至埋头于专门了解某一炼铁生产部门的情况,但是你们几乎找不到例子,说明这些组织的成员(往往因为某种原因而不得不脱离实际工作)在专门收集我国社会生活和政治生活中的某种迫切问题的材料,而这种问题可以作为社会民主党人在其他居民阶层中进行工作的依据。当我们说到现在大多数工人运动的领导人缺乏修养时,也不能不提到这方面的修养问题,因为这也是和"同无产阶级斗争保持密切的有机联系"的"经济主义"见解有联系的。但主要的任务当然是要在一切人民阶层中进行**宣传**和**鼓动**。西欧社会民主党人容易执行这种任务,因为那里有各种群众集会,**凡是**愿意参加的人都可以参加;那里有议会,社会民主党人可以对**一切**阶级的代表讲话。我国既没有议会,又没有集会自由,但我们还是善于把那些愿意听**社会民主党人**讲话的工人召集起来开会。我们也应当善于把居民一切阶级中那些即使只愿意听**民主主义者**讲话的人召集起来开会。因为谁在实际上忘记"共产党人支持一切革命运动"①,忘记我们因此也就应当**向全体人民**说明和强调**一般民主主义任务**,同时一分钟也不隐瞒自己的社会主义信念,那他就不是社会民主党人。谁在实际上忘记社会民主党人在提出、加剧和解决**任何**一般民主主义问题方面有责任走在**大家前头**,那他就不是社会民主党人。

没有耐心的读者会插嘴道:"这是大家全都同意的!"而联合会最近一次代表大会所通过的给《工人事业》杂志编辑部的新指示中也直接说到,"社会生活和政治生活中或者直接涉及无产阶级这一独特阶级,或者涉及无产阶级这一作为**一切争取自由的革**

---

① 参看《马克思恩格斯选集》第3版第1卷第435页。——编者注

命势力的先锋队的一切现象和事件,都应当利用来进行政治宣传
和政治鼓动"(《两个代表大会》第 17 页;黑体是我们用的)。是
的,这些话说得很正确而且说得很好;假使《工人事业》杂志**懂得**
这些话的意思,**假使在这些话之外它不说相反的话**,那我们就会很
满意了。要知道,只是自称为"先锋队",自称为先进部队是不够
的,还要做得使其余**一切**部队都能看到并且不能不承认我们是走
在前面。所以,我们要问问读者:难道其余各"部队"的人都是些
傻瓜,竟会单凭我们说是"先锋队"就相信我们吗? 不妨具体设想
一下这样一种情况。假定有一个社会民主党人忽然跑到俄国有教
养的激进派或自由主义立宪派的"队伍"中去说:我们是先锋队,
"现在摆在我们面前的任务是要尽量赋予经济斗争本身以政治性
质"。那么一个多少有点头脑的激进派或立宪派(在俄国激进派
和立宪派中间有头脑的人是很多的)听了这种话,只会微微一笑,
并说(当然只是自言自语,因为他们往往是有经验的外交家):
"瞧,这个'先锋队'可真傻! 他甚至不了解,赋予工人经济斗争**本
身**以政治性质是我们的任务,是资产阶级民主派中的先进分子的
任务。要知道,我们也像西欧一切资产者一样要使工人卷入政治,
不过只是工联主义的政治,而不是社会民主主义的政治。工人阶
级的工联主义政治也就是工人阶级的**资产阶级政治**。而这个'先
锋队'对自己的任务的提法正是工联主义政治的提法! 因此,甚
至就让他们随便把自己叫做社会民主党人吧。说实在的,我又不
是小孩子,决不会为了招牌发急! 只要他们不受那帮可恶的正统
教条主义者的诱惑,只要他们能给那些不自觉地把社会民主党拖
到工联主义轨道上去的人留下'批评自由'就行了!"

我们的这位立宪派一旦知道,那些空谈社会民主党是先锋队

的社会民主党人在我们的运动几乎完全由自发性所统治的今天，还最害怕"轻视自发因素"，最害怕"轻视平凡的日常斗争进程而偏重宣传光辉的完备的思想"等等，他就会由微笑变为哈哈大笑了！一个"先进"部队居然害怕自觉性超过自发性，居然害怕提出一个使思想不同的人也不得不公认的大胆"计划"！莫非是他们把先锋队和后卫队这两个词搞混了吧？

的确，请你们考虑一下马尔丁诺夫的下面这段议论吧。他在第40页上说，《火星报》的揭露策略是片面的，"不管我们怎样散布对政府不信任和仇恨的种子，但如果不能发展足够的积极的能去推翻政府的社会力量，我们就不能达到目的"。顺便说说，这也还是我们熟悉的关心提高群众的积极性而同时却力求降低自己的积极性的老调。但是现在问题不在这里。马尔丁诺夫在这里当然是指**革命**力量（"推翻"政府的力量）。但他所得出的结论又是怎样的呢？既然在平时，各社会阶层必然是各行其是，"所以很清楚，我们社会民主党人当然不能同时领导各个反政府阶层的积极行动，不能向他们提出积极的行动纲领，不能替他们指明应当用哪种方法来经常为本身的利益而斗争……　自由派阶层自己会设法为自己的当前利益进行积极的斗争，而这种斗争就会使他们直接接触到我国的政治制度"（第41页）。由此可见，马尔丁诺夫开始说的是革命力量，是进行积极斗争来推翻专制制度，但马上就扯到工会的力量上来，扯到为当前的利益而进行积极的斗争上来了！当然，我们不能领导学生、自由派及其他人为他们的"当前利益"而斗争，但是，最可敬的"经济派"，我们说的并不是这个问题！我们说的是各社会阶层可能参加而且必须参加推翻专制制度的问题；而对**这种**"各个反政府阶层的积极行动"，如果我们想做"先锋队",就不仅**能够**领导并且一定要领导。至于使我国学生、我国自由派及其他人"直接接触到我国的政治制度",那么不仅他们自己会设法做到这一点,而且警察本身和专制政府的官吏本身就会首先最努力地设法做到这一点。而"我们",如果想做先进的民主主义者,就应当设法使那些只对大学现状或者只对地方自治机关[71]现状等等表示不满的人碰到整个政治制度不中用的问题。**我们**应当担负起组织这种在**我们党**的领导下进行全面政治斗争的任务,使各种各样的反政府阶层都能尽力帮助并且确实尽力帮助这个斗争和这个党。**我们**应当把社会民主党的实际工作者培养成政治领袖,既善于领导这种全面斗争的一切表现形式,又善于在必要时向激动的学生、不满的地方自治人士、愤怒的教派信徒和受委屈的国民学校教师以及其他各种人"提出积极的行动纲领"。所以马尔丁诺夫所说的"对于这些人,我们**只能**起一种揭露现存制度的**消极作用……　我们只能**打消他们对各种政府委员会的种种希望"(黑体是我们用的),**是完全不正确的**。马尔丁诺夫这样说,就证明他对革命"先锋队"的真正作用问题**一窍不通**。如果读者注意到这一点,那就会懂得马尔丁诺夫所说的下面几句结束语的**真正含义**了:"《火星报》是革命反对派的机关报,它揭露我国的制度,主要是政治制度,因为它们是同各个不同的居民阶层的利益相抵触的。而我们现在和将来都要在同无产阶级斗争保持密切的有机联系的条件下为工人的事业努力。我们缩小了自己的影响范围,因而就使这种影响复杂化了。"(第63页)这个结论的真正含义就是:《火星报》想把工人阶级的工联主义政治(我们的实际工作者由于误解和缺乏修养,或者由于信念而往往局限于这种政治)**提高**为社会民主主义政治。而《工人事业》杂志则想把社会民主主义政治**降低**为工联主义政治。并且它还硬要大家相信，这是"在共同事业中完全可以相容的两种立场"（第63页）。啊，多么纯朴天真啊！

我们再讲下去吧。我们有没有力量到居民的**一切**阶级中去进行自己的宣传和鼓动呢？当然是有的。我们的"经济派"常常想否认这一点，而忽略我们的运动从1894年（大致说来）到1901年间所获得的巨大进步。他们是十足的"尾巴主义者"，往往还保持着运动开始时那个早已过去的时期的观念。当时我们的力量确实非常小，当时理所当然地决意只在工人中进行工作并严厉斥责离开这项工作的一切偏向；当时全部任务就是要使自己在工人阶级中站住脚。现在则已经有巨大的力量加入到运动中来，有教养阶级的年青一代的一切优秀分子都走到我们方面来，在外省各地都有许多参加了运动或者愿意参加运动的人，有许多倾向于社会民主党的人，不得不待在那里（在1894年，俄国的社会民主党人是屈指可数的）。我们的运动在政治上和组织上的基本缺点之一，就是我们还**不善于**运用所有这些力量，还**不善于**给所有的人以适当的工作（关于这一点，我们在下一章里还要详细谈到）。这些力量绝大多数都完全没有机会"到工人中去"，所以根本就谈不到什么会使力量离开我们的基本事业的危险。但是要供给工人真正的、全面的和生动的政治知识，就需要在一切地方，在一切社会阶层中，在能够了解我国国家机构内幕的各种阵地上都有"自己的人"，即社会民主党人。这样的人不仅在宣传和鼓动方面需要，在组织方面尤其需要。

有没有在居民的一切阶级中进行工作的基础呢？谁看不见这一点，那就说明他自己的觉悟又落后于群众的自发高潮了。工人运动已经促使并且还在促使一部分人产生不满情绪，促使另一部分人指望反政府态度会得到支持,促使第三部分人认识到专制制度无法维持下去和必然崩溃。如果我们不了解我们自己的任务是要利用各种各样不满的表现,是要把所有零星的哪怕是刚露头的抗议聚集起来并且加以引导,那我们就会只是口头上的"政治家"和口头上的社会民主党人(实际上这种情况是很多很多的)。更不用说,千百万劳动农民、家庭手工业者和小手工业者等等总是渴望听到较有才干的社会民主党人的宣讲。但是,难道可以指出,在居民的某一个阶级中,没有一些人、集团和小组,对无权地位和专横暴虐感到不满,因而容易领会代表最迫切的一般民主主义要求的社会民主党人的宣讲吗? 谁想具体了解社会民主党人在居民的**一切**阶级和阶层中进行的这种政治鼓动,我们就要向他指出,广义的**政治揭露**就是这种鼓动的主要的(当然不是唯一的)手段。

　　我在《从何着手?》一文(1901 年 5 月《火星报》第 4 号)中写道(关于这篇文章,我们以后还要详细谈到):"我们应当在一切稍有觉悟的人民阶层中激起进行**政治揭露**的热情。不必因为目前政治揭露的呼声还显得无力、稀少和怯懦而感到不安。其所以如此,并不是因为大家都容忍警察的专横暴虐,而是因为那些能够并且愿意进行揭露的人还没有一个说话的讲坛,还没有热心听讲并且给讲演人以鼓舞的听众;他们在人民中间还完全看不到那种值得向它控诉'至高无上的'俄国政府的力量…… 现在我们已经能够并且应当建立一个全民的揭露沙皇政府的讲坛;——社会民主党的报纸就应当是这样的讲坛。"①

　　工人阶级正是政治揭露的理想听众,因为他们首先需要而且

---

① 参看《列宁全集》中文第 2 版增订版第 5 卷第 7—8 页。——编者注

最需要全面的和生动的政治知识,因为他们最能把这种知识变成
积极的斗争,哪怕这种斗争不能产生任何"显著结果"。而能够成
为**全民的**揭露的讲坛的,只有全俄报纸。"没有政治机关报,在现
代欧洲就不能有配称为政治运动的运动",而俄国在这一点上无
疑也是应当归入现代欧洲的。报刊在我国早已成了一种力量,否
则政府就不会拿成千上万的卢布来收买它,来津贴形形色色的卡
特柯夫之流和美舍尔斯基之流了。秘密报刊冲破书报检查的重重
封锁,**迫使**那些合法的和保守的机关报来公开地谈论它,这在专制
的俄国已不是什么新鲜的事了。在 70 年代,甚至在 50 年代已经
有过这样的事情。但是,愿意阅读秘密报刊,愿意从中学习"怎样
活和怎样死"—— 一个工人给《火星报》(第 7 号)的信上的
话[72]——的人民阶层,现在在广度和深度上都超过过去若干倍。
正如经济揭露是向厂主宣战一样,政治揭露就是向**政府**宣战。这
种揭露运动愈广泛和愈有力,**为了开战而宣战**的那个社会**阶级**的
人数愈多和愈坚决,这种宣战所起的精神作用也就愈大。因此,政
治揭露本身就是**瓦解**敌人制度的一种强有力的手段,就是把敌人
的那些偶然的或暂时的同盟者引开的一种手段,就是在专制政权
的那些固定参与者中间散布仇恨和猜忌的一种手段。

现在,只有**把真正全民的**揭露工作**组织起来**的党,才能成为革
命力量的先锋队。"全民的"这个词含有很丰富的内容。绝大多
数非工人阶级出身的揭露者(而为了要做先锋队,就应当吸引别
的阶级),都是清醒的政治家和冷静的实干者。他们清楚地知道,
甚至"控诉"小官吏都不免有危险,更不要说"控诉""至高无上
的"俄国政府了。所以,只有在看到向我们控诉真能发生作用,看
到我们是一种**政治力量**的时候,他们才会来**向我们**控诉。我们要

想在旁人眼里表现为这样一种力量,就要不断地大力**提高**我们的自觉性、首创精神和毅力;而要做到这一点,只是给后卫队的理论和实践挂上一块"先锋队"的招牌是不够的。

狂热地崇拜"同无产阶级斗争保持密切的有机联系"的人一定会质问并且已经在质问我们:既然我们应当负责组织真正全民的揭露政府的工作,那么我们运动的阶级性质又表现在什么地方呢? 这就表现在这种全民的揭露工作正是由我们社会民主党人来组织的;就表现在进行鼓动时所提出的一切问题始终都要以社会民主主义的精神来加以说明,而决不宽容任何有意或无意地歪曲马克思主义的现象;就表现在进行这种全面的政治鼓动的党把下述各种活动结合成一个不可分的整体:以全体人民的名义向政府施加压力,用革命精神教育无产阶级并保持无产阶级的政治独立性,领导工人阶级的经济斗争,利用工人阶级和剥削者之间自发产生的冲突来把无产阶级中一批又一批的阶层激发起来并吸引到我们的阵营中来!

"经济主义"的最明显的特点之一,就是不了解无产阶级最迫切的要求(从政治鼓动和政治揭露中获得全面的政治教育)同一般民主主义运动的要求是相联系的,甚至是相吻合的。而这种不了解不仅表现于"马尔丁诺夫式的"词句,并且还表现于意思与这些词句相同的那种援引所谓阶级观点的论调。例如,请看《火星报》第12号上发表的那封"经济派的"来信①的作者们关于这一点

---

① 当时限于篇幅,我们不能在《火星报》上对这封最充分地反映"经济派"观点的信作出详尽的回答。这封信的出现使我们非常高兴,因为责备《火星报》不坚持阶级观点的流言早已从各个不同的方面传到我们这儿来了,而我们只是要寻找适当时机或在这种流行的责备正式出现时给以答复。但在回答攻击的时候,我们惯用的方法不是防御,而是反击。

是怎样说的吧:"《火星报》的这个主要缺点〈夸大意识形态的作用〉也就是它在社会民主党对待各社会阶级和派别的态度这个问题上前后不一致的原因。《火星报》根据理论的推理〈而不是根据"党的任务随着党的发展而增长……"〉,提出关于立即转入反对专制制度的斗争的任务,但是它大概也感觉到,在目前情况下完成这个任务对于工人来说是十分困难的〈不仅感觉到,而且很清楚地知道:工人觉得这个任务并不像那些照看小孩子的"经济派"知识分子所想象的那样困难,因为工人甚至决定为那些——用大名鼎鼎的马尔丁诺夫的语言来说——并不能产生什么"显著结果"的要求而战斗〉,而它又没有耐心等待工人继续积蓄力量来进行这一斗争,所以就开始到自由派和知识分子中间去寻找同盟者……"

是的,我们的确是已经没有任何"耐心""等待"一切"调和者"早就答应赐给我们的那个幸福时刻,那时我们的"经济派"将不再把**自己**的落后性推卸到工人身上,不再用什么工人力量不足的话来为自己缺乏毅力辩护了。我们要问问我们的"经济派":"工人积蓄力量来进行这一斗争"究竟是怎么一回事呢? 就是在政治上教育工人,向他们彻底揭露我国万恶的专制制度的**一切**方面,这不是很明显的吗? **正是为了这项工作**,我们才需要有"自由派和知识分子中间的同盟者",需要这些决心同我们一起去揭露当局在政治上对地方自治人士、教师、统计人员和学生等等进攻的同盟者,这不是很清楚的吗? 难道这真是一种什么难以理解的非常"巧妙的把戏"吗? 难道帕·波·阿克雪里罗得不是从1897年起就已经向你们反复说明,"俄国社会民主党人在非无产阶级中争取拥护者以及直接或间接的同盟者这个任务,首先而且主要取决于在无产阶级队伍本身中的宣传工作的性质"①吗？而马尔丁诺夫之流及其他"经济派"仍然认为，**起初**工人应当用"同厂主和政府作经济斗争"的方法积蓄力量（来实行工联主义的政治），**然后**才"过渡到"——大概是从工联主义的"培养积极性""过渡到"社会民主主义的积极性！

"经济派"继续说道："……《火星报》在寻找同盟者的时候，它常常离开阶级观点，掩饰阶级矛盾，把对政府不满这一共同点放在第一位，尽管各种'同盟者'产生这种不满的原因和不满的程度是很不相同的。如《火星报》对地方自治机关的态度就是这样……"《火星报》似乎"答应给不满足于政府的小恩小惠的贵族以工人阶级的援助，而只字不提这些居民阶层之间的阶级纷争"。读者只要看一看《火星报》第 2 号和第 4 号上标题为《专制制度和地方自治机关》的两篇文章[73]（该信作者们所指的**想必**就是这两篇文章），就可以看到这些文章②所谈的，是**政府**对"等级官僚制地方自治机关的温和鼓动"，对"即使是有产阶级的主动性"所持的态度。文章中说，工人对政府反对地方自治机关的斗争决不能漠不关心，同时号召地方自治人士在革命的社会民主党挺身而出反对政府的时候，抛弃温和的言词而发表强硬和激烈的言论。该信作者们所不同意的究竟是什么呢？——不得而知。他们是不是以为工人"理解不了""有产阶级"和"等级官僚制地方自治机关"这些字眼

---

① 帕·波·阿克雪里罗得《论俄国社会民主党人的当前任务和策略问题》1898 年日内瓦俄文版第 16—17 页。——编者注

② **在**这两篇文章**之间**（在《火星报》第 3 号上）还登了一篇专论我国农村中的阶级对抗的文章。（见《列宁全集》中文第 2 版增订版第 4 卷第 379—386 页。——编者注）

呢?是不是以为**推动**地方自治人士抛弃温和的言词而发表激烈的言论,就是"夸大意识形态的作用"呢?他们是不是认为工人**即使**不知道专制政府对地方自治机关所持的态度,也能"积蓄力量"去同专制政府作斗争呢?所有这些还是不得而知。清楚的只有一点,就是该信的作者们对社会民主党的政治任务的认识是很模糊的。这一点从下面他们所说的话中可以更清楚地看出来:"《火星报》对学生运动的态度也是这样"(就是说,也是"掩饰阶级对抗")。我们大概不应当号召工人用公开的游行示威来表明,暴虐、专横、胡作非为的真正策源地不是学生而是俄国政府(《火星报》第 2 号①),反倒应当刊载《工人思想报》式的议论!这种意见竟然是社会民主党人在 1901 年秋天,在二三月事件之后,在新的学潮的前夜发表的,而新的学潮表明,在这方面发生的反抗专制制度的"自发性"也**超过了**社会民主党对运动的自觉领导。工人为那些惨遭警察和哥萨克毒打的学生鸣不平的自发趋势,超过了社会民主党组织的自觉活动!

该信的作者们继续说道:"然而在其他一些文章中,《火星报》却又尖锐地斥责一切妥协,比如说,替盖得派的偏激行为辩护。"有人在评论现代社会民主党人中的意见分歧时总是极端自信而轻率地说什么这些意见分歧并不重要,并不能成为分裂的理由,我们劝这些人仔细想想以上这些话的意思吧。有一种人说我们在说明专制制度同各个不同的阶级相敌对方面,在使工人认识各个不同的阶层对专制制度所持的反对态度方面,工作还做得非常少,而另外有一种人却认为做这个工作就是"妥协",显然是向"同厂主和

① 见《列宁全集》中文第 2 版增订版第 4 卷第 346—351 页。——编者注

政府作经济斗争"这种理论妥协，——试问这两种人能否在同一个组织内顺利地进行工作呢？

我们在谈到农民解放四十周年时说过必须到农村去开展阶级斗争（第 3 号①），而在谈到维特秘密记事的时候说过自治制度和专制制度根本不能相容（第 4 号）；我们在谈到新法令的时候抨击了土地占有者以及替土地占有者服务的政府所实行的农奴制（第 8 号②），而对不合法的地方自治人士代表大会表示欢迎，鼓励地方自治人士抛弃卑躬屈膝的请愿运动而去进行斗争（第 8 号③）；我们鼓励了那些已经开始了解必须进行政治斗争并且已经转而进行政治斗争的学生（第 3 号），同时又斥责了那些主张"纯粹学生"运动而劝学生不要参加街头游行示威的人所表现的"惊人的无知"（第 3 号，评 2 月 25 日莫斯科大学生执行委员会宣言）；我们揭露了《俄国报》[74]中那些狡猾的自由派的"毫无意义的幻想"和"伪善的态度"（第 5 号），同时又指出了政府刑讯室"对安分守己的作家、对老教授和学者以及对著名的自由派地方自治人士横加摧残"的暴行（第 5 号，《警察对著作界的袭击》一文）[75]；我们揭穿了"国家对改善工人生活的关心"这一纲领的真正用意，而对所谓"与其等待从下面提出改革要求，不如先从上面实行改革来防止这种要求"的"宝贵的招供"表示欢迎（第 6 号④）；我们鼓励了表示反抗的统计人员（第 7 号）而斥责了甘当工贼的统计人员（第 9 号）[76]。谁把这个策略看做是抹杀无产阶级的阶级意识，看做是同

① 见《列宁全集》中文第 2 版增订版第 4 卷第 379—386 页。——编者注
② 同上，第 5 卷第 77—81 页。——编者注
③ 同上，第 82—83 页。——编者注
④ 同上，第 70 页。——编者注

自由主义妥协,那也就暴露出他自己完全不懂《信条》这个纲领的真正意义,并且实际上**实行的正是这个纲领**,而不管他怎样表示拒绝这个纲领! 因为他**这样**就是把社会民主党拉来"同厂主和政府作经济斗争",**屈从于自由主义**,而放弃积极干预**每个**"自由主义"问题和确定社会民主党**自己**对这个问题的态度的任务。

(六) 又是"诽谤者",又是"捏造者"

读者记得,这两个动听的字眼是《工人事业》杂志在我们责备它"为使工人运动变为资产阶级民主派的工具间接准备基础"时用来回敬我们的。《工人事业》杂志由于头脑简单,竟认为这种责备不过是论战手法,说什么这些凶恶的教条主义者决意用各种各样最难听的话来骂他们。的确,还有什么比做资产阶级民主派的工具更难听的呢? 于是他们就用黑体字来刊登"反驳",说这是"露骨的诽谤"(《两个代表大会》第 30 页)、"捏造"(第 31 页)、"故弄玄虚"(第 33 页)。《工人事业》杂志倒像丘必特[77]一样(虽然它还不大像丘必特),它所以发怒,正是因为它自己错了;它气急败坏地谩骂,恰巧证明它自己没有仔细思考对方思维过程的能力。其实,只要稍微思考一下,就可以了解,为什么**任何**崇拜群众运动的自发性的行为,**任何**把社会民主主义政治降低为工联主义政治的行为,都是为使工人运动变为资产阶级民主派的工具准备基础。自发的工人运动本身只能造成(而且必然造成)工联主义,而工人阶级的工联主义政治也就是工人阶级的资产阶级政治。工人阶级参加政治斗争,甚至参加政治革命,还丝毫不能使它的政治成为社会民主主义政治。《工人事业》杂志是否打算否认这一点呢？它是否打算最终在大家面前公开地直截了当地说出自己对国际社会民主党和俄国社会民主党的迫切问题的见解呢？不，它从来没有这样打算过，因为它坚决采取一种可以说是"一味抵赖"的手法。我不是我，马不是我的，我不是马车夫。我们不是"经济派"，《工人思想报》不是"经济主义"，俄国根本就没有什么"经济主义"。这是一种十分巧妙和"机灵的"手法，不过这样做也有一点令人不快的地方，就是凡采取这种手法的机关报，人们通常都给它一个"有何吩咐？"**78**的雅号。

在《工人事业》杂志看来，资产阶级民主派在俄国根本就是一种"幻影"（《两个代表大会》第 32 页）①。这些人真是有福气！他们好像鸵鸟一样，把脑袋藏在翅膀底下，就以为周围的一切都消失了。有许多自由派政论家，他们每月都要向大家唱一次凯歌，说马克思主义垮台了，甚至消灭了；有许多自由派报纸（如《圣彼得堡新闻》**79**、《俄罗斯新闻》**80**及其他许多报纸），它们鼓励自由派把布伦坦诺式的阶级斗争观**81**和工联主义的政治观传授给工人；有一大批批评马克思主义的批评家，他们的真实倾向已经由《信条》非常明显地表现出来，只有他们写出来的货色才能在全俄到处畅销，通行无阻；非社会民主党的革命派别已经活跃起来，在二三月事件之后尤其如此，——所有这些大概都是一种幻影吧！所有这

---

① 这里他们又是以"俄国的具体条件必然推动工人运动走上革命道路"作为论据。他们不愿意了解：工人运动的革命道路也还可能是非社会民主主义的道路！整个西欧资产阶级在专制制度下都"推动过"，都自觉地推动过工人走上革命道路。但我们社会民主党人却不能以此为满足。而且，我们不管是用什么方式把社会民主主义的政治降低为自发的工联主义的政治，我们也就正是帮助了资产阶级民主派。

些都同资产阶级民主派毫不相干吧!

《工人事业》杂志以及发表于《火星报》第12号上的那封"经济派"来信的作者们应当"好好想一想,为什么这次春季事件没有使社会民主党的威信和声望提高,反而使非社会民主党的革命派别这样活跃起来了呢?"——这是因为我们没有完成自己的使命,工人群众的积极性超过了我们的积极性,我们缺乏有足够修养的革命领导者和组织者,即熟悉各个反政府阶层的情绪,善于领导运动,善于变自发游行示威为政治游行示威,善于加强游行示威的政治性等等的领导者和组织者。在这种情况下,我们的落后性也就必然会被那些比较活跃和比较积极的非社会民主党人的革命者所利用,而工人无论怎样奋不顾身积极地同军警搏斗,无论采取怎样革命的行动,他们终究只会成为支持这些革命者的力量,成为资产阶级民主派的后卫队,而不会成为社会民主主义的先锋队。就拿我们的"经济派"只想仿效其弱点的德国社会民主党来说吧。在德国,**没有一次**政治事件不是使社会民主党的威信和声望愈来愈高的,这是为什么呢? 这是因为社会民主党总是走在大家的前面,用最革命的态度来估计这种事件,支持一切对专横暴虐的抗议。它不用所谓经济斗争一定会使工人碰到他们无权的问题,具体条件必然推动工人运动走上革命道路等等的议论来安慰自己。它干预社会生活和政治生活的一切领域和一切问题,例如关于威廉不批准资产阶级进步党人当市长的问题(我们的"经济派"还没有来得及开导德国人,说这其实就是同自由主义妥协!),关于颁布法令禁止"淫秽"书籍和画册的问题,关于政府对教授人选施加影响的问题以及其他等等问题。他们处处都走在大家的前面,在一切阶级中间激发政治上的不满,唤醒沉睡者,鼓励落后者,提供各方面的材料来提高无产阶级的政治意识和政治积极性。结果,甚至那些社会主义的死敌也不得不对这个先进的政治战士深表敬意;因而,不仅是资产阶级方面的重要文件,甚至官僚和宫廷方面的重要文件,不知怎么也往往会奇迹般地落到《前进报》编辑部的手里。

这就是对于那种似是而非的"矛盾"的解答,这种"矛盾"大大越过了《工人事业》杂志的理解力,以至它只好高举双手喊道:"故弄玄虚"! 的确,你们想想看,我们《工人事业》杂志**最重视的是群众性**的工人运动(并且这些我们都是用黑体字刊印的!),我们警告大家不要轻视自发因素的意义,我们想赋予经济斗争本身,**本身**,**本身**以政治性质,我们想同无产阶级斗争保持密切的有机联系! 可是有人说我们是在为使工人运动变为资产阶级民主派的工具准备基础。究竟是谁在这样说呢? 原来就是那些同自由主义"妥协",干预每一个"自由主义的"问题(这是多么不了解"同无产阶级的斗争的有机联系"啊!),对于大学生,甚至(这还了得!)对于地方自治人士也十分注意的人! 原来就是那些总想要多花些力量(同"经济派"相比)到各个非无产阶级的阶级中去进行工作的人! 这不是"故弄玄虚"是什么??

可怜的《工人事业》杂志! 它能有一天搞明白这个巧妙的把戏吗?

四　经济派的手工业方式和
革命家的组织

　　我们上面已把《工人事业》杂志说经济斗争是政治鼓动的最普遍适用的手段，说我们目前的任务是赋予经济斗争本身以政治性质等等论调，都一一分析过了。这些论调表明，它们不仅对我们的政治任务，而且对我们的**组织**任务都持有狭隘的见解。为了"同厂主和政府作经济斗争"，完全不需要有（因而在这种斗争的基础上也不可能产生）一个全俄的集中的组织，即一个能把政治上的反政府态度、抗议和义愤的各种各样的表现都汇合成一个总攻击的组织，一个由职业革命家组成而由全体人民的真正的政治领袖们领导的组织。这是不言而喻的。任何一个机构的组织，其性质自然而且必然取决于这一机构的活动内容。因此，《工人事业》杂志的上述论调，不仅把政治活动的狭隘性，而且也把组织工作的狭隘性神圣化和合法化了。在这个问题上，《工人事业》杂志一如既往，是一个自觉性屈服于自发性的刊物。而崇拜自发形成的组织形式，不了解我们的组织工作多么狭隘和原始，不了解我们在这一重要方面还是怎样的一些"手工业者"，在我看来，这就是我们运动的真正病症。当然，这不是衰落中的病症，而是成长中的病症。但正是在目前，在自发义愤的浪潮简直要把我们这些运动的领导者和组织者淹没时,特别需要同一切维护落后性的主张,同一切想把这方面的狭隘性合法化的企图进行最不调和的斗争,特别需要促使每一个参加实际工作或仅仅准备进行这种工作的人都对现在我们中间盛行的**手工业方式**感到不满,并且下最大的决心抛弃它。

（一）什么是手工业方式?

为了回答这个问题,我们可以拿1894—1901年间的一个典型的社会民主党人小组的活动片断来作例子。我们已经讲过,当时的青年学生普遍倾心于马克思主义。自然,他们这样倾心并不仅仅是把马克思主义当做一种理论,甚至与其说是把马克思主义当做理论,不如说是把它当做对于"怎么办?"这一问题的回答,当做向敌人进攻的号召。于是,这些新战士就在装备和训练极差的情况下进军了。在很多场合,他们几乎没有任何装备,没有丝毫训练。他们像种地的庄稼汉那样,只操起一根木棒就去作战。这个学生小组同运动中的老的活动家们毫无联系,同其他地方的甚至本城其他地区(或其他学校)的小组也毫无联系,丝毫没有把革命工作的各个部分组织起来,根本没有一个较为长期而有步骤的活动计划,就去同工人建立联系,着手工作起来。这个小组逐步地开展了愈来愈广泛的宣传和鼓动,以自己的行动博得了相当广泛的工人阶层的同情,博得了有教养社会的一部分人的同情,他们捐出一些金钱,并且把一批又一批的青年交给"委员会"支配。委员会(或斗争协会)的感召力增长了,它的活动范围扩大了,但它扩大

怎 么 办?

这种活动完全是自发的:那些一年或几个月以前在学生小组中讲
过话和解决过"往何处去?"的问题的人,那些同工人建立并保持
联系和印发过传单的人,现在已在同其他革命家团体建立联系,设
法取得书刊,着手出版地方报纸,开始讲到举行游行示威,最后转
向公开的军事行动(而且第一张鼓动传单、第一号报纸或者第一
次游行示威,在不同情况下,都可以成为这种公开的军事行动)。
通常是这种行动一开始,立刻就会遭到彻底的失败。其所以会立
刻遭到彻底的失败,是因为这些军事行动并不是有步骤的、事先考
虑好的和逐步准备的一种长期的坚决斗争的计划的结果,而只是
按老一套进行的那种小组工作的自发进展;是因为警察局自然差
不多总是知道所有那些领导本地运动的、在学生时代已"初露头
角的"主要人物,它只是等待对它最合适的时机来围捕他们,而故
意让小组充分发展和扩大,以便获得明显的犯罪构成,并且总是故
意把自己所知道的几个人留下来"繁殖"(据我所知,我们的人和
宪兵都使用这个术语)。我们不能不把这种战争比做一群农民操
起木棒去进攻现代的军队。而令人惊奇的是,运动富有生命力,尽
管作战的人这样毫无训练,但运动还是扩大起来,发展起来,并且
往往获得胜利。固然,从历史的观点看来,装备的简陋在开始的时
候不仅是不可避免的,**甚至是理所当然的**,因为这是广泛地吸收战
士的条件之一。但是,重大的军事行动一旦开始(这种行动实际
上从1896年夏季罢工时起就开始了),我们军事组织方面的缺点
就愈来愈明显地暴露出来了。政府虽然在一开始表现过慌张,犯
了一系列错误(例如向社会诉说社会党人如何行凶作恶,或者把
工人从两个首都流放到外省工业中心去),但它很快就适应了新
的斗争条件,把自己那些装备精良的奸细、暗探和宪兵队伍布置到

102

适当的地方去。于是大暴行连连发生,牵连的人数众多,地方小组往往被一网打尽,使工人群众简直失去了所有的领导者,使运动带有非常的突变性质,使工作上的任何继承性和连贯性都无法建立起来。地方活动家们异常分散,小组的成员变换无常,人们在理论、政治和组织问题上缺乏修养和眼界狭小,这些都是上述情况的必然结果。在有些地方,由于我们缺乏镇静态度和不能保守秘密,竟使工人根本不相信知识分子而躲开他们:工人说,知识分子太粗心大意,常常遭到破坏!

　　至于一切有头脑的社会民主党人终于开始感到了这种手工业方式是一种病症,——这是每一个稍微了解一点运动情况的人都知道的。为了使不了解运动情况的读者不致以为运动的特殊阶段或特殊病症是我们故意"虚构"出来的,我们打算引证一下上面已经提到过的那位见证人所说的话。不过请不要因引文太长而埋怨我们。

　　波—夫在《工人事业》杂志第6期上写道:"如果说,逐渐向更广泛的实际行动的过渡,即直接由俄国工人运动现在所处的总的过渡时期所决定的过渡是一个特点……那么在俄国工人革命这一总的机器中还有另一个同样值得注意的特点。我们所说的就是不仅在彼得堡,而且在全俄各地都感觉到**普遍缺少能够进行活动的革命力量**①。由于工人运动普遍活跃,由于工人群众普遍进步,由于罢工事件日益频繁,由于工人的斗争日益采取公开的群众性的形式而使政府加紧采取迫害、逮捕、流放和驱逐的手段,于是**这种缺少优秀的革命力量的情形就愈来愈明显**,而且无疑也**不能不影响到运动的深度和一般性质**。许多罢工都没有受到革命组织有力而直接的影响……　鼓动传单和秘密书刊都感不足……工人小组没有鼓动员……　与此同时,经费也常感短缺。总而言之,**工人运动的增长超过了革命组织的增长和发展**。现有的革命

———————————

①　所有的黑体都是我们用的。

家人数太少,不能对所有骚动的工人群众都施加影响,不能使所有的骚动多少带一点严密性和组织性…… 单个的小组、单个的革命家没有集合起来,没有统一起来,没有组成一个统一的、强有力的、有纪律的、各部分都有计划地发展的组织……” 接着作者说明,旧的小组一遭到破坏马上有新的小组产生出来的事实“只是证明运动富有生命力……而并不是说明已经有足够的完全合格的革命活动家”,然后作者得出结论说:“彼得堡的革命家缺乏实际修养,也反映在他们的工作结果方面。最近的审判案,特别是‘自我解放社’和‘劳工反资本斗争社’⁸²审判案清楚地表明:青年鼓动员不大熟悉本工厂的劳动条件以及进行鼓动的条件,不知道秘密工作的原则,而只是领会了〈领会了吗?〉社会民主党的一般观点,所以只能做四五个月或者五六个月的工作,接着就被捕,而他的被捕往往使整个组织或至少是一部分组织遭到破坏。既然一个团体只能存在几个月,试问它的活动能有成就和效果吗? 显然,现有各组织的缺点不能完全归咎于过渡时期……显然,现有组织的成员的数量,主要是质量在这方面起着不小的作用,所以我们社会民主党人的首要任务……就是要**在严格挑选成员的条件下把各个组织切实地统一起来。**”

(二) 手工业方式和经济主义

现在,我们应当来谈谈每个读者大概都自然会产生的一个问题。可不可以说,作为**整个**运动所固有的成长中的病症的这个手工业方式,同俄国社会民主党内派别**之一**的“经济主义”是有联系的呢? 我们认为是可以这样说的。缺乏实际修养,不善于做组织工作,这确实是**我们大家**的通病,甚至从一开始就坚持革命的马克思主义观点的人也不例外。当然,谁也不能因为实际工作者缺乏修养这一点而责备他们。但是,“手工业方式”这个概念,除了表示缺乏修养之外,还有别的含义,即整个革命工作规模狭小,不懂得在这种狭小的工作基础上是不能形成良好的革命家组织的,最后,也是最重要的一点,就是企图为这种狭隘性辩护,把它上升为一种特殊的"理论",也就是说在这一方面也崇拜自发性。这种企图一露头,无疑就说明手工业方式是同"经济主义"有联系的,就说明我们如果不摆脱一般"经济主义"观点(即对于马克思主义理论、对于社会民主党的作用及其政治任务的狭隘见解),就不能摆脱我们组织工作的狭隘性。这种企图表现在两方面。有些人说,工人群众自己还没有提出革命家"强加于"他们的那些广泛的战斗的政治任务,工人群众还是应当为**当前的**政治要求而斗争,"同厂主和政府作经济斗争"①(而同群众运动"能够胜任的"这种斗争相适应的,当然就是连最缺乏修养的青年也"能够胜任的"组织)。另一些人则根本不赞成什么"渐进主义",他们说,可以并且应当"实现政治革命",但为此完全不必建立什么用坚定而顽强的斗争来教育无产阶级的坚强的革命家组织,只要我们大家操起我们"能够胜任的"和已经用惯的木棒来干就行了。直截了当地说,就是只要我们举行总罢工②,或者只要用"激发性的恐怖手段"来刺激一下"萎靡不振的"工人运动就行了③。这两派人,即机会主义者和"革命主义者",都屈服于盛行的手工业方式,不相信有摆脱它的可能,不了解我们首要的最迫切的实际任务是要建立一个能使政治斗争具有力量、具有稳定性和继承性的**革命家组织**。

我们刚才摘引了波—夫的话:"工人运动的增长超过了革命组织的增长和发展"。这种"实地观察者的有价值的报道"(《工人

---

① 《工人思想报》和《工人事业》杂志,特别是给普列汉诺夫的《回答》。

② 小册子《谁来实现政治革命?》,载于俄国出版的《无产阶级斗争》文集**83**。这本小册子基辅委员会也翻印过。

③ 《革命主义的复活》一书和《自由》杂志。

事业》杂志编辑部对波一夫那篇文章的评语),对于我们有双重的价值。它表明,我们认为俄国社会民主党内目前危机的基本原因是**领导者**("思想家"、革命家、社会民主党人)**落后于群众的自发高潮**的这个看法是正确的。它表明,"经济派"来信(《火星报》第12号)的作者们以及波·克里切夫斯基和马尔丁诺夫所谓轻视自发因素和平凡的日常斗争的意义的危险,所谓策略-过程等等的各种论调,正好就是对手工业方式的歌颂和维护。这些人一提到"理论家"这个词就做出一副极端鄙视的怪样子,而把自己对缺乏实际经验和不开展状态的崇拜称为"对实际生活的敏感",其实他们不过是暴露自己不了解我们最迫切的**实际**任务而已。他们向那些落伍的人喊道:齐步前进! 不要抢先! 他们向那些在组织工作中缺乏毅力和首创精神,缺乏广泛而大胆地开展工作的"计划"的人高喊"策略-过程"! 我们的主要过失就是**降低**我们的政治任务**和组织**任务去适应当前"显著的""具体的"日常经济斗争的利益,而人们却继续向我们高唱什么要赋予经济斗争本身以政治性质!再说一遍:这种"对实际生活的敏感",真同民间故事里的那个人物的"敏感"一样,在看到人家送葬时高喊"但愿你们拉也拉不完!"

请你们回忆一下这些才子用无与伦比的、真正是"纳尔苏修斯[84]**式的"**高傲态度来教训普列汉诺夫时所说的一段话吧:"切实的、**实际的**政治任务,即争取实现政治要求的适当而有成效的**实际**斗争,根本是〈原文如此!〉工人**小组**所不能胜任的。"(《〈工人事业〉杂志编辑部的回答》第24页)但是,先生们,有各种各样的小组! 在手工业者还没有认识到自己的手工业方式,还没有摆脱这种方式以前,这些"手工业者"小组对于政治任务自然是不能胜任的。如果这些手工业者甚至还迷恋于自己的手工业方式,如果他们一写到"实际"一词的时候就一定要加上着重标记,以为求实精神要求他们把自己的任务降低到群众中最落后的阶层所了解的水平,那么这些手工业者当然是不可救药的,他们的确**是根本不能胜任政治任务的**。但像阿列克谢耶夫和梅什金、哈尔图林和热里雅鲍夫这样一些卓越的活动家的小组,却是能够胜任最切实最实际的政治任务的。他们所以能够胜任,正是并且只是因为他们的热烈的宣传能够获得自发觉醒起来的群众的响应,因为他们的沸腾的毅力能够得到革命阶级的毅力的响应和支持。普列汉诺夫做得万分正确,他不仅指出了这个革命阶级,不仅证明了它的自发觉醒的不可避免性和必然性,并且向"工人小组"提出了崇高伟大的政治任务。而你们却想借口从那时起发生的群众运动来**降低**这个任务,来**缩小**"工人小组"的毅力和活动范围。这不是手工业者迷恋于自己的手工业方式又是什么呢?你们爱以求实精神自夸,却没有看见俄国每个实际工作者都知道的事实,即在革命事业中不仅小组的毅力,甚至个人的毅力也能创造出多么大的奇迹。也许你们以为在我们的运动中不会有70年代那样的卓越的活动家吧?为什么会这样呢?因为我们缺乏修养吗?但我们正在提高修养,还要继续提高修养,而且一定会具备很好的修养的!固然,不幸的是在"同厂主和政府作经济斗争"的死水上面泛起了一层泡沫,出现了一些对自发性顶礼膜拜、肃然起敬地注视着(照普列汉诺夫的说法)俄国无产阶级的"后背"[85]的人。但我们一定能除去这层泡沫。正是现在,遵循真正革命的理论的俄国革命家,他们依靠真正革命的和自发觉醒起来的阶级,终于(终于!)能够直起腰来,尽量施展自己全部的勇士般的力量。为此,只需要使一切想降低我

们的政治任务和缩小我们的组织工作规模的企图，在人数众多的
实际工作者中间，在人数更多的、还在学生时代就梦想做实际工作
的人中间，都受到嘲笑和鄙视。先生们，放心吧，我们一定能做到
这一点！

　　我在《从何着手？》一文中写过这样一段驳斥《工人事业》杂志
的话："在 24 小时内可以改变某个专门问题上的鼓动策略，可以
改变党组织某一局部工作的策略，可是，要改变自己对于是否在任
何时候和任何条件下都需要战斗组织和群众中的政治鼓动这个问
题的看法，那不要说在 24 小时内，即使在 24 个月内加以改变，也
只有那些毫无原则的人才办得到。"①《工人事业》杂志回答道：
"《火星报》所提出的这个唯一仿佛是属实的罪状是毫无根据的。
《工人事业》杂志的读者清楚地知道，我们从一开始，在《火星报》
出版以前，就不仅号召进行政治鼓动"……（同时又认为不仅工人
小组不能，"而且群众性的工人运动也不能把推翻专制制度当做
首要的政治任务"，而只能把争取当前政治要求的斗争当做首要
的政治任务，认为"经过一次罢工，或者最多经过几次罢工以后，
当前的政治要求就会成为群众所能理解的要求了"）……"并且还
从国外运来了自己的出版物，供当时在俄国活动的同志们作**唯一
的**社会民主主义的政治鼓动材料之用"……（顺便指出，你们在这
唯一的材料中，不仅最普遍地运用了仅仅在经济斗争基础上进行
的政治鼓动，并且竟把这种被缩小了的鼓动看做是"最普遍适用
的"手段。先生们，难道你们还不明白，你们这种论据恰巧证明，
在只有这种**唯一的**材料的情况下，就需要有《火星报》出版并且需

---

① 见《列宁全集》中文第 2 版增订版第 5 卷第 2 页。——编者注

要有《火星报》来同《工人事业》杂志进行斗争吗?)…… "另一方面,我们的出版工作在事实上准备了党在策略方面的一致"……(是说一致认定策略是党的任务随着党的发展而增长的过程吗?多么宝贵的一致啊!)……"因而也就准备了建立'战斗组织'的可能;为了建立这样一个组织,联合会做了国外组织一般力所能及的一切"。(《工人事业》杂志第10期第15页)这种逃避问题的说法是徒劳无益的!你们确实做过你们力所能及的一切,我根本也没有想要否认这一点。可是我曾断言并且现在还要断言,你们"力所能及的"**范围**由于你们目光短浅而被缩小了。至于谈论什么建立"战斗组织"来为"当前的政治要求"而斗争或者来"同厂主和政府作经济斗争",那就是可笑的了。

但是,假使读者要想看到"经济派"如何迷恋于手工业方式的绝妙例子,那自然应当撇开折中主义的不稳定的《工人事业》杂志,而去看看彻底的坚决的《工人思想报》。尔·姆·在《增刊》第13页上写道:"关于所谓革命知识分子问题,我们现在要讲几句话。固然,革命知识分子已经屡次实际表明自己有'同沙皇制度进行决战'的充分决心。不幸的是,我们遭受政治警察残酷迫害的革命知识分子,把反对这种政治警察的斗争当成了反对专制制度的政治斗争。所以,他们至今还弄不清楚'从什么地方获得力量来同专制制度作斗争?'这样一个问题。"

自发运动的崇拜者(贬义的崇拜者)的这种极为轻视同警察作斗争的态度不是妙极了吗?他甘愿为我们不善于做秘密工作**辩护**,硬说在自发的群众运动的条件下,同政治警察作斗争实际上对我们来说是不重要的!!赞成这种奇怪结论的人,一定是很少很少的,因为大家都已痛切地感觉到我们革命组织的缺点了。但是,如果有人,例如马尔丁诺夫,对这种结论也不表赞同,那只是因为他不善于或没有勇气来彻底地考虑自己的论点而已。的确,为了执行由群众提出的能产生显著结果的具体要求这样一个"任务",难道需要特别关心建立什么牢固的、集中的、战斗的革命家组织吗?难道那些丝毫不"同政治警察作斗争"的群众不是也在执行这样的"任务"吗?况且,如果除了少数领导者之外,没有那些丝毫**不能**"同政治警察作斗争"的工人(绝大多数的工人)参加,这样的任务难道是能够实现的吗?这样的工人,这些普通的群众,在罢工中,在街头上同军警的斗争中能够表现出巨大的毅力和自我牺牲精神,能够(并且也只有他们才能够)**决定**我们整个运动的结局,可是,为了同**政治**警察作斗争,就需要有特别的品质,需要有**职业革命家**。所以我们不仅要设法使群众"提出"具体的要求,而且要设法使工人群众愈来愈多地"提出"这样的职业革命家。于是我们就接触到了职业革命家的组织同纯粹工人运动的相互关系问题。这个问题虽然在书刊上反映很少,但在我们"政治家"同那些或多或少地倾向于"经济主义"的同志们谈话和争论时却谈得很多。这个问题值得专门谈一下。不过,我们首先还要引一段话来结束我们关于手工业方式同"经济主义"有联系这个见解的说明。

N.N.先生在自己的《答复》中写道:"'劳动解放社'要求同政府进行直接的斗争,却没有考虑一下这种斗争所需要的物质力量何在,没有指出**斗争的道路何在**。"这最后几个字作者加上了着重标记,并且对"道路"一词加了这样的注释:"这种情况决不能用保守秘密来解释,因为纲领中说的不是密谋而是**群众运动**。而群众是不能走秘密道路的。难道能有秘密的罢工吗?难道能有秘密的示威和请愿吗?"(《指南》第59页)作者把斗争的"物质力量"(举行罢工和示威的人)和斗争的"道路"都讲到了,但他还是茫然不知所措,因为他"崇拜"群众运动,即认为群众运动是使我们**不必**表现革命积极性的东西,而不是应当鼓励和**促进**我们的革命积极性的东西。罢工对于那些参加罢工以及同罢工有密切关系的人不可能是秘密的。但罢工对于俄国工人群众,却可能还是(而且多半还是)"秘密的",因为政府总是设法切断外界同罢工者的任何联系,总是设法使一切罢工消息都传不出去。于是就需要专门"同政治警察作斗争",这种斗争是永远不能由参加罢工的那样广大的群众来积极进行的。这种斗争应当由那些以革命活动为职业的人"完全按照艺术的规律"来组织。组织这种斗争的工作并不因为群众自发卷入运动而变得**不太需要**。恰巧相反,正因为如此它就变得**更加需要**,因为我们社会党人如果不能够防止警察把一切罢工和一切示威变成秘密的(而有时我们自己也没有秘密地准备),那我们就不能完成自己对群众所负的直接责任。我们所以**一定能够**做到这一点,正是因为自发觉醒起来的群众**也会从自己的队伍中选拔出**愈来愈多的"职业革命家"(只要我们不想方设法使工人始终在原地踏步不前)。

(三) 工人的组织和革命家的组织

假使一个社会民主党人把政治斗争的概念和"同厂主和政府作经济斗争"的概念等同起来,那他自然也就会把"革命家的组织"这个概念或多或少地和"工人的组织"这个概念等同起来。事实上也真是这样,所以在我们谈论组织时,简直就是各讲各的话。

例如,我现在还记得我同从前不认识的一位颇为彻底的"经济派"谈话的情形[86]。当时我们是在谈《谁来实现政治革命?》这本小册子,我们两人很快地就一致认为这本小册子的基本缺点是忽视了组织问题。我们满以为我们彼此是意见相同的,但是……当继续谈下去的时候才发现,原来我们两个人说的不是一回事。我的对话人责备该书作者忽视了罢工储金会和互助会等等,而我指的却是为"实现"政治革命所必需的革命家组织。在这种意见分歧一暴露之后,往下我就不记得我和这个"经济派"在任何原则问题上有过什么共同的意见了!

我们的意见分歧的根源究竟在哪里呢? 就在于"经济派"在组织任务方面也像在政治任务方面一样,总是从社会民主主义滑到工联主义上去。社会民主党的政治斗争要比工人同厂主和政府作经济斗争广泛得多,复杂得多。同样(而且因此),革命的社会民主党的组织也一定要同进行这种斗争的工人组织**不一样**。第一,工人组织应当是职业的组织;第二,它应当是尽量广泛的组织;第三,它应当是尽量少带秘密性的组织(自然,我在这里以及下文中都只是指专制的俄国而言)。相反,革命家的组织应当包括的首先是并且主要是以革命活动为职业的人(因此,我说是**革命家**组织,我指的是社会民主党人革命家)。既然这种组织的成员都有这种共同的特征,那么,**工人同知识分子之间的任何区别也就应当完全消除**,更不用说他们各种不同的职业之间的区别了。这种组织必须是不很广泛的和尽可能秘密的组织。现在我们就来谈谈这三种区别吧。

在有政治自由的国家里,职业组织和政治组织之间的区别也像工联和社会民主党之间的区别一样,是十分明显的。当然,后者

同前者的关系,在不同的国家里不免要因历史、法律以及其他种种
条件不同而有所不同,这种关系的密切程度和复杂程度等等可能
是各不相同的(在我们看来,这种关系应当尽量密切些,尽量简单
些),但在自由国家里,工会组织和社会民主党组织是根本不会混
同的。在俄国,乍看起来,专制制度的压迫似乎是把社会民主党组
织和工会之间的任何区别都消除了,因为**任何**工会和**任何**小组都
被禁止,因为罢工这一工人经济斗争的主要表现和主要手段,一般
被认为是一种刑事罪(有时甚至被认为是政治罪!)。因此,我国
的条件一方面很能使那些进行经济斗争的工人"碰到"政治问题,
另一方面也使社会民主党人"碰到"会把工联主义和社会民主主
义混为一谈的问题(我们的克里切夫斯基之流、马尔丁诺夫之流
及其同伙拼命谈论第一种"碰到",而没有看到第二种"碰到")。
的确,请你们想象一下那些百分之九十九埋头于"同厂主和政府
作经济斗争"的人吧。他们当中一部分人在他们活动的**整个**时期
(4—6个月),一次也不会碰到必须建立更复杂的革命家组织的
问题;另一部分人大概会"碰到"较为流行的伯恩施坦主义书刊,
从中得到"平凡的日常斗争进程"极其重要的信念;最后,还有一
部分人也许会沉醉于一种迷人的思想,即要向世人作出一个"同
无产阶级斗争保持密切的有机联系"的新榜样,一个工会运动和
社会民主主义运动相联系的新榜样。这种人也许认为:一个国家
走上资本主义舞台,从而走上工人运动舞台的时间愈晚,社会党人
也就愈能参加并帮助工会运动,非社会民主党的工会也就可能而
且应当愈少。如果到此为止,那么这个推论是完全正确的,可惜这
种人还走得更远,妄想把社会民主主义和工联主义完全融合起来。
我们拿《圣彼得堡斗争协会章程》为例就可以马上看出,这种妄想

对于我们的组织计划产生了多么有害的影响。

为进行经济斗争而建立的工人组织应当是职业的组织。每个工人社会民主党人都应当尽量帮助这种组织并在其中积极工作。这是对的。但是要求只有社会民主党人才能成为"行业"工会会员,那就完全不符合我们的利益了,因为这会缩小我们影响群众的范围。让每一个了解必须联合起来同厂主和政府作斗争的工人,都来参加行业工会吧。行业工会如果不把一切只要懂得这种起码道理的人都联合起来,如果它们不是一种很**广泛的**组织,就不能达到行业工会的目的。这种组织愈广泛,我们对它们的影响也就会愈广泛,但这种影响的发生不仅是由于经济斗争的"自发的"发展,而且是由于参加工会的社会党人对同事给以直接的和自觉的推动。但是,参加组织的成员广泛,也就不可能严守秘密(严守秘密所需要的训练,要比参加经济斗争所需要的多得多)。怎样才能解决既要成员广泛又要严守秘密这种矛盾呢?怎样才能使行业组织尽量少带秘密性呢?要解决这个问题,一般说来,只有两种方法:或者是使行业工会合法化(在某些国家里,先有行业工会的合法化,然后才有社会主义团体和政治团体的合法化),或者是使组织仍旧处于秘密状态,但同时又必须使它非常"自由",形式不固定,像德国人说的那样是松散的,使秘密性对于广大会员几乎等于零。

在俄国,非社会主义的和非政治的工人团体的合法化已经开始了,并且毫无疑问,我们迅速发展的社会民主主义工人运动的每一步进展,都将加强和鼓励这种合法化的企图,——这种企图主要来自拥护现存制度的人,但一部分也来自工人本身和自由派知识分子。合法化的旗帜已经由瓦西里耶夫之流和祖巴托夫之流打出来

了,奥泽罗夫之流和沃尔姆斯之流的先生们也已经答应支持合法
化,而且已经给以支持;在工人中间已经有了新潮流的信徒。我们
今后也不能不考虑这个潮流。怎样考虑呢? 对于这个问题,在社会
民主党人中间未必会有两种意见。我们应当坚持不懈地把祖巴托
夫之流和瓦西里耶夫之流、宪兵和神父参加这个潮流的一切事实揭
露出来,把这些参加者的真正意图讲给工人听。同时我们还应当揭
穿自由派活动家在公开的工人集会上演说时会流露出来的一切调
和的、"和谐的"论调,不管他们提倡这些论调是由于真心认为阶级
和平合作要好些,还是由于想巴结上司,或者只是由于笨拙无能。
最后,我们还应当提醒工人,使他们不要落入警察经常设置的圈套
中去,因为警察常在这种公开集会上和允许存在的团体内侦查"过
激分子",并企图通过合法组织把奸细也派到不合法的组织里来。

但我们这样做,并不是忘记工人运动合法化**归根到底**只会使
我们获得好处,而决不会使祖巴托夫之流获得好处。恰恰相反,我
们正是要用自己的揭露运动来分清莠草和小麦。关于莠草,我们
已经说过了。而所谓小麦,就是吸引更广泛的和最落后的工人阶
层来注意社会问题和政治问题,就是使我们革命家摆脱那些实际
上是合法性的工作(如散发合法书籍,组织互助会等等),这些工
作的发展必然会供给我们愈来愈多的鼓动材料。在这一点上,我
们可以而且应当对祖巴托夫之流和奥泽罗夫之流说:先生们! 努
力干吧,努力干吧! 既然你们想设置圈套来陷害工人(无论是用
直接挑衅的手段也好,还是用"司徒卢威主义"来"诚实地"腐蚀工
人也好),那我们就要设法揭穿你们。既然你们真正前进了一步
(虽然表现的形式是极其"小心翼翼地曲折前进",但终究是前进
了一步),那我们就要说:请吧! 只有真正扩大,哪怕只是稍微扩

大工人的活动范围,那才是真正前进了一步。凡是这样的扩大都
会有利于我们,并且会加速合法团体的出现,在这些团体里,不会
是奸细抓住社会党人,而是社会党人抓住自己的信仰者。总而言
之,现在我们的任务是要清除莠草。我们的任务不是在温室的瓦
盆里培植小麦。我们把莠草拔掉,从而清出土地使麦种发育成长。
而在阿法纳西·伊万内奇之流和普尔赫丽娅·伊万诺夫娜之流[87]
从事温室栽培的时候,我们则应当训练出一些既会锄今天的莠草,
又会割明天的小麦的人①。

　　总之,**我们**不能用合法化来**解决**建立尽量少带秘密性和尽量
广泛的工会组织的问题(但是,假如祖巴托夫之流和奥泽罗夫之
流给我们提供解决这个问题的哪怕是部分的可能性,那我们也会
很高兴,为此我们要尽量坚决地同他们斗争!)。因此只有建立秘
密的工会组织这条道路可走,而**我们应当**对于已经走上(这是我
们确实知道的)这条道路的工人给以各方面的帮助。工会组织不
仅能大大促进经济斗争的发展和加强,并且能大大帮助政治鼓动
和革命组织工作。为了得到这种结果,为了把正在开始的工会运
动引上社会民主党所希望的轨道,首先必须弄清楚彼得堡的"经

---

① 《工人事业》杂志因《火星报》清除莠草而怒气冲冲地攻击《火星报》
说:"在《火星报》看来,目前时局中的主要问题不是这些重大的事件
(春季事件),而是祖巴托夫的奸细想使工人运动'合法化'的那些可怜
的尝试。《火星报》没有看到,这种事实正是表明《火星报》的意见是错
误的;这种事实正是证明工人运动已具有使政府感到十分可怕的规
模。"(《两个代表大会》第27页)一切都归咎于这帮"对于实际生活的
迫切要求熟视无睹的"正统派的"教条主义"。他们硬是不愿意看一尺
高的小麦,却一味去同一寸高的莠草作斗争! 这难道不是"对俄国工
人运动的前途持错误的见解"(同上,第27页)吗?

济派"几乎已经鼓吹了五年之久的那个组织计划的荒谬性。这个计划既在1897年7月的《工人储金会章程》上(《〈工作者〉小报》第9—10期合刊第46页——转载自《工人思想报》创刊号)作了说明,又在1900年10月的《工人联合会章程》上(曾在圣彼得堡印成传单,《火星报》创刊号上也曾经谈到它)作了说明。这两个章程的主要缺点,就是对广泛的工人组织作了细节方面的规定并且把这种组织同革命家组织混为一谈。我们可以拿比较详尽的第二个章程来看。这个章程共**52**条,其中有23条是说明组织结构、办事细则以及"工人小组"的权限的,这些小组设在每个工厂内("每组不超过10人")并由它们来选举"(工厂)中心小组"。第2条上说:"中心小组应注意本厂所发生的一切事情,并编写本厂大事记。""中心小组每月向全体会员报告储金出纳情况"(第17条),等等。有10条专讲"区组织",有19条专讲"工人组织委员会"和"圣彼得堡斗争协会委员会"(由各区以及各"执行组"即"宣传组、外省联络组、国外联络组、贮藏组、出版组和储金组"选出的代表组成)的极为错综复杂的关系。

社会民主党等于负责工人经济斗争的"执行组"!这最清楚不过地说明"经济派"的思想已经完全离开社会民主主义而滑到工联主义上去,说明他们根本不懂得,社会民主党人首先应当考虑建立一个能够领导无产阶级的**全部**解放斗争的革命家组织。嘴上说的是"工人阶级的政治解放",是同"沙皇政府的专横暴虐"作斗争,而写出来的却是这样的组织章程,这就说明他们丝毫不了解社会民主党的真正的政治任务。在50多条章程中间,没有一条证明他们稍微懂得必须在群众中进行最广泛的政治鼓动,来揭露俄国专制制度所有各个方面和俄国各个社会阶级的整个面貌。按照这样的章程,不仅政治的目的,甚至工联的目的也无法实现,因为工联的目的要求**按职业**组织起来,而在章程里连这一点也根本没有提到。

大概最令人注目的是这整个"体系"的惊人的烦琐,企图在三级选举制下,用千篇一律和琐碎得可笑的条例构成的固定线索,把每个工厂同"委员会"联系起来。在这里,备受"经济主义"狭小眼界限制的思想,又沉溺到充满公事程序和文牍主义的烦琐条文中了。其实,这些条文四分之三当然是永远也不会实行的,而在每个工厂中都设有中心小组的这种"秘密"组织倒使宪兵易于进行广泛破坏。波兰的同志已经经历过大家都热衷于普遍设立工人储金会这样一个运动的阶段,但是当他们弄清楚这只能使宪兵获得丰收时,他们就马上放弃了这种思想。假使我们想有广泛的工人组织,同时又不愿意遭到广泛破坏,不愿意使宪兵满意,那我们就应当设法使这些组织完全不具有什么固定的形式。这样,它们能不能执行自己的职能呢?那就看看这些职能吧:"……注意工厂所发生的一切事情,并编写工厂大事记。"(章程第 2 条)难道这一定要有固定的组织形式吗?难道不组织任何专门的团体而用在秘密报纸上登载通讯的方法就不能把这项工作做得更好吗?"……领导工人为改善他们在工厂内的状况而斗争。"(章程第 3 条)这也用不着什么固定的组织形式。工人想提出什么要求,每一个头脑稍微清楚的鼓动员都可以从闲谈中确切地打听出来,而打听出来之后,就可以把这些要求告诉那个狭小的而不是广泛的革命家组织,以便印发相应的传单。"……组织储金会……每一卢布工资交纳两戈比会费"(第 9 条),——并且每月向全体会员报告储金出纳情况(第 17 条),把不交会费的会员除名(第 10 条),等等。在警察看来,这真是再好没有了,因为这样一来,要摸透"工厂中心储金会"的一切秘密,要没收它们的金钱,要逮捕一切优秀分子就容易极了。发行价值一戈比或两戈比的印花,盖上某个(很狭小的很秘密的)组织的图章;或者根本不用印花而实行募捐,在秘密报纸上用某种暗语把捐款账目公布出来,这岂不是更简便吗?目的同样可以达到,而宪兵要找到线索就困难百倍了。

我本来还可以拿章程作为例子继续进行分析,但是我认为讲得已经够了。一个由最可靠、最有经验、经过最多锻炼的工人组成的人数不多的紧密团结的核心,它在各主要地区都有自己的代表,并且按照严格的秘密工作的一切规则同革命家组织发生联系,这样的核心在群众最广泛的支持下,不必有任何固定的形式也能充分执行工会组织所应当执行的**一切**职能,并且执行得正像社会民主党所希望的那样。只有采用这种方法,才能使**社会民主主义的**工会运动不顾一切宪兵的破坏而得到**巩固**和发展。

有人会反驳我说:一个组织这样松散,根本就没有什么固定的形式,甚至连固定的、经过登记的成员都没有,根本就不配称为组织。也许是这样。我不追求名称。但这种"没有成员的组织"能够做到我们需要做的一切,并且一开始就能够保证我们未来的工联同社会主义发生牢固的联系。谁想在专制制度下建立一个实行选举制、报告制和全体表决制等等的**广泛的**工人组织,那他简直是一个不可救药的空想家。

道理很简单:我们如果从扎扎实实建立坚强的革命家组织开始,我们就能保证整个运动的稳定性,就既能实现社会民主主义的目的,又能实现纯粹工联主义的目的。而我们如果从建立那种好像是群众最"容易接受的"(其实是使宪兵最容易破坏的,使革命家最容易被警察逮捕的)广泛的工人组织开始,那我们就两种目的都实现不了,就摆脱不了手工业方式,就只会因自己这样涣散和这样常遭破坏而让祖巴托夫式或奥泽罗夫式的工联成为群众最容易接受的组织。

这种革命家组织的职能究竟是什么呢? 关于这一点,我们现在就来详细谈谈。但是,我们首先还要分析一下我们的恐怖派的一段极其典型的议论,他在这里又成了(真是时运不佳!)"经济派"的近邻。在供工人阅读的《自由》杂志(第1期)上,载有一篇题为《组织》的文章,该文的作者想为他那些老相识,伊万诺沃-沃兹涅先斯克的工人"经济派"辩护。

他写道:"群众一声不响,没有觉悟,运动不是从下层发动起来,这是很糟糕的。你们看,学生们离开大学城,各自回家过节或过夏天,于是工人运动也就停顿下来。难道这种从旁推动的工人运动能够成为一种真正的力量吗?哪里能够呢⋯⋯ 它还没有学会用自己的腿走路,专靠人家扶着走。一切事情都是这样:学生各自回家,运动就停止;牛奶一失去精华,立刻就变酸;'委员会'被破坏,当新的委员会还没有建立起来时,又是一片沉寂;至于将要建立起什么样的委员会,还不得而知,——也许同先前的完全不一样:先前的委员会说一套,新成立的委员会又会另说一套。过去和将来之间失掉联系,过去的经验不能为将来所借鉴。这都是由于在深处,在群众中间没有根子;做工作的不是百来个蠢人,而是十来个聪明人。十来个人常常可以一网打尽,但是只要一个组织能够包括广大群众,一切事情都由群众来干,那无论谁怎样想方设法也不能伤害我们的事业了。"(第63页)

事实描写得倒是对的。我们的手工业方式的情景描绘得倒还不错。但结论却和《工人思想报》一样糊涂,在政治上一样不妥当。这个结论非常糊涂,因为作者把运动在"深处"的"根子"这一哲学的和社会历史的问题,同怎样更好地同宪兵进行斗争的组织技术问题混淆起来了。这个结论在政治上非常不妥当,因为作者并不是拒绝坏的领导者而去找好的领导者,而是想根本拒绝任何领导者而去找"群众"。这是一种想把我们在组织方面拉向后退的企图,正像那种主张用激发性的恐怖手段代替政治鼓动工作的思想在政治方面把我们拉向后退一样。现在我真是感到有点应接不暇,真不知从何着手来分析《自由》杂志奉送给我们的这样一大堆糊涂观念。为了清楚起见,我就先举例来说吧。就拿德国人作例子。他们的组织包括群众,一切事情都是由群众来干,工人运动已经学会用自己的腿走路,我想你们一定不会否认这一点吧?可是,这些数以百万计的群众又是多么重视自己的"十来个"经过考验的政治领袖,多么坚决拥护这些领袖啊!在国会中曾经不止一次听见敌对党的议员讥讽社会党人说:"好样的民主派!你们只是口头上讲工人阶级的运动罢了,实际上出面的总是这帮首领。一年复一年,十年又十年,还是这个倍倍尔,还是这个李卜克内西。你们的那些所谓从工人中选举出来的议员,真是比皇帝册封的官吏还难得调换呢!"这是企图把"群众"与"首领"对立起来,想激发群众的劣根性和虚荣心,想以破坏群众对"十来个聪明人"的信任来使运动失去坚定性和稳定性,但是德国人对这种蛊惑人心的企图只是嗤之以鼻。德国人的政治思想的发展和政治经验的积累已经足以使他们懂得:在现代社会中,假如没有"十来个"富有天才(而天才人物不是成千成百地产生的)、经过考验、受过专业训练和长期教育并且彼此配合得很好的领袖,无论哪个阶级都无法进行坚持不懈的斗争。在德国人自己的队伍中,也有过一些蛊惑家,他们竭力奉承"几百个蠢人",把他们抬高到"几十个聪明人"之上,一味赞美群众的"筋肉条条的拳头",激发他们(像莫斯特和哈赛尔曼那样)去从事轻率的"革命"行动,散布对坚定刚毅的领袖

121

的不信任。德国社会主义运动只是由于它同社会主义运动内部形形色色的蛊惑家不断地进行了毫不调和的斗争,才得到这样的发展和巩固。俄国社会民主党整个危机产生的原因是自发觉醒起来的群众还没有获得有充分修养的、开展的、有经验的领导者,在这样的时候,我们的才子们却像伊万努什卡那样带着深思的神情说:"运动不是从下层发动起来的,这是很糟糕的!"

"学生组成的委员会不中用,因为它不稳定",——完全正确。但由此应当得出的结论是:需要有职业**革命家**组成的委员会,至于能把自己培养成为职业革命家的是学生还是工人,这都一样。而你们作出的结论,却是说不应当从旁推动工人运动!你们由于政治上幼稚,竟不知道你们的这种主张只是有利于我们的"经济派"和我们的手工业方式。请问,我们的学生"推动"我们的工人,究竟表现在什么地方呢?**唯一的**表现就是,学生把他们所具有的一些零星的政治知识和他们所获得的片断的社会主义观念(因为目前学生的主要精神食粮是合法马克思主义,而合法马克思主义只能提供一些起码知识和片断)传授给工人。在我们的运动中,**这样的**"从旁推动"不是太多,而是太少,少得出奇,少得可怜,因为我们已经过分地热衷于闭关自守,过分奴隶般地崇拜那种初步的"工人同厂主和政府作的经济斗争"了。我们职业革命家应当而且一定会百倍努力地来从事**这样的**"推动"。但正因为你们选用了"从旁推动"这样可恶的字眼,就必然会使工人(至少是那些像你们一样不开展的工人)不信任**一切**从旁给他们提供政治知识和革命经验的人,使他们对**所有**这些人都本能地表示抗拒,——这样,你们就成了**蛊惑家**,而蛊惑家就是工人阶级的最坏的敌人。

是的,是的! 你们不要马上叫喊起来,说我进行论战时采取了

"非同志的方法"吧！我根本不想怀疑你们心地纯洁。我已经说过，一个人只因为政治上幼稚，也可以成为蛊惑家。但是我也指出，你们已经堕落到了蛊惑人心的地步。而且我始终都要不停地重复说，蛊惑家就是工人阶级的最坏的敌人。其所以最坏，是因为他们激发群众的劣根性，因为不开展的工人不能识破这些以工人朋友的资格讲话，有时甚至是真心以工人朋友的资格讲话的敌人。其所以最坏，是因为在混乱和动摇的时期，在我们运动刚刚形成的时期，最容易的莫过于蛊惑人心地诱惑群众，而群众只有在经过最痛苦的教训之后才能觉悟到自己的错误。所以，现代俄国社会民主党人当前的口号应当是：进行坚决的斗争，既反对堕落到蛊惑人心的地步的《自由》杂志，又反对堕落到蛊惑人心的地步的《工人事业》杂志（这一点以后还要详细地谈到①）。

"捕捉十来个聪明人，要比捕捉百来个蠢人容易些。"这个了不起的真理（对于你们提出这个真理，百来个蠢人总是会拍手叫好的），看来好像是不辩自明的，这只是因为你们在议论时从一个问题跳到了另一个问题上去。你们开始谈论并且继续还在谈论捕捉"委员会"，捕捉"组织"的问题，而现在你们却跳到捕捉运动"在深处"的"根子"这个问题上去了。当然，我们的运动所以无法捕捉，正是因为它在深处有成千上万的根子，但现在所谈的根本不是这一点。就"在深处的根子"这一点来讲，即使现在也无法"捕捉"我们，尽管我们的手工业方式非常盛行；虽然如此，我们大家都在埋怨，并且不

---

① 这里我们仅仅指出：我们谈到"从旁推动"以及《自由》杂志关于组织问题的其他各种议论时所说的一切，是**完全**适用于包括"工人事业派"在内的**一切**"经济派"的，因为他们中间一部分人积极宣传和维护这种关于组织问题的观点，另一部分人则滑到这种观点上去了。

能不埋怨"**组织**"被捕捉的情况,这种情况破坏了运动中的任何继承性。你们既然已经提出了**组织**被捕捉的问题,并且不愿离开这个问题,那我就要告诉你们:捕捉十来个聪明人要比捕捉百来个蠢人困难得多。无论你们怎样煽动群众来反对我,说我搞"反民主制"等等,我还是要坚持这个意见。在组织方面,正如我已经屡次讲过的那样,"聪明人"无非是指**职业革命家**,至于他们是从学生中还是从工人中培养出来的,反正都一样。因此我认为:(1)任何革命运动,如果没有一种稳定的和能够保持继承性的领导者组织,就不能持久;(2)自发地卷入斗争、构成运动的基础和参加到运动中来的群众愈广泛,这种组织也就愈迫切需要,也就应当愈巩固(因为各种蛊惑家诱惑群众中的不开展阶层也愈容易);(3)这种组织的构成主要应当是以革命活动为职业的人;(4)在专制制度的国家里,我们愈**减少**这种组织的成员的数量,减少到只包括那些以革命活动为职业并且在同政治警察作斗争的艺术方面受过专业训练的人,这种组织也就会愈难被"捕捉";(5)而且工人阶级和其他社会阶级中能够参加这个运动并且在运动中积极工作的人数也就会**愈**多。

请我们的"经济派"、恐怖派和"经济派兼恐怖派"①来反驳这

---

① 这个名词也许比前面那个名词更适用于《自由》杂志,因为它在《革命主义的复活》中所维护的是恐怖主义,而在我们分析的这篇文章中所维护的却是"经济主义"。事与愿违!——对《自由》杂志,一般可以这样说。天赋很高,愿望很好,结果却是一团糟。所以会一团糟,主要是因为《自由》杂志维护组织的继承性,却不愿意承认革命思想和社会民主主义理论的继承性。极力想使职业革命家复活起来(《革命主义的复活》),为此却又主张:第一,采取激发性的恐怖手段;第二,"把中等工人组织起来"(《自由》杂志第1期第66页及以下各页),使他们尽量少"被人从旁推动",——这实际上就等于为了让自己的房子暖和而把房子本身拆掉当柴烧了。

几点吧,我现在只想谈谈其中的最后两点。捕捉"十来个聪明人"和捕捉"百来个蠢人"的难易问题,可以归结到我们上面已经分析过的那个问题:在必须严守秘密的条件下,是不是可能存在群众性的**组织**。我们永远不能使广泛的组织具有高度的秘密性,而没有这样高度的秘密性就谈不到稳定的和保持继承性的反政府的斗争。把所有秘密的职能集中在数量尽量少的职业革命家手里,这并不是说他们将"代替大家动脑筋",并不是说群众不必积极参加**运动**。恰恰相反,这些职业革命家将从群众中愈来愈多地涌现出来,因为那时群众就会知道,单是几个学生和几个从事经济斗争的工人集合起来成立一个"委员会"是不够的,还需要用多年的时间把自己培养成职业革命家;那时群众就不会一味为手工业方式"动脑筋",而会为这种培养工作"动脑筋"了。把**组织**的秘密职能集中起来,这决不是说要把**运动**的一切职能集中起来。最广大的群众积极参加秘密书刊工作,不但不会因为"十来个"职业革命家把这方面的秘密职能集中起来而减弱下去,反而会因此而十倍地**加强起来**。这样,并且也只有这样,我们才能做到使阅读秘密书刊,为秘密书刊撰稿,在某种程度上甚至连散发秘密书刊的工作都**几乎不再是秘密的事情**,因为警察很快就会懂得,对散发的成千上万份出版物中的每一份都要履行一套司法和行政的公事程序,是很愚蠢的而且是办不到的。不仅报刊如此,而且运动方面的一切职能,直到游行示威为止,也都是如此。经过考验的、所受的严格专业训练不亚于我国警察的"十来个"革命家,把一切秘密工作如准备传单,规定大致的计划,为各城区、各工厂区、各学校指定领导人员等等集中起来,这不但不会使群众最积极最广泛地参加游行示威这件事受到损害,反而会使它得到很大好处(我知道有人会

来反驳我,说我的观点"不民主",我在下面就要详细来答复这个
极不聪明的反驳)。革命家组织把最秘密的职能集中起来,这决
不会削弱而只会扩大其他许许多多组织的活动范围和内容,这些
组织既然要把广大群众包括在内,就应当是一些形式尽量不固定、
秘密性尽量少的组织,如工会、工人自学小组、秘密书刊阅读小组、
以及其他**一切**居民阶层中的社会主义小组和民主主义小组等等。
这样的小组、工会和团体必须**遍布**各地,履行各种不同的职能;但
是,如果**把**这些组织同**革命家**的组织**混为一谈**,抹杀这两者之间的
界限,使群众中本来已很模糊的一种认识完全消失,也就是使他们
忘记要为群众运动"服务",就需要有一些人专门献身于社会民主
党的活动,而且这些人应当坚持不懈地把自己**培养成为**职业革命
家,那就是荒唐和有害的了。

的确,这种认识已经极其模糊了。我们在组织方面的主要过
错,就是**我们由于自己的手工业方式而败坏了俄国革命家的威信**。
一个人在理论问题上软弱无力和动摇不定,眼界狭小,用群众的自
发性来为自己的萎靡不振辩护,他与其说像人民的代言人,不如说
像工联书记,他不善于提出广泛的大胆的计划来使敌人也肃然起
敬,而且在自己的专业技巧即同政治警察作斗争方面没有经验,笨
手笨脚,——对不起! 这样的人决不是革命家,而只是可怜的手工
业者。

请任何一个实际工作者都不要埋怨我用这个苛刻的字眼,因
为这里讲的是缺乏修养的问题,我用这个字眼首先是指我自己。
我曾在一个给自己提出很广泛的包罗万象的任务的小组[88]中工
作,我们所有参加这个小组的人常常痛切地意识到:在这样一个历
史关头,在可以把一句名言[89]改动一下,说"给我们一个革命家组

织,我们就能把俄国翻转过来!"的时候,我们却表现出是一些手工业者。后来我愈是经常回想起我当时感到的内疚,就愈是痛恨那些假社会民主党人,他们用他们的宣传来"玷污革命家的称号",他们不了解我们的任务不是要为把革命家降低为手工业者辩护,而是要把**手工业者提高**为革命家。

（四）组织工作的规模

我们在前面听见波—夫说道:"不仅在彼得堡,而且在全俄各地都感觉到缺少能够进行活动的革命力量。"这个事实未必有谁会否认。可是问题就在于怎样来解释这个事实。波—夫写道:

> "我们不去说明这种现象的历史原因,而仅仅指出:被长期的政治反动所败坏、被已经发生和正在发生的经济变化搞得分崩离析的社会,从自己队伍里选拔出来**胜任革命工作的人实在太少了**;工人阶级选拔出一些工人革命家来部分地补充秘密组织的队伍,但这种革命家的人数还不能满足时代的需要。况且,在工厂做 11 个半小时工的工人,按他的情况来说,多半只能履行鼓动员的职能;至于宣传和组织、运送和翻印秘密书刊、印发传单等等工作的重担,就不免要落在人数极少的知识分子肩上。"(《工人事业》杂志第 6 期第 38—39 页)

我们有许多地方不同意波—夫的这种意见,尤其不同意我们加上着重标记的那些话,因为这些话特别突出地表明:波—夫虽然也由于我们的手工业方式而深感痛苦(也像每一个动过点脑筋的实际工作者一样),但他由于受"经济主义"的束缚而不能找到摆脱这种令人不堪忍受的状况的出路。不,社会选拔出来的胜任"工作"的人极**多**,但我们不善于利用所有这些人。在这方面,我们运动的危急的过渡的状态可以用两句话来表述:**没有人,而人又很多**。人很多,因为工人阶级和愈来愈多的各种社会阶层都一年比一年产生出更多的心怀不满、要起来反抗、决心尽力帮助反专制制度的斗争的人,而专制制度的令人不堪忍受的状况虽然还没有被一切人意识到,但已经被愈来愈多的群众日益尖锐地感觉到了。同时又没有人,因为没有领导者,没有政治领袖,没有擅长于组织的人才来进行广泛而且统一的、严整的工作,使每一份力量,即使是最微小的力量都得到运用。"革命组织的增长和发展"不仅落后于工人运动的增长(这是波—夫也承认的),并且落后于人民各阶层中的一般民主主义运动的增长。(顺便提一下,现在波—夫想必会承认这个意见也是对他那个结论的补充吧。)革命工作的规模同运动的广泛的自发基础比较起来实在太狭小了,它受"同厂主和政府作经济斗争"这种可悲的理论的束缚实在太厉害了。但是现在社会民主党人中不仅做政治鼓动工作的人,而且做组织工作的人,也都应当"到居民的一切阶级中去"。① 未必有任何一个实际工作者会怀疑,社会民主党人是能够把自己的组织工作方面的千百种零星职能分配给属于各种各样的阶级的单个人去担任的。缺少专业化是我们技术上的最大缺点之一,对这个缺点,波—夫非常痛苦而又非常公正地表示了不满。整个事业中的各道"工序"分得愈细,也就愈容易找到能够完成这些工序的人(而且大半是完全不能成为职业革命家的人),警察也就愈难"捕捉"所有这些

① 例如,近来在军界可以看到民主精神显然活跃起来的现象,这里部分原因是他们愈来愈多地同工人和学生这种"敌人"进行了街头斗争。所以,只要现有力量许可,我们一定要对士兵和军官中的宣传和鼓动,对建立属于我们党的"军事组织"给予严重注意。

"干零星工作的人"，愈难借小事捕人来制造"案件"，以抵补国库的"治安"费用。至于那些愿意帮助我们的人的数目，我们在上一章里已指出了五年来这方面所发生的巨大变化。但是另一方面，为了把这一切零星细小的工作统一起来，为了使运动本身不会因运动职能的分散而分散，为了使履行细小职能的人确信自己的工作是必要的和重要的（没有这种信心，他就根本不会进行工作）①，总之，为了做到这一切，就需要有经过考验的革命家的坚强组织。在有了这种组织的情况下，这种组织愈秘密，人们对党的力量的信心就会愈坚定，愈普遍，——而大家知道，在战争中最重要的是不仅要使自己的军队相信自己的力量，并且还要使敌人和一切**中立**分子也相信我们的力量；友好的中立有时可以决定全局。在有了这种建立在稳固的理论基础上并且拥有社会民主党机关报的组织的情况下，就不必害怕大量卷入运动的"局外"人会把运动引入歧

---

① 我记得有一个同志曾转告我说，有一位愿意帮助并且确实帮助过社会民主党的工厂视察员诉苦说，他不知道他的"情报"是否传给了真正的革命中心，他的帮助究竟有多大的需要，他那种细小的零碎的帮助究竟有多少被利用的机会。当然，每个实际工作者都知道，我们的手工业方式曾经不止一次使我们失去同盟者。能够并且确实会给我们这种从个别说来很"细小"、合起来却极有价值的帮助的，不仅有工厂方面的职员和官吏，而且有邮政、铁路、税关、贵族、僧侣以及**任何**其他方面的职员和官吏，直到警察和官廷方面的职员和官吏！假使我们已经有了真正的党，真正的战斗的革命家组织，那我们就不会使所有这些"帮手"去担风险，就不会总是急忙地一定要把他们吸收到"秘密活动"的中心里来，恰恰相反，我们会特别保护他们，甚至会专门培养一批人来担任这样的职能，因为我们知道，很多学生以"帮手"的身份，即以官吏的身份所能给党的好处，要比他们以"短期"革命家的身份所给的更多。但是，我再重复一遍，只有已经充分巩固的、不感到积极力量缺乏的组织，才可以运用这个策略。

途（恰恰相反，正是在现在这种手工业方式盛行的时候，我们看到，倒是有许多社会民主党人趋向于《信条》的路线，他们不过还自以为是社会民主党人罢了）。总而言之，专业化必须以集中化为前提，并且绝对需要有集中化。

波一夫自己虽然出色地描写了专业化的全部必要性，但我们认为他在上述那段议论的后半部却对专业化估计不足。他说工人出身的革命家人数不足。这话完全正确，所以我们要再一次强调指出："实地观察者的有价值的报道"完全证实了我们对于当前社会民主党内的危机的原因以及消除这种危机的方法的意见。不仅一般说来革命家落后于群众的自发高潮，甚至工人革命家也落后于工人群众的自发高潮。这个**事实**甚至从"实践"观点上来看也十分清楚地证明，在讨论我们对工人的义务问题时我们往往被赐予的那种"教育"，不仅是荒谬的，而且**在政治上是反动的**。这个事实说明，我们首要的最迫切的义务，就是帮助培养出**在党的活动方面**能够同知识分子革命家具有同等水平的工人革命家（我们所以要强调在党的活动方面，是因为在其他各方面虽然也必须把工人提高到这样的水平，但远不是这样容易，远不是这样迫切）。因此，我们**主要是**应当注意把工人**提高**为革命家，而决不是像"经济派"所希望的那样，必须把自己**降低**为"工人群众"，或是像《自由》杂志所希望的那样，必须**降低**为"中等工人"（在这方面，《自由》杂志已经升到经济主义"教育"的第二级了）。我决不是否认为工人写通俗读物，为特别落后的工人写特别通俗的（当然不是庸俗的）读物的必要性。但使我感到气愤的是，人们常常把教育同政治问题、同组织问题混在一起。你们这些关心"中等工人"的先生一讲到工人政治或工人组织就想到必须**弯下腰来**，实际上这毋宁说是对工人的侮辱。你们还是直起腰来谈严肃的问题吧,你们还是把教育交给教育家,而不要把它交给政治家和组织家! 难道在知识分子中就没有先进分子、"中等人"和"群众"吗? 难道大家不是都认为知识分子也需要通俗读物吗? 难道不是有人在写这种读物吗? 但是,假定说,一个作者在他写的一篇论大学生或中学生组织问题的文章中,像有什么新发现似的再三说明,必须首先把"中等大学生"组织起来,这样的作者一定会受到讥笑,并且理应受到讥笑。人们会对他说:假如你在组织方面真有什么见解,那么就请你拿出来给我们看看吧,至于我们中间谁是"中等人",谁高些,谁低些,到时候我们自己也是弄得清楚的。如果你在组织方面没有**自己的**见解,那么你硬要谈什么"群众"和"中等人",就只能是些枯燥无味的玩意儿。你要知道,"政治"问题、"组织"问题,这本身就是很严肃的问题,所以谈这些问题就必须十分严肃。可以而且应当**训练**工人(以及大学生和中学生),以便**有可能**同他们**来谈**这些问题,但你既然谈到了这些问题,那就要作出真正的回答来,而不要倒退,退到"中等人"或"群众"那里去,不要拿一些花言巧语来敷衍塞责。①

为了作好充分的准备来从事自己的工作,工人革命家也应当

---

① 《自由》杂志第1期上所载《组织》一文(第66页)中说:"工人大众将用他们沉重的脚步来支持以俄国劳动界名义提出的一切要求"——"劳动界"这个词一定要大写! 该文作者又高喊道:"我一点也不敌视知识分子,但是"……(这就是谢德林把它翻译成"耳朵不会高过额头"的那个**但是!**)[90]……"但是当一个人跑来讲许多非常漂亮动听的话,并且因自己的〈他的?〉漂亮和其他可取之处而要求别人接受的时候,我总是感到非常气愤。"(第62页)是的,这也使我"总是感到非常气愤"……

成为职业革命家。因此,波一夫说工人既然在工厂中要做 11 个半小时的工,所以其他各种革命职能(除鼓动之外)的"重担就**不免要落在人数极少的知识分子肩上**",就是不正确的了。完全不是"不免要"这样,而是因为我们落后,因为我们没有意识到我们的义务是要帮助每一个特别有才能的工人变成**职业的**鼓动员、组织员、宣传员、交通员等等。在这方面,我们简直是在可耻地浪费自己的人才,不会爱惜我们应当精心培育的人才。请看看德国人吧:他们拥有的人才要比我们多一百倍,但是他们非常懂得,并不是经常能从"中等人"中选拔出真正能干的鼓动员等等的。所以他们总是立即设法为每一个能干的工人创造条件,使他的才能得到充分的发挥和充分的运用。他们使他成为职业鼓动员,鼓励他扩大自己的活动范围,从一个工厂扩大到整个行业,从一个地方扩大到全国。他在自己的职业中获得经验和技能,他扩大自己的眼界和自己的知识,他亲眼看见其他地方和其他政党的卓越的政治领袖,他自己也力求提高到同这些领袖一样的水平,力求做到既了解工人群众,又具备新鲜的社会主义信念,同时也具有无产阶级在同训练有素的大批敌人作顽强斗争时**不能没有**的专业技能。倍倍尔和奥尔一类的人就是这样并且也只是这样从工人群众中选拔出来的。但是,在有政治自由的国家里多半是自然而然地发生的事情,在我们这里却应当由我们的组织来有步骤地进行。凡是有些才干和"有希望的"工人鼓动员,都**不应当**在工厂内做 11 个小时的工。我们应当设法使他靠党的经费来维持生活,使他能够及时地转入秘密状态,使他能随时更换自己的活动地点,否则他就不能获得丰富的经验,不能扩大自己的眼界,不能同宪兵至少周旋几年之久。工人群众的自发高潮愈广愈深,他们所能提拔出来的有才干的人也就愈多,不仅有有才干的鼓动员,而且有有才干的组织员、宣传员以及褒义的"实际工作者"(这样的实际工作者,在我们那些多半带有一点俄国式的懒散和呆板的知识分子中是很少见的)。当我们有了受过专门训练、经过长期教育的工人革命家(当然是"所有各个兵种"的革命家)队伍的时候,世界上任何政治警察都不能战胜这支队伍,因为这支由无限忠于革命的人组成的队伍也一定会获得最广大的工人群众的无限信任。我们真正的**过错**,就是我们很少"推动"工人走上与"知识分子"共同的、学习革命专业技能的道路,却经常用工人群众和"中等工人""能够胜任"什么什么的愚蠢议论来把工人拉向后退。

在这几方面,也像在其他各方面一样,组织工作规模狭小,同缩小我们的理论和我们的政治任务,有明显的和密切的(固然是绝大多数"经济派"和新的实际工作者所不了解的)联系。崇拜自发性使人害怕得连一步也不离开群众"能够胜任的事情",害怕提得太高出于简单地适应群众目前的直接要求。别害怕,先生们!请记住:我们的组织水平非常低,连我们**可能**提得**太**高这种想法都是荒谬的!

(五)"密谋"组织和"民主制"

可是,在我们中间有很多人对"生活的呼声"非常敏感,以至最怕的正是这一点,他们责备持有上述观点的人是"民意主义",是不懂"民主制"等等。我们必须谈谈这种责备,而对于这种责备,《工人事业》杂志当然也是附和的。

笔者非常清楚地知道，彼得堡的"经济派"早就责备过《工人报》是民意主义（把《工人报》同《工人思想报》比较一下，就会知道这也是可以理解的）。因此，在《火星报》创刊不久，当一个同志对我们说某城的社会民主党人称《火星报》为"民意主义"机关报的时候，我们一点都不感到奇怪。这种责备当然只会使我们感到荣幸。因为，哪一个正派的社会民主党人不曾被"经济派"指责为民意主义呢？

这种责备是由两种误解引起的。第一，在我国，人们很不熟悉革命运动史，竟把凡是主张建立一种向沙皇制度坚决宣战的集中的战斗组织的思想都称之为"民意主义"。但是，70 年代革命家所拥有的那种我们大家应当奉为楷模的出色的组织，根本不是民意党人建立起来的，而是后来分裂为土地平分派和民意党人的那些**土地自由派**[91]建立起来的。所以，把战斗的革命组织看做民意党人特有的东西，这在历史上和逻辑上都是荒谬的，因为**任何革命派**别，如果真想作严肃的斗争，就非有这样的组织不行。民意党人的错误并不在于他们极力想把**一切**心怀不满的人吸收到自己的组织中来，引导这个组织去同专制制度作坚决的斗争。恰恰相反，这正是他们伟大的历史功绩。他们的错误在于他们依靠的理论，实质上并不是革命的理论，又不善于或者不能够把自己的运动同发展着的资本主义社会内部的阶级斗争密切联系起来。只有丝毫不了解马克思主义的人（或者按"司徒卢威主义"[92]来"了解"马克思主义的人）才会认为，群众性的自发工人运动的发生**解除了**我们建立一个像土地自由派所拥有的那样好的或者还要好得多的革命家组织的责任。恰恰相反，这个运动正是**加给了**我们这样的责任，因为无产阶级的自发斗争如果没有坚强的革命家组织的领导，就不能成为无产阶级的真正的"阶级斗争"。

第二,有许多人,看来波·克里切夫斯基也包括在内(《工人事业》杂志第 10 期第 18 页),对于社会民主党人一向进行的反对用"密谋主义"观点对待政治斗争的论战了解得不正确。当然,我们一向反对,并且始终都要反对把政治斗争**缩小**为密谋①,但是,不言而喻,这决不是否认建立坚强的革命组织的必要性。例如在脚注中提到的那本小册子里,除了进行论战来反对把政治斗争归结为密谋之外,还描绘出了(作为社会民主党的理想)一种非常坚强的组织的轮廓,这种组织能够"为了给专制制度以决定性打击"而采取"起义"以及任何"其他进攻手段"②。在专制制度的国家里,这种坚强的革命组织按其**形式**来说也可以称为"密谋"组织,因为法文的"conspiration"("秘密活动")一词相当于俄文的"密谋",而秘密性是这种组织所绝对必需的。对这种组织来说,秘密性是最必要的条件,其余一切条件(如成员人数、成员的挑选、职能等等),都应当同这一条件相适应。因此,害怕别人责备我们社

① 参看《俄国社会民主党人的任务》第 21 页,驳彼·拉·拉甫罗夫。(见《列宁全集》中文第 2 版增订版第 2 卷第 442—443 页。——编者注)
② 《俄国社会民主党人的任务》第 23 页。(见《列宁全集》中文第 2 版增订版第 2 卷第 444 页。——编者注)这里我们还要顺便举出一个例子,这个例子说明《**工人事业**》杂志或者是不懂得自己所讲的话,或者是"看风使舵地"改变自己的观点。在《工人事业》杂志第 1 期上,有一句用黑体刊印的话:"**该小册子所阐述的基本思想同《工人事业》杂志编辑部的纲领完全一致。**"(第 142 页)真的吗? 群众运动不能以推翻专制制度作为首要任务的观点,同《任务》这本小册子的观点一致吗?"同厂主和政府作经济斗争"的理论同《任务》这本小册子的观点一致吗? 阶段论同《任务》这本小册子的观点一致吗? 请读者判断一下,像这样独特地理解"一致"这个词的机关报,能否说它有什么原则坚定性呢?

会民主党人要建立密谋组织,那就未免太幼稚了。这种责备,也像说我们是"民意主义"的那种责备一样,是每个反对"经济主义"的人都应当引以为荣的。

有人会反驳我们说:这样一种把秘密活动的一切线索都集中在自己手里的强有力的严守秘密的组织,这样一种必须集中化的组织,也许会过分轻易地举行过早的进攻,也许会轻率地使运动激化起来,而当时政治不满的增长以及工人阶级怒潮的高涨等等还没有达到有可能而且有必要这样做的地步。对于这一点,我们的回答是:抽象地说,当然不能否认战斗组织**可能会**去作轻率的战斗,这**可能会**遭受在另外一种条件下决不是不可避免的失败。但是在这样的问题上决不能只作抽象的推测,因为任何一次战斗抽象地说都有失败的可能性,而除了有组织地准备战斗之外,再没有别的方法可以**减少**这种可能性。只要我们把问题提到现代俄国条件这个具体基点上,就会得出一个肯定的结论:正是为了使运动具有稳固性,**防止**轻率进攻的可能性,才绝对需要一个坚强的革命组织。而现在正是在缺乏这种组织的情况下,在革命运动迅速地自发增长的时候,**已经出现了**两个相反的极端(它们是应该"殊途同归"的):一会儿是毫无根据的"经济主义"和稳健的说教,一会儿是同样毫无根据的"激发性的恐怖手段",即企图"在虽然已发展和加强起来、但还近于开端而不近于结局的运动中,人为地引起运动结束的征兆"(维·查·的文章,《曙光》杂志第2—3期合刊第353页)。《工人事业》杂志的例子表明,现在**已经有**一些社会民主党人屈从于这两个极端了。这种现象是不奇怪的,所以会有这种现象,除了其他原因之外,还因为"同厂主和政府作经济斗争"**永远**也不能使革命家感到满意,于是也就始终会时而在这里,时而在那里产生两个相反的极端。只有集中的战斗组织，坚定地实行社会民主党的政策并能满足所谓一切革命本能和革命要求的组织，才能使运动不致举行轻率的进攻而能准备好有把握取得胜利的进攻。

其次，有人还会反驳我们说：这种组织观点是同"民主原则"相抵触的。如果说前面那个责备是俄国的特殊产物，那么这个责备就带有**国外的特点**。只有国外的组织（"俄国社会民主党人联合会"）除向自己的编辑部发出其他指示外，还能发出下面这样的指示：

> "**组织原则**。为了社会民主党的顺利发展和统一，必须强调、发展和维护社会民主党组织的广泛民主原则，这一点所以特别必要，是因为在我们党内发现了反民主倾向。"（《两个代表大会》第18页）

关于《工人事业》杂志究竟怎样同《火星报》的"反民主倾向"作斗争，我们将在下一章中讲到。现在我们仔细地考察一下"经济派"所提出的这个"原则"。每一个人大概都会同意"广泛民主原则"要包含以下两个必要条件：第一，完全的公开性；第二，一切职务经过选举。没有公开性而谈民主制是很可笑的，并且这种公开性还要不仅限于对本组织的成员。我们称德国社会党组织为民主的组织，因为在德国社会党内一切都是公开进行的，甚至党代表大会的会议也是公开的；然而一个对所有非组织以内的人严守秘密的组织，谁也不会称之为民主的组织。试问，既然**"广泛民主原则"**的基本条件对秘密组织来说**是无法执行的**，那么提出这种原则又有什么意思呢？这样，"广泛原则"只不过是一句响亮的空话。不仅如此，这句空话还证明人们完全不了解目前组织方面的迫切任务。大家知道,在我们这里,在"广大的"革命者中间流行的那种不守秘密的现象是十分严重的。我们已经看到波—夫怎样痛苦地抱怨这一点,他完全正确地要求"严格地选择成员"(《工人事业》杂志第6期第42页)。可是有一些以"对实际生活的敏感"自夸的人,在这种情况下**强调的**不是必须严守秘密和极其严格地(因而也就是比较狭隘地)选择成员,而是"**广泛民主原则**"!这真是胡说八道。

关于民主制的第二个标志即选举制,情况也并不见得好些。这个条件在有政治自由的国家中是不成问题的。德国社会民主党的组织章程第1条写道:"凡承认党纲的原则并尽力帮助党的人都可以成为本党党员。"既然整个政治舞台都公开摆在大家面前,就像戏剧舞台摆在观众面前一样,那么一个人承认不承认党纲,帮助党还是反对党,大家都可以从报纸上,从公众集会上看得出来。大家都知道,某个政治活动家起初做过什么,后来又经历过什么变化;他在困难时候表现得怎样,他的品质一般说来又是如何,因此,**全体**党员自然都能胸中有数地决定是否选举这个活动家来担任党的某种职务。对于党员在政治舞台上的一举一动进行普遍的(真正普遍的)监督,就可以造成一种能起生物学上所谓"适者生存"的作用的自动机制。完全公开、选举制和普遍监督的"自然选择"作用,能保证每个活动家最后都"各得其所",担负最适合他的能力的工作,亲身尝到自己的错误的一切后果,并在大家面前证明自己能够认识错误和避免错误。

把这种情况拿到我们专制制度的国家中来试试看吧!要所有"承认党纲的原则并尽力帮助党的人"来监督秘密革命家的一举一动,这在我国是否做得到呢?既然革命家为了工作,**必须**使"所

有的人"中的十分之九都不知道他是什么人,那怎么能要求所有
的人来选举这些秘密革命家中的这个人或者那个人呢? 只要稍微
考虑一下《工人事业》杂志所讲的那些响亮词句的真正意义,就可
以知道在黑暗的专制制度下,在流行由宪兵来进行选择的情况下,
党组织的"广泛民主制"只是一种**毫无意思而且有害的儿戏**。说
它是一种毫无意思的儿戏,是因为实际上任何一个革命组织从来
也没有实行过什么**广泛**民主制,而且无论它自己多么愿意这样做,
也是做不到的。说它是一种有害的儿戏,是因为贯彻"广泛民主
原则"的尝试,只会便于警察进行广泛的破坏,永远保持目前盛行
的手工业方式,转移实际工作者的视线,使他们放弃把自己培养成
职业革命家这种重大的迫切任务,而去拟定关于选举制度的详细
的"纸上"章程。只有在国外,由于没有可能找到真正的实际工作
来做的人常常聚集在一起,这种"民主制的儿戏"才能在某些地
方,特别是在各种小团体中间广泛流行。

　　《工人事业》杂志所惯用的手段,就是提出在革命事业中实行
民主制这种体面的"原则",为了向读者表明这种手段是毫不体面
的,我们还要再找一个见证人。这个见证人就是伦敦《前夕》杂志
的编辑叶·谢列布里亚科夫,他非常同情《工人事业》杂志而极端
仇视普列汉诺夫和"普列汉诺夫派"。《前夕》杂志在论国外"俄国
社会民主党人联合会"的分裂问题的文章中,曾经坚决地站在《工
人事业》杂志一边,用一大堆抱怨的话来攻击普列汉诺夫[93]。因
此,这个见证人在这个问题上对我们更有价值。在《前夕》杂志第
7 期(1899 年 7 月)所载的《论工人自我解放社宣言》一文中,叶·
谢列布里亚科夫指出,"在严肃的革命运动中"提出什么"妄自尊
大、领袖地位以及所谓阿雷奥帕格[94]"的问题是"不体面的",他

写道：

"梅什金、罗加乔夫、热里雅鲍夫、米哈伊洛夫、佩罗夫斯卡娅、菲格涅尔等人，从来也没有以领袖自居，而且谁也没有选举过他们，没有委任过他们，但他们确实是些领袖，因为无论在宣传时期或在同政府斗争时期，他们都担负最艰巨的工作，总是到最危险的地方去，并且他们的活动也最有成效。他们的领袖地位并不是他们自己要来的，而是周围同志们对他们的智慧、毅力和忠诚表示信任的结果。害怕什么可以独断独行地指挥运动的阿雷奥帕格（如果不害怕，又为什么要写它呢），那就未免太幼稚了。谁会听从它呢？"

我们要问问读者："阿雷奥帕格"同"反民主倾向"有什么区别呢？很明显，《工人事业》杂志的"体面的"组织原则恰恰是既很幼稚，又不体面。说它幼稚，是因为谁也不会听从"阿雷奥帕格"或者有"反民主倾向"的人，除非"周围同志们对他们的智慧、毅力和忠诚表示信任"。说它不体面，是因为这是一种蛊惑人心的手段，利用一部分人爱慕虚荣，一部分人不熟悉我们运动的实际情况，一部分人缺乏修养和不熟悉革命运动的历史来投机取巧。我们运动中的活动家所应当遵守的唯一严肃的组织原则是：严守秘密，极严格地选择成员，培养职业革命家。只要具备这些品质，就能保证有一种比"民主制"更重要的东西，即革命者之间的充分的同志信任。而这种更重要的东西对我们来说是绝对必要的，因为在我们俄国是根本不可能用普遍的民主监督来代替它的。如果以为无法实行真正"民主的"监督，就会使革命组织的成员成为不受监督的人，那就大错特错了。他们没有时间去考虑民主制（一些完全相互信任的同志们所构成的狭小的核心内部的民主制）的儿戏形式，但他们非常真切地感觉到自己的**责任**，并且他们从经验中知道，真正的革命家组织是会用一切办法来清除其中的不良分子的。而且我们还拥有在俄国(以及国际)革命队伍中由来已久的相当普遍的舆论,这种舆论对于一切偏离同志关系(要知道,"民主制",真正的、不是儿戏式的民主制,正是同志关系这个总的概念的一部分!)的义务的行为,都要予以严厉的谴责。你们要是注意到这一切,那就会知道,这些关于"反民主倾向"的论调和决议散发出来的那种在国外玩弄领袖儿戏的气味,该是多么腐臭啊!

还必须指出,这种论调的另一种根源,即幼稚,也是由于人们对民主这个观念认识不清而造成的。在韦伯夫妇论英国工联的书里有一章《原始的民主》是很值得注意的。作者在这里写道,英国工人在他们的工会存在的初期曾认为,民主的必要特征就是要由大家来担负工会管理方面的一切工作:不仅一切问题要由全体会员表决,并且工会的职位也要由全体会员轮流担任。只有通过长期的历史经验,工人才懂得这样一种民主观念是荒唐的,才懂得必须成立代表机关和设置专职人员。只有工会的钱库遭到几次破产,工人才懂得,所交会费和所得津贴之间的比例问题不能单用民主表决来决定,还要征求保险业专家的意见。其次,你们读一读考茨基论议会制度和人民立法的那本书①,就可以知道马克思主义理论家的结论同"自发地"联合起来的工人的多年实践的教训是相吻合的。考茨基坚决斥责里廷豪森对于民主的原始见解,嘲笑那些借口实行民主而要求"人民的报纸直接由人民编辑"的人,证明为了实现社会民主党对无产阶级的阶级斗争的领导就必须有**专职的**新闻工作者和**专职的**国会议员等等,抨击"无政府主义者

---

① 指《议会政治、人民立法和社会民主党》。——编者注

和著作家的社会主义",这些人为了"哗众取宠"而鼓吹直接的人民立法制,他们不懂得在现代社会中很少有采用这种制度的可能。

凡是在我们运动中实际工作过的人都知道,"原始的"民主观点在青年学生和工人群众中广为流行。这种观点也渗透到章程和书刊中去是不足为怪的。伯恩施坦派的"经济派"在自己的章程上写道:"第10条。与整个联合会利益有关的一切事情,都应当由全体会员的多数决定。"恐怖派的"经济派"也重复他们的话:"委员会的决议须经所有小组通过才能生效。"(《自由》杂志第1期第67页)请注意,这种普遍采用全民投票的要求,是作为按选举原则建立**整个**组织的要求的**补充**而提出的! 当然,我们远没有因此而责备实际工作者的意思,因为他们认识真正民主组织的理论和实践的机会太少了。但是,妄想起领导作用的《工人事业》杂志在这种条件下只限于提出广泛民主原则的决议,我们怎么能够不说这只是"哗众取宠"呢?

（六）地方工作和全俄工作

如果说反对这里所叙述的组织计划,认为这种组织不合乎民主制并带有密谋性质的意见已经证明是毫无根据的,那么,还有一个经常提出的问题也是值得详细探讨的。这就是地方工作和全俄工作的相互关系问题。有人担心:建立集中化的组织,会不会使重心从地方工作转移到全俄工作上去呢? 这会不会削弱我们同工人群众的联系的牢固性以及一般地方鼓动工作的稳定性,从而使运动受到损失呢？我们回答说:近年来我们的运动恰恰是由于地方活动家过分埋头于地方工作而受到损害;因此,把重心稍稍转移到全俄工作上去是绝对必要的;这种转移不会削弱,而会既加强我们的联系的牢固性又加强我们的地方鼓动工作的稳定性。我们就拿中央机关报和地方机关报问题来谈吧,同时请读者不要忘记:我们不过是把报纸工作当做一个**例子**来说明更广泛更复杂得多的一般革命事业。

在群众运动的第一个时期(1896—1898年),地方活动家曾试图创办全俄的机关报《工人报》;在下一个时期(1898—1900年),运动前进了一大步,但领导者的注意力却完全放在地方机关报的工作上了。假使把所有的地方机关报加在一起,那么大致说来每月只出一号。① 这难道不是清楚地表明了我们的手工业方式吗? 这难道不是明显地说明我们的革命组织落后于运动的自发高潮吗? 假使**同样多**号数的报纸不是由各个分散的地方团体而是由统一的组织来出版,那么我们就不仅可以节省大批人力,并且可以使我们的工作具有大得多的稳定性和继承性。但无论是几乎专为地方机关报**积极**工作的实际工作者(可惜,直到现在多半还是这样),还是在这个问题上表现出惊人的唐·吉诃德精神[96]的政论家,都往往忽略这个简单的道理。实际工作者通常满足于这样的看法:地方活动家要办全俄报纸是"困难"的②,有地方报纸总比没

① 见《向巴黎代表大会的报告》[95]第14页:"从那时(1897年)起到1900年春止,在不同的地方总共出版了30号不同的报纸…… 平均每个月出版一号以上。"

② 这种困难只是表面上的。其实,**没有**一个地方小组不能积极地担负起全俄的工作的某一职能。"不要说'我不能',而要说'我不想'。"

有任何报纸要好些。后面这个意见当然是完全正确的,而在承认地方报纸**一般**是有重要作用和很大好处这一点上,我们并不亚于任何一个实际工作者。但现在所说的并不是这一点,而是能否摆脱全俄国两年半出版30号地方报纸所明显地反映出来的分散状态和手工业方式。请你们不要只是停留在地方报纸一般有好处这种毋庸置辩、但是过于笼统的议论上面,应当也有勇气公开承认两年半的经验所暴露出来的地方报纸的消极方面。这种经验证明:在我国现在的条件下,地方报纸往往在原则上不坚定,在政治上无意义,在消耗革命力量方面代价太高,在技术方面丝毫不能令人满意(我指的当然不是印刷的技术,而是出版的次数和定期性)。所有这些缺点都不是偶然现象,而是分散状态的必然结果,这种分散状态一方面是地方报纸在这个时期中占优势的原因,另一方面它又靠这种优势而**得以维持下去**。单个的地方组织简直**无力**保证自己的报纸具有原则上的坚定性和把它提到政治机关报的高度,**无力**收集和利用充分的材料来说明我国的全部政治生活。在自由国家里,通常主张必须出版许多地方报纸,理由是报纸由地方工人印刷,价格便宜,并且可以更全面更迅速地为当地居民提供消息,而在我们俄国,正像经验所证明的那样,这种**理由**却成了**反对**地方报纸的根据。地方报纸在消耗革命力量方面代价太高,出版次数又**特别**少,其原因很简单:办**秘密报纸**,无论规模多么小,总要有庞大的秘密机构,而这种机构又需要有工厂大工业,因为在手工作坊中是产生不出这种机构来的。秘密机构的原始性,往往(每个实际工作者都知道许多这样的实例)使警察利用一两号报纸的出版和散发就造成**大规模的**破坏,结果往往把一切都搞得精光,使我们不得不再从头开始。良好的秘密机构,要求革命家有很好的专业训

144

练和极严格的分工,而这两个要求对于单个的地方组织来说,无论
当时力量多么强也是根本办不到的。不要说我们整个运动的总的
利益(对工人进行原则坚定的社会主义教育和政治教育),就是专
门的地方利益,也**不是地方机关报能够给予更好照顾的**。这乍看
起来似乎不合情理,但实际上我们上面指出的那两年半的经验已
十分确凿地证明了这一点。谁都会承认,假使把出版了 30 号报纸
的全部地方力量都用来办一个报纸,那么这个报纸就会很容易地
出 60 号,甚至 100 号,因而也会更充分地反映出运动的纯粹地方
性质的一切特征。这种创建工作当然是不容易的,但是必须使我
们大家都了解这种工作是必要的,必须使每个地方小组都考虑并
且**积极从事**这种工作,不要等待外力的推动,不要迷信地方机关报
容易办和接近地方,其实,根据我们的革命工作经验来看,这些优
点大都是虚幻的。

　　所以,那些自以为特别接近实际工作者的政论家实际上对实
际工作起着不好的作用,他们看不见这种虚幻性,却用一种极其廉
价和极其空洞的议论来支吾搪塞,说什么需要有地方报纸,需要有
地区报纸,需要有全俄报纸。当然,一般说来,所有这些都是需要
的,但既然是要解决具体的组织问题,也就需要想一想环境和时间
的条件。例如,《自由》杂志(第 1 期第 68 页)在专门"谈论**报纸问
题**"的时候竟说:"我们觉得,一切稍大的工人聚居地点都应当有
本地的工人报纸,不是从别的地方运来而是本地出版的工人报
纸。"这难道不是地道的唐·吉诃德精神吗? 假使这位政论家不
愿意考虑他自己所说的这些话的意思,那就请读者来替他考虑考
虑吧:俄国有几十个,甚至几百个"稍大的工人聚居地点",如果真
是每个地方组织都来创办本地的报纸,那就会使我们的手工业方

式永世长存了! 这种分散状态会使我国的宪兵轻而易举地——不费"稍大的"力气就在地方活动家一开始活动时把他们抓走,而不等他们发展成为真正的革命家! 该文作者继续写道:在全俄的报纸上叙述"本城以外的各个城市的"工厂主的卑鄙勾当和"工厂的生活琐事"是没有趣味的,而"奥廖尔人读到奥廖尔本城的消息时,就一点也不会感到枯燥无味了。他每次知道把谁'骂了一顿',把谁'揍了一顿',精神就会振作起来"。(第69页)不错,奥廖尔人是会精神振作起来的,可是我们的这位政论家的思想也未免太"振作"了。这种为舍本逐末习气辩护的态度是否适当呢? ——这才是他应当好好考虑一下的问题。在承认工厂揭露工作的必要性和重要性这方面,我们并不亚于任何人,可是要记住,我们现在已经弄到这种地步,甚至彼得堡人读到彼得堡出版的《工人思想报》上的彼得堡通讯时也都感到枯燥无味了。为了在各地进行工厂揭露工作,我们一向都印发传单,并且**将来也一直要印发**,但是**报纸**这种出版物,我们应当把它提高,而不应当把它降低到工厂传单的水平。我们在"报纸"上所要揭露的主要不是"琐事",而是工厂生活中重大的典型的缺点,这种揭露用的是特别突出的事例,所以它们能够使**全体**工人和所有领导运动的人都感兴趣,能够真正丰富他们的知识,扩大他们的眼界,能够促使新的地区和新的行业的工人觉醒起来。

　　"其次,在地方报纸上能把工厂主管或其他当局的一切卑鄙勾当立即当场揪住。可是共同的报纸离得很远,等一个消息传到的时候,本地方的人早已把它忘记了:'究竟是什么时候发生的呢? 咳,记不起来了!'"(同上)是啊,记不起来了! 我们从这同一个材料中知道:两年半出版的30号报纸是在6个城市印行的。这就是说,平均一个城市**半年出版一号报纸!** 即使我们的这位轻率的政论家在自己的设想中把地方工作的效率**提高两倍**(这对中等城市来说是绝对不正确的,因为在手工业方式范围内是无法大大提高效率的),那么结果也不过是两个月出版一号,也就是说,根本算不了什么"当场揪住"。但是,如果十个地方组织联合起来,派遣自己的代表去积极筹办一个共同的报纸,那就可以把**全俄各地**发生的一些并非琐事而是真正突出的典型的丑恶现象每两星期"揪住"一次。这是任何一个熟悉我们各地组织实际情况的人都不会怀疑的。至于要在犯罪的现场揪住敌人,假如说的是正经话而不是哗众取宠,那就根本不是秘密报纸所能做到的事情。这样的事情只有通过暗中散发传单才可以做到,因为要做到在现场揪住的最长期限往往是不超过一两天的(例如普通的短期罢工,或工厂中的格斗,或游行示威等等)。

"工人不仅是在工厂内生活,并且是在城市内生活",——我们的这位作者继续写道,他用一种连波里斯·克里切夫斯基也自愧不如的彻底性从局部问题上升到了一般问题。于是他就指出城市杜马、城市医院、城市学校等问题,要求工人报纸不要用缄默来回避城市的一般情况。这个要求本身是很好的,但它特别明显地表明人们在谈论地方报纸问题时往往只限于发表空洞、抽象的议论。第一,如果真是"在一切稍大的工人聚居地点"都出版一种辟有《自由》杂志所要求的详细的本城消息专栏的报纸,那么这在我们俄国的条件下,就不免要变成真正的舍本逐末了,不免要削弱人们对于向沙皇专制制度发动全俄革命攻击的重要性的认识,不免要加强一个派别(它责备革命家过多地谈论不存在的议会而过少地谈论现在存在的城市杜马**97**,这一名言使它声名大振)的幼芽,这种幼芽还很有生命力,现在只是隐藏着或被压抑着,但远没有连根拔除。我们所以说"不免",是要借以着重指出:《自由》杂志显然并不愿意有这种结果,而愿意有相反的结果。可是,只有善良的愿望是不够的。为了使说明城市情况的工作的方向适应我们的整个工作,**首先**就要把这个方向全部拟定出来,不仅要通过议论,而且要通过大量实例把这个方向明确地规定下来,使它成为牢固的**传统**。我们现在还远没有做到这一点,而这一点却**首先**需要做到,然后才能想到和谈到广泛的地方报刊的问题。

第二,要真正很好地、很有趣味地描写城市情况,就要很好地了解而不是仅仅从书本上了解这些情况。但具有这些知识的社会民主党人,**在全俄**几乎根本没有。要在报纸上(而不是在通俗小册子上)谈城市和国家的情况,就需要有新鲜的、各方面的、由能干的人收集并整理过的材料。而为了收集和整理这样的材料,靠那种大家一起管理一切、以全民投票的儿戏作为消遣的原始小组所实行的"原始的民主",当然是不够的。为此就需要有专门的作家、专门的通讯员组成的大本营;需要有社会民主党人记者组成的大军,这些记者到处建立联系,善于打听到各种各样的"国家机密"(俄国官吏常以知道这些机密自傲,并且随便泄露出去),善于钻到各种各样的"幕后",——需要有"因职务关系"而必须无孔不入和无所不知的人所组成的大军。我们这个反对**任何**经济、政治、社会和民族压迫的党,能够而且应当去寻找、召集、训练、动员并调动这支无所不知的人所组成的大军去作战,——但这一切都还是有待于我们去做的事!我们在绝大多数地方不仅在这一方面没有采取任何步骤,甚至常常没有**认识到**这样做的必要性。如果你们到我们社会民主党的报刊上去找找有关我国外交、军事、教会、市政、金融以及其他等等方面的各种大小事情的生动有趣的论文、通讯和揭露文章，那么你们会发现**几乎根本没有**，或者说是绝无仅有。① 所以"当一个人跑来讲许多非常漂亮动听的话"，说什么必须"在一切稍大的工人聚居地点"都出版一个揭露工厂、城市以及国家的丑恶现象的报纸的时候，"我总是感到非常气愤"！

　　地方报刊比中央报刊占优势，这既可以是贫乏的表现，也可以是富裕的表现。当运动还没有创造出从事大生产的力量时，当运动还拘泥于手工业方式，还几乎完全沉溺于"工厂生活琐事"中的时候，这就是贫乏的表现。而当运动**已经完全能够执行**全面揭露和全面鼓动的任务，因而除了中央机关报之外，还需要有许多地方机关报的时候，这就会是富裕的表现。现在我们的地方报纸占优势的情况究竟表明什么，让每个人自己去解答吧。而我只是把自己的结论确切地表述出来，以免引起误解。我们的大多数地方组织到现在为止还都是几乎只想到地方机关报，几乎专为地方机关报积极工作。这是不正常的。应当恰恰相反：大多数地方组织主

---

① 正因为如此，甚至那些最好的地方机关报的例子，也可以完全证明我们的观点正确。例如《南方工人报》**98**是一个很好的报纸，它在原则坚定性方面完全是无可非议的。但是，它想给予地方运动的东西，由于出版次数很少并且遭到广泛破坏而没有办到。目前党的最迫切的工作，即从原则上提出运动的根本问题和进行全面的政治鼓动，是地方机关报不能胜任的。而《南方工人报》所提供的特别好的东西，如关于矿业主代表大会、关于失业等等问题的文章，却又不是纯粹地方性的材料，不仅南方需要，**而且全俄各地都需要**。这样的文章在我们社会民主党的所有报刊上都没有见到过。

要应当想到全俄机关报,主要应当为全俄机关报工作。在没有做到这一点以前,我们就办不成**任何一家**多少能够用刊物上的**全面**鼓动来真正为运动服务的报纸。而如果这一点做到了,必要的中央机关报同必要的地方机关报之间的正常关系也就自然会建立起来。

*　　*　　*

乍看起来,关于必须把工作重心从地方工作转移到全俄工作上去的结论,似乎不能适用于专门的经济斗争的范围,因为工人在这里的直接敌人是单个的企业主或单个的企业主集团,这些人没有结成组织,丝毫不像我们在政治斗争中的直接敌人俄国政府那样,拥有一个十分集中的、连极琐碎的事情都由统一意志来指挥的纯粹军事组织。

但实际上并不是这样。我们已经多次指出:经济斗争是一种工会斗争,因此它要求按工人的职业而不只是按工人的工作地点联合起来。我国的企业主愈是迅速地联合成各种公司和辛迪加,工人的这种职业性联合也就愈加迫切需要。我们的分散状态和手工业方式直接妨碍着这种联合,而为了这种联合就必须有能够领导全俄一切工会的全俄统一的革命家组织。我们上面已经讲了为此目的所应当建立的那种组织,现在只想就我们的报刊问题补充几句。

在每个社会民主党报纸上都应当有工会斗争(经济斗争)**栏**,这未必有谁会怀疑。但是工会运动的发展,也使人不得不想到工会报刊的问题。然而我们觉得,除了极少的例外,在俄国暂时还谈不到工会报纸的问题。这是一种奢侈品,而我们往往连糊口的面包都没有。在我国,适合于秘密工作条件并且现在就很需要的工会报刊形式,应当是**工会小册子**。在这种小册子里,应当把**公开的**①和秘密的材料,如有关本行业的劳动条件,本行业的劳动条件在俄国各地的区别,本行业工人的主要要求,本行业的立法的各种缺点,本行业工人的经济斗争中的突出事件,他们的工会组织的萌芽、现状和需要及其他等等问题的材料,都收集起来,并加以系统整理。这种小册子,第一,能使我们的社会民主党报刊不必登载许多只能引起某一行业工人注意的工会的详细情况;第二,这种小册子能把我们的工会斗争的经验的结果记载下来,能把收集起来的、现在可以说散见于大量的传单和片断通讯中的材料保存下来,并且加以概括;第三,这种小册子能成为鼓动员的一种工作指南,因

---

① 在这方面,公开的材料特别重要,而我们却特别不善于有系统地收集和利用这些材料。可以毫不夸张地说:单是根据公开的材料,还可以勉强写一本工会小册子,而单是根据秘密材料,就办不到了。我们要从工人那里收集像《工人思想报》印发的那些问题**99**的秘密材料,就会白白浪费革命家很多力量(在这方面,公开的活动家很容易代替革命家),而且始终得不到好的材料,因为工人往往只知道大工厂中某一部门的情况,差不多总是只知道自己的劳动的经济结果,却不知道自己的劳动的一般条件和定额,所以他们根本无法获得工厂职员、视察员和医生等等所具有的那些知识,无法获得大量散见于零碎的报纸通讯上的和工业、卫生以及地方自治机关等等方面的专门出版物上的那些知识。

我很清楚地记得那个我永远也不会去重复的"初次尝试"。我曾经费了好几个星期的工夫,"寻根究底地"询问一个常到我这里来的工人,要他把他做工的那个大工厂里的一切情形都告诉我。不错,我费了很大的气力,总算勉勉强强写了一篇关于这个工厂(仅仅关于一个工厂!)的文章,可是这个工人在我们谈话结束时有时一面擦汗,一面微笑着说:"回答你的问题,比加班干活还累!"

我们愈是积极进行革命斗争,政府也就愈会被迫承认一部分"工会"工作为合法工作,这样就能解除我们的一部分负担。

为劳动条件的变化是比较缓慢的,某一行业的工人的基本要求是非常稳定的(请比较一下 1885 年莫斯科地区纺织工人的要求和 1896 年彼得堡地区纺织工人的要求)[100],这种要求和需要汇集起来,在若干年内都可以成为在落后的地区或落后的工人阶层中进行经济鼓动的很好的参考材料;一个地区罢工取得胜利的例子,一个地区生活水平较高、劳动条件较好的材料,都能鼓励别的地方的工人去进行一次又一次的斗争;第四,社会民主党如果最先担负起推广工会斗争的责任,从而使俄国工会运动同社会主义的联系巩固起来,它就会同时注意使我们的工联工作在我们社会民主党的全部工作中所占的分量,既不太大,也不太小。地方的组织如果同其他城市中的组织隔离,在这方面就很难甚至几乎不能保持恰如其分的比例(《工人思想报》的例子就说明在这方面能够把工联主义夸大到多么荒唐的地步)。而全俄的革命家组织,由于具有坚定的马克思主义的观点,领导着全部政治斗争,并且有职业鼓动员的大本营,所以在确定这种恰如其分的比例时就决不会感到困难。

五　全俄政治报"计划"

　　波·克里切夫斯基责备我们有"使理论脱离实践而把它变为死教条"的倾向,他写道(《工人事业》杂志第10期第30页):"《火星报》在这方面的最大错误"就是"它那个全党组织的'计划'"(即《从何着手?》一文①)。马尔丁诺夫也附和他说:"《火星报》有轻视平凡的日常斗争进程的意义而偏重宣传光辉的完备的思想的倾向……结果就在第4号上所载的《从何着手?》一文中提出了党的组织的计划。"(同上,第61页)最后,尔·纳杰日丁近来也出来响应对这个"计划"(引号想必是表示对这个计划的讽刺)表示愤慨的人们。他在我们刚刚收到的《革命前夜》一书(这本书是我们已经熟知的那个"革命社会主义"**自由社**出版的)中说道:"现在来谈什么由全俄报纸牵线的组织,就是培植脱离实际的思想和脱离实际的工作"(第126页),就是"文人习气"的表现等等。

　　我们的恐怖派和"平凡的日常斗争进程"的拥护者志同道合,这并不使我们感到奇怪,因为我们在论述政治和组织的那两章里已经考察了他们这种互相接近的根源。但是现在我们也应当指出:尔·纳杰日丁,并且只有他一个人,打算诚心诚意地来研究一

---

① 见《列宁全集》中文第2版增订版第5卷第1—10页。——编者注

下他所不喜欢的这篇文章的思路,打算从实质上来回答这篇文章,而《工人事业》杂志却没有从实质上讲过任何一句话,只是竭力用一大堆无聊的蛊惑人心的胡言乱语来搞乱问题。于是,无论我们怎样不乐意,也不得不费些时间来首先打扫一下这个奥吉亚斯的牛圈[101]。

(一) 谁因《从何着手?》一文而生气了?①

让我们把《工人事业》杂志用来攻击我们的那一大堆用语和感叹词句摘录一下吧。"不是报纸能够建立党的组织,而是相反……""一个凌驾于党之上、**不受党的监督**、因拥有自己的代办员网而离开党独立存在的报纸……" "《火星报》忘记了它自己所属的那个党的实际存在的社会民主党人组织,这岂非咄咄怪事?……" "拥有坚定的原则和相应的计划的那些人,也就是党的实际斗争的最高支配者,他们可以命令党去执行他们的计划……" "这一计划把我们的活跃的和富有生命力的组织都赶入阴间,而想把一个幻想的代办员网呼唤到人世间来……" "《火星报》的计划如果实现,就会把我们这个已在形成起来的俄国社会民主工党的痕迹都一扫而光……" "一个宣传性的机关

---

① 在《十二年来》文集中,列宁略去了第5章第1节,并加了如下注释:"本版略去了第1节《谁因〈从何着手?〉一文而生气了?》,因为它的内容完全是同《工人事业》杂志和崩得就《火星报》企图'指挥'……的问题进行的论战。在这一节中顺便还谈到,正是崩得自己曾邀请(1898—1899年)《火星报》的成员恢复党的中央机关报和组织'写作实验所'的。"——俄文版编者注

报成为整个实际革命斗争中不受监督的、专制的立法机关……"
"我们的党对于强迫它**完全**服从一个自主的编辑部这一点应当采
取什么态度",如此等等。

　　读者从上述这些引文的内容和口气中可以看出,《工人事业》
杂志是**生气了**。但它之所以生气,并不是为了自己,而是为了我们
党的那些组织和委员会,仿佛《火星报》想把它们赶入阴间,甚至
把它们的痕迹都要一扫而光。你想,多可怕呀! 不过,有一点是很
奇怪的。《从何着手?》一文发表于1901年5月,《工人事业》杂志
上的那些文章发表于1901年9月,而现在已经是1902年1月中
旬了。在这整整五个月里(无论是在9月以前或在9月以后),党
内**既没有一个**委员会,**也没有一个**组织提出过正式抗议来反对这
个想把各个委员会和组织都赶入阴间的恶魔! 要知道,在这期间,
无论是在《火星报》上,还是在许多其他的地方出版物或非地方出
版物上,却发表了几十篇、几百篇来自俄国各地的通讯。为什么要
被人家赶入阴间的那些人居然没有觉察到这一点,也没有因此生
气,而生气的却是第三者呢?

　　所以会这样,是因为各个委员会以及其他组织都在从事真正
的事业,而不是玩弄什么"民主制"的儿戏。各个委员会都读了
《从何着手?》一文,都认为这是想"制定出一定的组织计划,**以便
能够从各方面着手建立组织**"的一种尝试。同时,因为它们都很
清楚地知道和看到,这个"各方面"中的**任何一方面**在没有确认建
立组织的必要性和建筑计划的正确性以前,是不会想到要"着手
建立"的,所以它们也就自然没有想到要对有人胆敢在《火星报》
上说出下面的话而"生气":"鉴于问题的迫切重要性,我们想提出
一个计划草案来请同志们考虑。关于这个计划,我们在准备出版

的一本小册子里将作更详细的发挥。"①如果同志们**采纳**这个提请他们考虑的计划,那么他们执行这个计划就不是由于"被迫服从",而是由于相信它是我们的共同事业所必需的;如果他们**不采纳**这个计划,那么这个"草案"(这不是个极端狂妄的字眼吗?)就会始终不过是个草案,——难道这不是每个诚恳地对待问题的人都能理解的事情吗? 如果在反对一个计划草案时不只是"大骂"这个计划并劝同志们拒绝这个计划,而且还**唆使**那些缺乏革命工作经验的人去攻击计划起草人,**其理由只是**这些起草人**竟敢**"立法",**竟敢**充当"最高支配者",即竟敢**提出**一个计划草案,——难道这不是蛊惑人心吗?? 如果因为有人想把地方活动家**提高**到更广泛的见解、任务、计划等等的水平上来而要加以反驳,并不只是由于认为这种见解不正确,而是由于对别人"要""**提高**"我们而感到"生气",——试问,这样我们的党还能够发展,能够前进吗? 要知道,尔·纳杰日丁也曾经"大骂"我们的计划,然而他并没有堕落到采用不能单用政治见解幼稚或肤浅来解释的蛊惑手段,他从一开始就坚决排斥所谓"监督党"的罪名。因此,我们可以并且应当从实质上来回答尔·纳杰日丁对于计划所作的批评,而对于《工人事业》杂志,那只能表示鄙视。

但是,我们对一个堕落到叫喊"专制"和"被迫服从"的作者表示鄙视,并不是说我们就不必去澄清这种人带给读者的糊涂观念了。我们现在就可以向大家清楚地表明,这种空谈"广泛民主制"的时髦词句究竟是什么货色。有人责备我们,说我们忽略了各个委员会,说我们希望或试图把它们赶入阴间等等。既然按保密条

---

① 见《列宁全集》中文第 2 版增订版第 5 卷第 6 页。——编者注

件,**几乎任何一件**涉及我们同各个委员会之间的真实关系的**事实都不能**向读者说明,试问我们该怎么来回答这种责难呢？那些信口提出刻薄的、能够刺激群众的责难的人,居然走到我们前面去了,这只是因为他们肆无忌惮,因为他们无视革命者的责任是必须把自己所保持的、建立的或力图建立的那些关系和联系都小心翼翼地隐蔽起来。当然,我们永远不会在"民主制"方面去同这帮人竞争。至于说到那些对党内的一切事务都不熟悉的读者,那么履行我们对这种读者的义务的唯一办法,就不是叙述现有的和处于形成过程中的情况,而是叙述**一小部分**已经过去的、可以当做往事来叙述的情况。

崩得影射我们"擅自称王称霸"①,国外"联合会"责备我们企图把党的痕迹一扫而光。好吧,先生们。我们只要向读者叙述一下过去的**四件事实**[102],就能使你们心满意足了。

第一件②事实。一个"斗争协会"的几个成员,曾直接参与我们党的成立并直接参与派代表出席党的成立代表大会,他们曾经同《火星报》小组的一个成员商定,要出版一套适应整个运动需要的工人丛书。工人丛书没有出成。但是为这套丛书而写的两本小册子《俄国社会民主党人的任务》和《新工厂法》③却几经周折而由第三者带到国外去出版了。

第二件事实。崩得中央委员会的几个委员向《火星报》小组

---

① 《火星报》第8号上俄罗斯和波兰犹太工人总联盟中央委员会对我们论民族问题的文章的答辩。
② 我们故意不按这些事实发生的先后排列。
③ 见《列宁全集》中文第2版增订版第2卷第428—451、335—378页。——编者注

的一个成员建议共同成立一个像崩得当时所说的"写作实验所"。同时他们还指出,假如这件事情办不到,那么我们的运动就会大大地后退。谈判的结果是写了《俄国的工人事业》这本小册子①。

第三件事实。崩得中央委员会通过一个外省市镇同《火星报》的一个成员接洽,建议他负责编辑准备复刊的《工人报》,结果当然是获得了同意。后来这一建议有所变动,改成了请他撰稿,因为编辑部的人员有了新安排。这当然也获得了同意。接着就寄去了以下几篇文章(这几篇文章保存下来了):《我们的纲领》,内容是直接反对伯恩施坦主义,反对合法书刊和《工人思想报》所表现的转变;《我们的当前任务》("创办一个能正常出版并同一切地方团体密切联系的党的机关报";目前盛行的"手工业方式"的弊病);《迫切的问题》(分析批判那种认为在着手出版共同的机关报以前必须**先**开展各个地方团体的活动的反对意见;坚持"革命组织"有头等重要意义,坚持必须"使组织、纪律和秘密活动的技术达到最完善的地步")。②《工人报》复刊的建议没有实现。于是这几篇文章也就没有发表。

第四件事实。一个委员会的负责筹备我们党的第二次(例行)代表大会的一个委员,把代表大会的程序通知《火星报》小组的一个成员,并推举该小组负责编辑准备复刊的《工人报》。他采

---

① 顺便说说,这本小册子的作者托我声明一下,说这本小册子也像他以前所写的几本小册子一样是寄给"联合会"的,因为他以为"联合会"出版物的编辑仍是"劳动解放社"(由于某些条件,他在当时,即在1899年2月不可能知道编辑部的变动情况)。这本小册子很快就会由同盟**103**再版。

② 见《列宁全集》中文第2版增订版第4卷第160—174页。——编者注

取的这个所谓预备步骤，随后又经他本人所属的那个委员会以及崩得中央委员会正式批准；《火星报》小组接到了关于代表大会召开的地点和时间的通知，但是担心由于某些原因不能派遣代表去参加这次代表大会，所以也给代表大会写了一个书面报告。在这个报告里表达了这样的意思：在目前这个十分混乱的时期，我们只选出一个中央委员会不仅解决不了统一问题，而且还会冒损害伟大的建党思想的风险，因为在目前不保密的现象十分流行的情况下一定很快又会全部遭到破坏；所以，第一步工作应当是邀请所有的委员会及其他一切组织来支持恢复起来的共同的机关报，这个机关报将通过**实际的**联系把所有的委员会**真正**连在一起，并**真正**培养出一个领导整个运动的领导者集团，而一旦这样一个由各委员会所建立的集团充分成长和巩固起来，各委员会和党也就能很容易把它变成中央委员会了。可是，代表大会由于发生一系列的破坏事件而没有召开，这个报告也由于考虑到保密而销毁了，读到这个报告的只有很少几位同志，其中包括一个委员会的几位全权代表。

现在请读者自己来判断一下，像崩得影射我们擅自称王称霸，或《工人事业》杂志硬说我们想把各个委员会赶入阴间，想用传播一个报纸的思想的组织来"代替"党的组织这样一些手法究竟是什么性质。其实，我们正是**根据各委员会的再三请求**才向它们作报告说必须采取一定的共同工作计划的。我们在寄给《工人报》的文章以及提交党代表大会的报告中详细订出了这个计划，正是为了党的组织，并且我们这样做，也是根据那些在党内极有影响的、担负着倡导恢复（事实上恢复）我们党的责任的人们提出的请求。只是在党组织**和我们一同正式恢复党中央机关报的两次尝试**

都遭到失败以后,我们才认为自己真正有责任创办一个**非正式的机关报**,以便同志们在作**第三次**尝试时有相当的**实验**结果可以参考,而不只是凭空推测。现在这一实验的某些结果已经是有目共睹了,所以全体同志都能判断:我们对自己的责任理解得究竟是否正确;对于那些因不满意被我们指出他们当中有人在"民族"问题上不彻底、有人产生不可容忍的无原则的动摇而力图把不了解近况者引入迷途的人,究竟应当怎样看待。

(二) 报纸能不能成为集体的组织者?

《从何着手?》一文的全部关键,**就**在于提出了这个问题并且给以肯定的回答。据我们所知,只有尔·纳杰日丁一个人曾经试图从实质上分析这个问题,并证明必须给以否定的回答。我们现在把他的论据全部转引如下:

"……我们很欣赏《火星报》(第4号)提出必须创办全俄报纸的问题,但我们绝对不能同意说这种提法同《从何着手?》一文的标题是符合的。这无疑是一种极重要的工作,但是能为革命时期的战斗组织奠定基础的并不是这种工作,并不是一大批通俗传单,并不是一大堆宣言。必须在各地着手建立强有力的政治组织。我们还没有这种组织,我们过去主要是在有知识的工人中进行工作,而群众几乎只是进行经济斗争。**如果不在各地培植起强有力的政治组织,那么即使有办得很好的全俄报纸,又有什么意义呢?** 烧不灭的荆棘老是在那里燃烧,总烧不完,但是它也不会烧着任何人!《火星报》以为人民一定会在全俄报纸的周围,为创办全俄报纸的事情而集合起来,组织起来。**其实,人民在更具体的事情周围会更紧密得多地集合起来和组织起来!** 这种更具体的事情可以而且应当是普遍创办地方报纸,立刻准备工人的力量去游行示威,由地方组织在失业工人中经常进行工作(经常在他们中间散发传单,召集他们开会,号召他们反抗政府,等等)。我们要在各地着手进行生动的政治工作,而当在这个实际的基础上的统一成为必要的时候,那它就不会是人为的统一,不会是纸上的统一了。要把各地方的工作统一成为全俄的事业,这决不是报纸可以办到的!"(《革命前夜》第54页)

我们在这一大段娓娓动听的议论中加上着重标记的那些地方,最突出地表明该文作者对我们的计划的估计是不正确的,他在这里用来反对《火星报》的全部观点也是不正确的。如果不在各地培植起强有力的政治组织,那么有办得极好的全俄报纸也没有什么意义。——这句话完全正确。但问题就在于除了利用全俄报纸之外,**再没有别的方法可以培植**起强有力的政治组织。作者忽略了《火星报》在说明它的"计划"以前所作的那个极重要的声明:必须"号召建立革命组织,这一组织**不仅在名义上**而且在实际上能够统一一切力量,领导运动,即**随时准备支持一切抗议和一切发动**,并以此来扩大和巩固可供决战之用的军事力量"。《火星报》继续写道:现在,在二三月事件之后,在原则上大家都会同意这一点了,但我们需要的不是在原则上而是**在实际上解决问题**,需要的是立刻提出一个明确的建设计划,使大家能够立刻**从各方面**着手进行这种建设。但人们又把我们拉向后退,使我们不去实际解决问题,而去空谈那个原则上正确的、不容置辩的、伟大的、然而是完全不够的、广大工作人员完全不能理解的真理:"培植强有力的政治组织"!可敬的作者啊,现在问题并不在这里,而在于**究竟怎样**来培植和培植起这种组织!

"我们过去主要是在有知识的工人中进行工作,而群众几乎只是进行经济斗争",这种说法是不正确的。这种说法同《自由》杂志上常见的那种把有知识的工人同"群众"对立起来的根本错

误的观点倒是一致的。近几年来,我们的所谓有知识的工人也
"几乎只是进行经济斗争"。这是一方面。另一方面,只要我们不
帮助有知识的工人和知识分子**把自己培养成**政治斗争的领导者,
群众就永远也学不会进行政治斗争;而为了培养出这种领导者,又
只有通过经常不断地随时估计我国政治生活的**一切**方面,估计各
个阶级由于各种原因而进行抗议和斗争的**一切尝试**才能做得到。
所以,一方面说"培植政治组织",同时又**把政治报纸的"纸上的事
情"**同"**各地方的生动的政治工作**"**对立起来**,这简直是可笑的!
而《火星报》正是要把自己的办报"计划"变成适应于培养这种"战
斗决心"的"计划",来支持失业工人的运动、农民的骚乱、地方自
治人士的不满以及"人民对胡作非为的沙皇暴吏的义愤"等等。
凡是熟悉运动实际情况的人都知道得很清楚:绝大多数地方组织
连想也没有想到过这一点;这里拟定的许多"生动的政治工作"是
任何一个组织**连一次也没有**进行过的;例如,当有人提请大家注意
地方自治机关的知识分子中的不满和反抗情绪在增长时,无论是
纳杰日丁(他说,"天哪,这个机关报岂不是为地方自治人士办的
吗?"——《革命前夜》第 129 页),还是"经济派"(《火星报》第 12
号上发表的那封来信),还是许多实际工作者,都感到惊慌失措,
困惑莫解。在这种情况下,也就**只能**这样来"着手"工作,即首先
促使人们**想到**这一切,促使人们来归纳和综合所有一切风潮和积
极斗争的表现。在当前社会民主党的任务被降低的条件下,"生
动的政治工作"也**只能**从生动的政治鼓动**着手**,而生动的政治鼓
动又非有经常出版并且正常发行的全俄报纸不可。

　　把《火星报》的"计划"看做是"文人习气"的表现的人,完全
不懂得计划的实质,竟把提出来作为目前最适当的手段的东西当

成了目的。这些人没有用心想一想那两个清楚地说明了这个计划的比喻。《火星报》上说过,创办全俄政治报应当是我们使这个组织(即随时都准备支持一切抗议和一切发动的革命组织)得以不断发展、加深和扩大的**一条基线**。当石匠建造一座前所未见的巨大建筑物而在不同的位置上砌石头的时候,总要拉一根线来帮助找准砌石头的位置,指明整个工程的最终目标,不仅使每一整块石头而且使每一小块石头都能用得上,使它们相互衔接起来,形成完整而统一的大厦的轮廓,请问,这算不算是"纸上的"事情呢?目前我们党的生活的状况,岂不正是既有石头,又有石匠,但就是缺少一条使大家都能看得见、都可以遵循的引线吗?让他们去叫喊,说我们拉一条引线就是想发号施令吧!先生们,假使我们真想发号施令,那我们就不会写成"《火星报》创刊号",而会写成"《工人报》第3号"了,正如有些同志曾经劝我们这样做的,并且我们在上面讲的那些事情发生后**本来是有充分理由这样做的**。但我们并没有这样做,因为我们希望不受束缚地同一切假社会民主党人作不调和的斗争;我们希望我们的引线(如果这条引线拉得正确的话)受到人们尊重是因为它拉得正确,而不是因为它是由一个正式的机关报拉的。

尔·纳杰日丁教训我们说:"把地方活动统一到中央机关里来的问题,真是在迷宫里兜圈子;要统一,就需要成分的一致,而这种一致本身又只能由某种具有统一作用的东西造成,但这种具有统一作用的东西,又只能是强有力的地方组织的产物,而目前各个地方组织又是并不一致的。"这个真理,也像什么要培植强有力的政治组织的真理一样可敬,一样不容争辩。这个真理同样又是没有意义的。**任何**问题都可以说是"在迷宫里兜圈子",因为全部政治生活就是由一串无穷无尽的环节组成的一条无穷无尽的链条。政治家的全部艺术就在于找到并且牢牢抓住那个最不容易从手中被打掉的环节,那个当前最重要而且最能保障掌握它的人去掌握整个链条的环节。① 假使我们有一大批老练的石匠,能够彼此非常协调地工作,即使不拉引线也能把石头恰到好处地砌在需要的地方(抽象地说来,这并不是不可能的),那么我们也许又可以去掌握另一个环节了。但不幸的是我们现在还没有一批老练的而且能够彼此协调地工作的石匠,石头往往砌得完全不是地方,不是按一条共同的引线来砌,而是乱砌,敌人一吹就倒,好像这不是石头而是沙子。

另一个比喻:"报纸不仅是集体的宣传员和集体的鼓动员,而且是集体的组织者。就后一点来说,**可以把报纸比做脚手架**,它搭在施工的建筑物周围,显示出建筑物的轮廓,便于各个建筑工人之间的来往,有助于他们分配工作和观察有组织的劳动所获得的总成绩。"②这岂不像文人,即脱离实际工作的人在夸大自己的作用吗? 脚手架对于住房本身并不需要,它是用次木料搭起来的,使用的时间不长,只要建筑物大体完成,就会扔到炉子里去烧掉。至于革命组织的建筑问题,那么经验证明,有时候即使没有脚手架,也能够把它建筑成功,70 年代的情况就是一个证明。但是现在,我

---

① 克里切夫斯基同志和马尔丁诺夫同志! 请你们注意"专制"、"不受监督的权威"、"最高支配权"等等的这种可恶的表现吧。你们看,有人竟想**掌握整个链条**!! 赶快写一份控诉书吧。你们可以用这个现成的主题给《工人事业》杂志第 12 期写两篇社论了!

② 马尔丁诺夫在《工人事业》杂志上引证了这段话的第一句(第 10 期第62 页),就是不引第二句,好像是要借此着重说明他不愿意触及问题的实质或者不能理解这个实质。

们没有脚手架就根本不能建造我们所需要的房屋。

纳杰日丁不同意这一点,他说:"《火星报》以为人民一定会在全俄报纸的周围,为创办全俄报纸的事情而集合起来,组织起来。**其实,人民在更具体的**事情周围**会更紧密得多地**集合起来和组织起来!"对的,对的,"在更具体的事情周围会更紧密得多……"俄国有句谚语说:不要往井里吐痰,你也许要喝水的。但是也有人甘愿喝吐了痰的井水。为了这种更具体的事情,我们那些了不起的合法的"批评马克思主义的批评家"和不合法的《工人思想报》崇拜者,真是什么坏话也说得出口!你看,我们的整个运动已被我们的狭隘眼界、消极态度和怯懦心理压抑到了何等地步,竟有人用什么"在更具体的事情周围会更紧密得多"的传统理由来为这些现象辩护!纳杰日丁自以为对"实际生活"特别敏感,他特别严厉地斥责"脱离实际的"人,责备(自以为很俏皮地责备)《火星报》爱把什么都看做"经济主义",他自以为比正统派和批评派双方都高明得多,却没有发觉他提出这些论据只是助长了使他感到愤慨的那种狭隘性,没有发觉他喝的正是吐满了痰的井水!假使一个人没有明确的方向,像70年代的革命家那样"自发地"乱搞"激发性的恐怖手段",乱搞"土地恐怖手段",乱敲"警钟"等等,那么,即使他极其诚恳地对狭隘性表示愤慨,极其热烈地想把崇拜狭隘性的人们拯救出来,那也是无济于事的。请看看他认为人民将在其周围"更紧密得多地"集合起来和组织起来的那些"更具体的"事情吧:1.地方报纸;2.准备游行示威;3.在失业工人中进行工作。一眼就可看出,所有这些事情都是完全偶然和随便抓来说说的,因为无论我们怎样来观察这些事情,要把它们看做特别能使人民"集合起来和组织起来"的东西,都是毫无道理的。要知道,就是这位纳杰日丁,在两页以后又说道:"现在我们只需指出一件事实:地方的工作做得非常差,各个委员会甚至没有做到它们所能够做到的十分之一……而现在我们所有的那些应起统一作用的中央组织却只是一种虚构,是革命的文牍主义,是互封领袖的把戏,在强有力的地方组织成长起来以前,情况会一直是这样。"这些话里除了夸张之处,无疑也含有许多痛苦的真理;但是,难道纳杰日丁竟看不见,地方工作做得非常差是同活动家的眼界狭小和活动范围狭小(这种现象在局限于地方组织范围内的活动家缺乏修养的情况下是不可避免的)有联系的吗? 难道他也像《自由》杂志上那篇论组织问题的文章的作者一样,忘记了随着转向广泛的地方报刊的工作(从 1898 年起),"经济主义"和"手工业方式"也特别加强起来的事实吗? 即使创办"广泛的地方报刊"能够做得比较令人满意(我们在上面已经指出,除了极个别的特殊情况外,这是不可能做到的),这些地方机关报也还是不能把革命家的**一切**力量"集合起来和组织起来"去对专制制度发动**总**攻击,去领导**统一**的斗争。不要忘记,这里所谈的**只是**报纸的"集合"作用,组织作用,所以我们也可以请维护分散状态的纳杰日丁回答他自己所提出的那个讽刺性问题:"我们有没有从什么地方得到过 20 万个革命组织人才这种遗产呢?"其次,决不能**把**"准备游行示威"同《火星报》的计划**对立起来**,因为这个计划正是把最广泛的游行示威当做**目标之一**;而问题却在于选择实践**手段**。在这里,纳杰日丁又弄糊涂了,他看不到只有已经"集合起来和组织起来"的军队才能"准备"游行示威(游行示威到目前为止绝大多数都是完全自发地进行的),而我们现在正是**不善于**去集合和组织。"在失业工人中进行工作",这也同样是糊涂观念,因为这个工作也是已经动员起来的军队的一种军事行动,而不是动员军队的计划。纳杰日丁在这里怎样忽视我们的分散状态和缺乏"20万个人才"所造成的危害,这从下面的事实中就可以看出。许多人(包括纳杰日丁)责备《火星报》,说它很少登载有关失业工人的消息,说它只是偶尔登载一些农村生活中最平常的现象的通讯。这种责备是正确的,但是《火星报》在这方面真是"无辜的罪人"。我们极力想"把引线拉到"农村去,但是那里几乎根本没有石匠,于是我们**只好**鼓励**每一个**即使只能告诉我们一些平常事情的人,希望这样会增加这方面的撰稿人数,而最后总可以**教会我们大家**来选择真正突出的事实。但是可供学习的材料非常少,如果不把全俄各地获得的材料综合起来,那就完全没有什么可供学习的东西。毫无疑问,多少具有像纳杰日丁那样的鼓动才能和熟悉游民生活的人,是能通过他在失业工人中进行的鼓动来为运动作出无可估量的贡献的,但是这样的人如果不设法把自己的每一步工作都告诉**全体**俄国同志,从而教育那些大部分还不会从事新的工作的人,给他们作出榜样,那他就是埋没了自己的才能。

现在所有的人毫无例外地都在谈论统一的重要性,都在谈论"集合起来和组织起来"的必要性,但是人们对于究竟应当从何着手和怎样进行统一这件事却往往没有任何明确的观念。想必大家都会同意:如果我们要把一个城市中各单个小组,比如说各区的小组"统一起来",那就需要有**共同的机构**,这就是说,不仅要有"联合会"这个共同的名称,并且要有真正的**共同的**工作,要互相交换材料、经验和人员,不仅按区来分配任务,而且要按全城各种专业工作分配任务。每个人都会同意,巨大的秘密机构所要花的"本钱"(当然是既指物力又指人力)不是一个区可以支付得了的(假

167

使可以用商业用语来表达的话),同时,专家的才能在这样狭小的
场所也是无法施展的。几个城市联合起来的情况也是如此,因为
即使是像单个地区这样的场所也**显得**过分狭窄,而且在我们社会
民主主义运动史上已经出现过这样的情况。这一点我们在上面已
经用政治鼓动和组织工作方面的例子详细地证明过了。必须,绝
对必须而且首先必须扩大这个场所,在**经常的共同**工作的基础上
来建立城市之间的**实际联系**,因为分散状态压制着人们,使他们
"好像是坐井观天"(用寄给《火星报》的一封信的作者的说法),
不知道世界上发生了什么事情,不知道向谁去学习,不知道怎样获
得经验,怎样满足广泛开展活动的愿望。所以我要继续坚持说:这
种**实际联系**只有依靠共同的报纸才能**着手**建立,这种报纸作为唯
一经常进行工作的全俄事业,把各种各样的工作综合起来,因而**推
动**人们沿着**所有的**许许多多条通向革命的道路(像条条道路通罗
马一样)不断前进。假如我们不只是口头上说愿意统一,那就要
使每个地方小组**立刻分出**比如四分之一的力量来**积极**参加**共同的
事业**,而报纸立刻就会向它指明①这种事业的概况、范围和性质,
就会指明,在整个全俄工作中究竟哪些缺点最突出,什么地方没有
进行鼓动,什么地方联系差,在整个这部大机器中有哪些小齿轮是
自己这个小组能够修理,或者能拿更好的齿轮来替换的。现在还
没有做过工作而只是在找工作做的小组,在开始工作时就能不是

---

① **附带条件**:如果它同情该报的方向,认为参加该报的工作对事业有好
处,同时把这种参加理解为不仅是参加文字工作,而且是参加任何革
命工作的话。**给《工人事业》杂志加的注**:在重视事业而不是重视民主
制儿戏的革命家看来,在不把"表示同情"同最积极最实际地参加工作
分开的革命家看来,这个附带条件是不言而喻的。

以既不知道先前"工业"的发展情况、又不知道这种工业生产方式的概况的单个小作坊手工业者的身份,而是以**反映**对专制制度举行全面革命总攻击的广泛事业的参加者的身份来从事工作。每个小齿轮修整得愈好,为共同事业干零星工作的人愈多,我们的网也就会愈密,而不可避免的破坏在我们队伍中引起的慌乱也就会愈小。

单是发行报纸的工作(假使这种报纸真是名副其实,即定期出版,不像厚本杂志那样每月只出一次,而是每月出三四次),就能开始把**实际的**联系建立起来。现在,各城市之间因革命事业的需要而发生联系是极为罕见的,至少也是一种例外;而那时,这种联系就会成为一种常见的事情,自然,它不仅能保证报纸的发行,并且还能保证(这更加重要得多)经验、材料、人员以及经费的交流。组织工作的规模也就会马上扩大许多倍,而且一个地方的成就往往会鼓励在另一个地方活动的同志进一步改进工作,会推动他去利用现成的经验。地方工作就会比现在丰富得多、涉及面广得多:从全俄各地收集起来的政治揭露和经济揭露材料,将为各种职业和**各种发展水平**的工人提供精神食粮,将为举行各种各样问题的座谈和讲演提供材料和机会,而这些问题往往是合法刊物上的暗示、社会上的议论、政府"羞羞答答的"报道中提出来的。每一次发动,每一次游行示威,都会在全俄各地得到各方面的评价和讨论,都会使大家不愿意落后于别人而要求别人做得更好(我们社会党人并不笼统反对任何竞赛,任何"竞争"!),自觉地准备那种在第一次是自发地发生的行动,利用当地或当时的有利条件来改变进攻计划等等。同时,地方工作的这种活跃也就不会造成现在常见的情况,即每举行一次游行示威或每出版一号地方报纸,都会使**所有的**力量紧张到"拼死拼活的"地步,都会使**所有的**人去担风险。这是因为一方面,警察机关不知道"根子"在什么地方,想找到"根子"要困难得多;另一方面,经常的共同工作能训练人们习惯于使**每一次**进攻的力量同整个军队中的这支部队的实力相适应(现在,几乎谁也没有想到过这样做,因为进攻十之八九都是自发的),不仅便于从其他地方"调来"书刊,而且也便于"调来"革命力量。

现在这些力量在狭隘的地方工作上往往消耗殆尽,而那时就有可能并且常常有机会把比较有才干的鼓动员或组织员从甲地调到乙地。人们起初是为了党的事务,用党的经费作短途来往,以后他们就会习惯于完全由党供给,变成职业革命家,把自己培养成为真正的政治领袖。

如果我们真能使所有的或绝大多数的地方委员会、地方团体和小组都来积极从事共同的事业,那么我们在不久的将来就能创办一个周报,每期出版数万份,定期在全俄各地发行。这种报纸就会成为巨大的鼓风机的一部分,这个鼓风机能够使阶级斗争和人民义愤的每一点星星之火,燃成熊熊大火。在这个本身还很平常、还很细微、但是连续进行的真正**共同的**事业周围,就会经常不断地挑选和训练出一支由久经考验的战士组成的常备军。在这个共同组织的建筑物的脚手架上,很快就会从我们的革命家中间涌现出和提拔出一些社会民主党的热里雅鲍夫,从我们的工人中间涌现出和选拔出一些俄国的倍倍尔,他们会率领已经动员起来的军队,唤起全体人民去铲除俄国的耻辱和祸害。

这就是我们应当幻想的事情!

＊　　　＊　　　＊

"应当幻想!"我写了这几个字之后,不觉吃了一惊。我仿佛是坐在"统一代表大会"的会场里,坐在我对面的是《工人事业》杂志的编辑和撰稿人。这时马尔丁诺夫同志站起来,咄咄逼人地质问我:"请问,如果不事前向党的各个委员会征求意见,自主的编辑部有权去幻想吗?"接着,克里切夫斯基同志站了起来,并且(从哲学上来深化早已深化了普列汉诺夫同志的意见的马尔丁诺夫同志的意见)更加咄咄逼人地接着说:"我进一步问你,如果一个马克思主义者没有忘记,按照马克思的看法,人类总是提出可能实现的任务,没有忘记策略是党的任务随着党的发展而增长的过程,那么从根本上来说,他是不是有权幻想呢?"

想到这种咄咄逼人的问题,我真是不寒而栗,只想找个地方躲起来。我就试试躲在皮萨列夫背后吧。

皮萨列夫在谈到幻想和现实之间的不一致的问题时写道:"有各种各样的不一致。我的幻想可能超过事变的自然进程,也可能完全跑到事变的任何自然进程始终达不到的地方。在前一种情形下,幻想不会带来任何害处;它甚至能支持和加强劳动者的毅力…… 这种幻想中并没有任何会败坏或者麻痹劳动力的东西。甚至完全相反。如果一个人完全没有这样幻想的能力,如果他不能在有的时候跑到前面去,用自己的想象力来给刚刚开始在他手里形成的作品勾画出完美的图景,那我就真是不能设想,有什么刺激力量会驱使人们在艺术、科学和实际生活方面从事广泛而艰苦的工作,并把它坚持到底…… 只要幻想的人真正相信自己的幻想,仔细地观察生活,把自己观察的结果同自己的空中楼阁相比较,并且总是认真地努力实现自己的幻想,那么幻想和现实之间的不一致就不会带来任何害处。只要幻想和生活多少有些联系,那么一切都会顺利的。"①

可惜,这样的幻想在我们的运动中未免太少了。对这种情况应当负最主要责任的,是那些以头脑清醒和"熟悉""具体情况"自夸的合法批评和不合法"尾巴主义"的代表者。

(三) 我们需要什么样式的组织?

读者从上文中可以看到,我们的"策略-计划"是反对立刻**号召**举行冲击,而要求组织好"对敌人要塞的正规围攻",换句话说,就是要求用全力来集合、组织和**动员**常备军。我们由于《工人事业》杂志从"经济主义"跳到高喊冲击(1901 年 **4** 月在《〈工人事业〉杂志附刊》**104** 第 6 期上)而嘲笑了它,当然,它也就猛烈攻击我们,说我们是"学理主义",说我们不懂革命的职责,说我们不该号召大家谨慎从事,等等。当然,这样的责备出自一些毫无原则、只会用深奥的"策略-过程"支吾搪塞的人之口是丝毫不会使我们惊奇的;同样,对坚定的纲领原则和策略原则一概抱着极其高傲的貌视态度的纳杰日丁重复这种责备,也是不会使我们惊奇的。

据说历史是不会重演的。但是纳杰日丁却拼命想使它重演,极力模仿特卡乔夫,大骂"革命文化主义",高喊什么"敲警钟",什

---

① 引自德·伊·皮萨列夫的《幼稚想法的失策》一文(见《皮萨列夫全集》1956 年俄文版第 3 卷第 147、148、149 页)。——编者注

么特别的"革命前夜的观点"等等。他显然忘记了一句名言:如果说历史事变的原本是一出悲剧,那么它的抄本就只是一出笑剧[105]。用特卡乔夫的说教准备起来的、用"吓人的"并且真正吓了人的恐怖手段实行过的夺取政权的尝试,曾经是了不起的,然而小特卡乔夫的"激发性的"恐怖手段却只能使人觉得可笑,尤其是再加上一个组织中等人的主张,就更显得特别可笑了。

纳杰日丁写道:"假使《火星报》跳出它那文人习气的圈子,它就会看见,这〈像《火星报》第 7 号上一封工人的来信等等现象〉是一种征兆,它说明很快很快就会有'冲击'开始,所以现在〈原文如此!〉来谈什么由全俄报纸牵线的组织,就是培植脱离实际的思想和脱离实际的工作。"瞧,这是多么令人难以置信的糊涂观念:一方面,主张实行激发性的恐怖手段和"组织中等人",同时又认为人们在"更具体的事情"如地方报纸的周围会"更紧密得多地"集合起来;另一方面,认为"现在"来谈全俄的组织就是培植脱离实际的思想,更直截了当地说,就是"现在"已经迟了! 请问最可敬的尔·纳杰日丁,"普遍创办地方报纸"现在岂不是也迟了吗? 请把这一点同《火星报》的观点和策略比较一下吧。《火星报》认为,激发性的恐怖手段不值一提,至于说什么正是要把中等人组织起来和**普遍**创办地方报纸,这就是替"经济主义"大开方便之门。其实,应当谈统一的全俄革命家的组织,并且一直到真正的而不是纸上的冲击开始以前,谈这个组织都不算迟。

纳杰日丁继续写道:"的确,我们在组织方面的情况非常不妙。《火星报》说我们的军事力量大部分都是志愿兵和起义者,这话完全正确…… 你们清醒地估计我们的实力,这很好。但同时你们为什么忘记,**群众不是我们的**,因**此他们不会来向我们请示**什么时候开始军事行动,就会'骚乱起来'…… 群众自己以自发的破坏力量发动起来，就**可能**扰乱和排挤我们一直准备、但还没有**来得及**把极有条理的组织性灌输进去的那个'常备军'。"（黑体是我们用的）

　　奇怪的逻辑！**正因为**"群众不是我们的"，所以现在高喊"冲击"是不聪明和不恰当的，因为冲击是常备军的攻击，而不是群众自发的爆发。正因为群众**可能**扰乱和排挤常备军，所以我们一定要把"极有条理的组织性灌输"到常备军中去，使自己的工作能"来得及"赶上自发的高潮，因为我们愈能"来得及"灌输这种组织性，就愈能使常备军不被群众所扰乱，而走在群众前面，领导群众。纳杰日丁所以糊涂，是因为他以为这种有条理地组织起来的军队所从事的是一种使它脱离群众的工作，而事实上，它所从事的却正是一种非常全面的无所不包的政治鼓动，也就是一种使群众的自发的破坏力量同革命家组织的自觉的破坏力量**接近起来并融为一体**的工作。先生们，你们真是嫁祸于人，因为正是由于"自由社"把恐怖手段写**在纲领中**，这也就是在号召建立恐怖派的组织，而这种组织确实会使我们的军队不去同群众接近，可惜这些群众还不是我们的，可惜他们还不向我们请示或者很少向我们请示什么时候和怎样开始军事行动。

　　纳杰日丁继续恐吓《火星报》说："我们会把革命本身也错过去的，就像我们把目前这些突如其来的事件错过去了一样。"把这句话和上面所引的那一段话联系起来，就会使我们很清楚地看到，"自由社"臆想出来的独特的"革命前夜的观点"①是很荒谬的。直截了当地说，独特的"观点"无非就是认为"现在"来议论和准备

―――――――――――
① 《革命前夜》第 62 页。

已经迟了。既然如此,那我就要问问最可敬的反对"文人习气"的先生,您为什么要写132页"论述理论问题①与策略问题"的文章呢?您是不是以为出版132 000份简单地号召"杀呀!"的传单,就更符合"革命前夜的观点"呢?

最不会把革命错过去的,正是像《火星报》那样把全民政治鼓动放在自己全部纲领、**策略和组织工作**的首位的人。在全俄各地从事编织以全俄报纸为中心的组织网的那些人,不仅没有把春季的事件错过去,反而使我们能预料到这些事件。《火星报》第13号和第14号上所记载的那些游行示威[106],他们也没有错过。恰恰相反,他们参加了这些游行示威,他们明确意识到自己有义务去帮助群众的自发高潮,同时用报纸来帮助所有的俄国同志去了解这些游行示威并利用它们的经验。只要他们活着,他们就不会把革命错过去的,革命首先和主要是要我们善于进行鼓动,要我们善于支持(以社会民主党的方式支持)一切抗议,善于指导自发的运动,使之既不为朋友的错误所干扰,又不中敌人的诡计!

于是我们就讲到了最后一个理由,这个理由使我们特别坚决

---

① 顺便说说,尔·纳杰日丁在他的"理论问题评论"中,几乎没有拿出半点关于理论问题的东西来,只是说了下面一段从"革命前夜的观点"看来十分奇怪的议论:"在我们所处的时期,伯恩施坦主义就其整体而言已经失去其尖锐性,正像不管是阿达莫维奇先生能够证明司徒卢威先生应当隐退也好,或者相反,司徒卢威先生能够驳倒阿达莫维奇先生而不同意辞职也好,那都是毫无关系的,因为革命的'时刻'到来了。"(第110页)尔·纳杰日丁极端忽视理论,在这里表现得再明显不过了。我们既然已经宣告了"革命前夜",**所以**正统派是否能彻底击败批评派,那是"毫无关系"的!! 我们的这位才子竟不知道:正是在革命时期我们需要利用同批评派作理论斗争的成果来同他们的**实践**立场作坚决的斗争!

主张围绕全俄报纸即通过一齐为共同的报纸而努力的办法来建立
组织的计划。只有这样来建立组织,才能确保社会民主党的战斗
组织所必需的**灵活性**,即能够立刻适应各种各样迅速变化的斗争
条件,善于"一方面在敌人把全部力量集中于一点的时候避免同
这个占绝对优势的敌人公开作战,另一方面又利用这个敌人的迟
钝,在他最难料到的地点和时间攻其不备"。① 专为应付爆发和街
头斗争,或者专为应付"平凡的日常斗争进程"来建立党的组织,
那是极大的错误。我们应当**时刻**进行我们的日常工作,同时又应
当时刻准备着应付一切情况,因为爆发时期和平静时期的交替往
往是几乎无法预料的,而在可能预料的场合,也不能利用这种预料
来改造组织,因为这种交替在专制制度的国家里发生得异常迅速,
有时竟会由于沙皇的扬尼恰尔[107]一个晚上的袭击而发生。并且
也决不能把革命本身想象为单一的行动(显然,纳杰日丁之流就
是这样想象的),而应当看做是比较激烈的爆发和比较沉寂的平
静的若干次迅速交替的过程。因此,我们党组织的活动的基本内
容,这种活动的中心,应当是不论在最激烈的爆发时期,还是在完
全沉寂的平静时期都可能进行又必须进行的工作,这就是阐明实

---

① 《火星报》第4号所载《从何着手?》一文。纳杰日丁写道:"不是站在革
  命前夜的观点上的革命文化派,是丝毫也不会因长期的工作而感到不
  安的。"(第62页)关于这一点,我们要指出:假使我们不能制定出一种
  政治策略和组织计划,以确定**很长时期的工作**,同时利用**这种长期工
  作的过程**,使我们党在任何意外情况下,在事变进程无论怎样加速的
  情况下,都能坚守自己的岗位,履行自己的职责,那我们就简直会成为
  可怜的政治冒险家。只有从昨天起自命为社会民主党人的纳杰日丁
  才会忘记,社会民主党的目的是要根本改造全人类的生活条件,因此
  社会民主党人决不应当因长期工作的问题而"感到不安"。

际生活的各方面、深入广大群众并在全俄范围内统一进行的政治
鼓动工作。在当前的俄国,没有一个经常出版的全俄报纸,要进行
这种工作**是不可想象的**。在这个报纸周围自然地形成起来的组
织,由这个报纸的**同事**(按这个词的广义来说,即指一切为这个报
纸工作的人)构成的组织,就会真能**应付一切**:从在革命最"低沉"
的时期挽救党的名誉、威望和继承性起,一直到准备、决定和实行
全民武装起义。

事实上,可以想一想我们时常遇到的在一个地方或几个地方全
部遭到破坏的情况。在**所有的**地方组织缺乏**一种**共同的经常工作
时,这样的破坏事件往往会使工作中断好几个月。如果所有的组织
有了一种共同的工作,那么即使遭到最严重的破坏,也只要有两三
个有干劲的人进行几个星期的工作,就能使新的青年小组同总的中
心取得联系,大家知道,这种青年小组甚至目前也在很迅速地产生;
而当这种共同事业虽然遭到破坏,但是大家仍然可以看到它的时候,
新的小组就会更加迅速地产生,并且更加迅速地同中心取得联系。

另一方面,再想一想人民起义。现在大概所有的人都会同意:
我们应当考虑起义并且准备起义。但是**怎样**准备呢? 当然不能由
中央委员会指定代办员到各地去准备起义! 即使我们已经有了中
央委员会,那它在俄国目前的条件下采用这种指定办法,也不会得
到丝毫结果的。相反,在创办和发行共同的报纸的工作过程中自
然形成起来的代办员网①,却不需要"坐待"起义的口号,而会进行

---

① 咳,真糟糕! 我又脱口说出了"代办员"这个刺激马尔丁诺夫之流的民
　　主主义耳朵的可怕名词! 我很奇怪,为什么这个名词没有使70年代的
　　卓越的活动家们感到生气而使90年代的手工业者们感到生气呢? 我
　　喜欢这个名词,因为它明确地指出了一切代办员都应当尽心竭力为之

那种保证它在起义时最可能获得成功的经常性工作。正是这种工作会巩固同最广大的工人群众及一切不满专制制度的阶层的联系,而这对于起义是十分重要的。正是在这种工作的基础上会培养出一种善于正确估计总的政治形势,因而也就善于选择起义的适当时机的能力。正是这种工作会使**所有的**地方组织都习惯于同时对那些激动整个俄国的同样的政治问题、事件和变故作出反应,并且尽可能有力地、尽可能一致地和适当地对这些"变故"作出回答,而事实上起义也就是全体人民对政府的最有力、最一致和最适当的"回答"。最后,正是这种工作会使全俄各地的所有革命组织都习惯于彼此发生一种能使党**在实际上**统一起来的最经常而又最秘密的联系,而没有这种联系,就不可能集体讨论起义计划,不可能在起义前夜采取应该严守秘密的必要的准备措施。

总而言之,"全俄政治报计划"不但不是沾染了学理主义和文人习气的人脱离实际工作的产物(就像那些对它没有很好考虑的人所认为的那样),恰恰相反,它是一个从各方面立刻开始准备起义、同时又丝毫不忘记自己日常的迫切工作的最切实的计划。

服务的**共同事业**;假如必须用另一个名词来代替它,那我也许只会选择"同事"这个名词,只是可惜这个名词会使人感到有点文人习气,并且意思上有点模糊不清。我们所需要的是一个军事化的代办员组织。不过,那些为数甚多的(特别是在国外)、喜欢"互封领袖"的马尔丁诺夫之流,尽可以不说"办护照的代办员",而说"革命家护照供给事务局总办"等等。

结　束　语

俄国社会民主党的历史，可以明显地分为三个时期。

第一个时期包括大约十年，大致是1884—1894年。这是社会民主党的理论和纲领产生和巩固的时期。当时俄国拥护新派别的人还寥寥无几。社会民主党是在没有工人运动的条件下存在的，它作为一个政党当时还处在胚胎发育的过程中。

第二个时期包括三四年，即1894—1898年。这时，社会民主党已经是作为社会运动，作为人民群众的高潮，作为政党出现了。这是它的童年和少年时期。知识分子普遍地热衷于反民粹派的斗争，纷纷到工人中去，工人普遍地热衷于罢工，这就像流行病迅速蔓延一样。运动取得了很大的成绩。大多数领导者都是些很年轻的人，远远不到尼·米海洛夫斯基先生认为是一种天然界限的那个"三十五岁的年纪"。因为年轻，他们对实际工作缺乏修养，很快就退出了舞台。但他们的工作范围大都是很广的。他们中间有许多人开始具有革命思想，是同民意党人一样的。他们在青春早期，差不多全都热烈地崇拜过从事恐怖活动的英雄。当时要抛弃这种英雄传统的令人神往的印象，必须进行斗争，而且必须同那些始终忠于"民意党"而深受年轻的社会民主党人敬重的人决裂。斗争迫使人们学习，阅读各种派别的秘密著作，努力研究合法的民粹主义的问题。在这个斗争中训练出来的社会民主党人参加到工人运动中去,他们"一分钟也"没有忘记启发他们的思想的马克思主义理论以及推翻专制制度的任务。1898年春党的成立,是这一时期社会民主党人所做的最突出的、同时也是**最后的**一件事情。

第三个时期(1898—?),我们已经看到,是在1897年就开始准备的,而在1898年完全代替了第二个时期。这是混乱、瓦解和动摇的时期。人在少年时期,嗓子要发生变化。同样,俄国社会民主党在这个时期,嗓子也发生了变化,它发出一种假嗓,这种假嗓一方面出自司徒卢威和普罗柯波维奇、布尔加柯夫和别尔嘉耶夫等先生的著作,另一方面出自弗·伊—申和尔·姆·、波·克里切夫斯基和马尔丁诺夫的著作。但是向四面走散和向后退却的只是领导者,而运动本身还是继续发展,大步向前迈进。无产阶级的斗争把愈来愈多的工人阶层卷进来了,并且扩展到整个俄国,同时,又间接地促使学生以及其他居民阶层中的民主精神活跃起来。但是领导者的自觉性却在广泛的强大的自发高潮面前屈服了;这时在社会民主党人中间占优势的已经是另外一批活动家,他们几乎纯粹是靠"合法"马克思主义的书刊培养出来的,而群众的自发性要求他们具备的自觉性愈高,这样的书刊也就愈显得不足。领导者不仅在理论方面("批评自由")和实践方面("手工业方式")都落在后面,并且还企图用各种冠冕堂皇的理由来为自己的落后辩护。社会民主主义被合法书刊上的布伦坦诺派和秘密书刊上的尾巴主义者降低为工联主义。《信条》纲领开始实现,特别是在社会民主党人的"手工业方式"使那些非社会民主党的革命派别活跃起来的时候。

因此,假使读者责备我把一个《工人事业》杂志谈得太详细了,那我就要回答说,《工人事业》杂志所以具有"历史"意义,是因为它本身最突出地反映了这第三个时期的"精神"。① 真正能够代表混乱和动摇以及无论对"批评"、对"经济主义"或者对恐怖主义都准备让步的,并不是始终一贯的尔·姆·,而正是随风转舵的克里切夫斯基之流和马尔丁诺夫之流。这个时期的特点并不是什么"绝对原则"的崇拜者傲然轻视实践,而是狭隘的实际主义同完全不关心理论的态度相结合。这个时期的英雄们所干的事情,与其说是直接否认"伟大的字眼",不如说是把它们庸俗化:科学社会主义已经不再是完整的革命理论,而变成了人们"自由地"把各种德国新教科书里的液体掺进去的大杂烩;"阶级斗争"的口号不是推动人们向前去从事日益广泛、日益有力的活动,却成了安慰人心的手段,因为据说"经济斗争是同政治斗争不可分割地联系在一起的";政党的观念不是号召人们去建立战斗的革命家组织,而是去替某种"革命的文牍主义"和玩弄"民主"形式的儿戏作辩护。

　　第三个时期什么时候完结,第四个时期什么时候开始(不管怎样,现在已经有许多征兆预示着它的到来),我们还不知道。这里我们已经从历史的领域转入现在的、一部分是将来的领域。但是我们坚信,第四个时期一定会使战斗的马克思主义巩固起来,俄国社会民主党一定会度过危机而变得更加坚强和更加壮大,机会主义者的后卫队一定会被最革命的阶级的真正的先进部队

---

① 我还可用一句德国谚语来回答:Den Sack schlägt man,den Esel meint man(打的是麻袋,指的是驴子。——编者注),用俄国谚语说就是:打猫吓媳妇。不仅一个《工人事业》杂志,而且**大批的**实际工作者**和理论家**都醉心于时髦的"批评",在自发性问题上颠三倒四,在对于我们的政治任务和组织任务的理解上离开社会民主主义的观点而陷入工联主义的观点。

所"代替"。

　　作为实现这种"代替"的号召,同时也为了把上述一切加以归纳,我们对于"怎么办?"这个问题,可以作这样一个简单的回答:

　　　　　结束第三个时期。

附　　录[108]

《火星报》同《工人事业》杂志
实行统一的尝试

我们还要把《火星报》在组织方面对《工人事业》杂志所采取的并且一贯执行的策略说明一下。这个策略在《火星报》创刊号上《国外俄国社会民主党人联合会的分裂》①一文中,已经作了充分的说明。我们当时立即认定,**真正的**"国外俄国社会民主党人联合会"这个为我们党的第一次代表大会所承认的党的国外代表机关,已经**分裂**成为两个组织,党的代表机关问题成了一个悬案,至于在巴黎国际代表大会上由俄国方面选出两个代表,即由已经分裂的"联合会"的每一部分各选一人参加常设的社会党国际局[109],这只是使这一问题得到暂时的和相对的解决。我们已经声明,《工人事业》杂志实际上是**不正确的**,我们在原则上坚决地站在"劳动解放社"一边,但同时我们不谈分裂的详细情况,并指出了"联合会"在纯粹实际工作方面的功绩。②

由此可见,当时我们的立场在某种程度上是观望等待。我们对当时在大多数俄国社会民主党人中流行的意见作了让步,这种意见

---

① 见《列宁全集》中文第2版增订版第4卷第339—340页。——编者注
② 我们对分裂作出这样的估计,不仅是以我们所看到的书刊为根据,并且是以我们组织中某些到过国外的人在国外所收集的材料为根据。

认为,最坚决反对"经济主义"的人也可以去和"联合会"同心协力地工作,因为"联合会"曾经屡次声明,说它原则上同意"劳动解放社"的立场,似乎并不想在理论和策略的根本问题上保持什么独立的面貌。我们所采取的这种立场的正确性,已经由下面的事实间接证实:差不多在《火星报》创刊号出版的同时(1900 年 12 月),有三个成员退出"联合会"而组成一个所谓"发起团",并向 1.《火星报》组织国外部、2. "社会民主党人"革命组织[110]、3. "联合会"提出建议,说他们愿意充当和解谈判的中介人。前两个组织马上表示同意,**第三个组织却表示拒绝**。固然,去年"统一"代表大会上在一个发言人叙述这些事实的时候,"联合会"的一个主管人曾经声明说,他们拒绝这个建议**只是**由于"联合会"不满意这个发起团的成员。我认为我有责任把这种解释提一下,但我不能不指出,我认为这种解释是不能令人满意的,因为"联合会"既然知道两个组织已经同意进行谈判,那它可以通过另一个中介人或者直接去同这两个组织接洽。

1901 年春天,《曙光》杂志(4 月,第 1 期)和《火星报》(5 月,第 4 号)都同《工人事业》杂志进行了直接论战。① 《火星报》着重抨击《工人事业》杂志的《历史性的转变》,因为这个杂志在它**4 月**的附刊上,即在春季事件已经发生之后,对醉心于恐怖手段和"流血的"号召的倾向表现了动摇。尽管发生了这次论战,"联合会"还是表示同意通过新的"调解团"[111]来恢复和解谈判。于是上述三个组织的代表在 6 月举行了预备代表会议,并制定了以极详细的"原则协议"为基础的协定草案,这个"原则协议"已经由"联合会"在《两个代表大会》一书中,由同盟在《"统一"代表大会文件汇编》一书中公布出来了。

---

① 见《列宁全集》中文第 2 版增订版第 5 卷第 1—10 页。——编者注

　　这个原则协议（或者像大家时常称呼的：六月代表会议决议）的内容极其清楚地表明，我们当时提出了**最坚决地**排斥一般机会主义包括俄国机会主义的一切表现作为实行统一的必要条件。第1条写道："我们反对把机会主义带进无产阶级阶级斗争的任何尝试，这种尝试的表现就是所谓'经济主义'、伯恩施坦主义、米勒兰主义等等。""社会民主党的活动范围包括……同一切反对革命马克思主义的人进行思想斗争"（第4条第3项）；"社会民主党在一切组织活动和鼓动活动范围内，一分钟也不应当忽视俄国无产阶级当前的任务——推翻专制制度"（第5条第1项）；"……不仅要根据雇佣劳动同资本的日常斗争来进行鼓动"（第5条第2项）；"……不承认……纯粹经济斗争和为局部政治要求而斗争的阶段"（第5条第3项）；"……我们认为，批判那些把运动的低级形态的原始性……和狭隘性推崇为……原则的思潮，对运动来说是重要的"（第5条第4项）。即使是完全无关的局外人，只要他稍微仔细地读过这些决议，也能从它们的表述中看出，这些决议所反对的正是机会主义者和"经济派"，正是那些即使只是一分钟忘记了推翻专制制度的任务的人，正是那些承认阶段论，把狭隘性等等推崇为原则的人。谁只要稍微了解"劳动解放社"、《曙光》杂志和《火星报》对《工人事业》杂志进行的论战，那他就一分钟也不会怀疑，这些决议逐条驳斥的正是《工人事业》杂志所陷入的那些错误观点。所以，当"联合会"的一个成员在"统一"代表大会上发表声明，说《工人事业》杂志第10期上的文章并不是由于"联合会"发生了新的"历史性的转变"，而是由于这些决议内容过分"抽象"①

---

① 这种断语在《两个代表大会》第25页上也重复说过。

所引起的时候,一个发言人就完全有权讥笑这种说法。他当时回答说,决议的内容不但不抽象,而且非常具体。只要把这些决议瞧一眼,就可以看出这里是"捉什么人"了。

最后这句话在代表大会上引起了一段颇有代表性的插曲。一方面,波·克里切夫斯基马上抓住了"捉人"这两个字,认为这是把我们这方面的恶意("设置圈套")泄露出来的一种失言,并高声叫喊道:"究竟是在捉什么人呢?"当时普列汉诺夫就以讽刺的口吻问道:"真的,是在捉谁呢?"波·克里切夫斯基当时回答说:"让我来帮不善猜测的普列汉诺夫同志猜测一下吧;我可以向他说明,这里是在捉**《工人事业》杂志编辑部**(全场哈哈大笑)。可是我们没有让人家捉住!"(左边有人插嘴说:这对你们更不利!)另一方面,"斗争"社(调解团)的一个成员发言反对"联合会"对决议提出的修正,想替我们那位发言人辩护,他声明说:"捉人"这个说法显然是在论战激烈时脱口而出的。

至于我,那么我认为,这种"辩护"对使用了这个说法的那位发言人是不利的。我认为"在捉什么人"这句话"开的是玩笑,说的是真话",因为我们向来都责备《工人事业》杂志不坚定和动摇,所以我们当然**是应当**设法把它**捉住**,使得往后再不会发生动摇。这里根本谈不到有什么恶意,因为问题关系到原则上的不坚定性。于是我们就用这样一种同志态度①"捉住了""联合会",以至波·

---

① 其表现就是:我们在六月决议的导言中说,俄国社会民主党整个说来一直是坚持"劳动解放社"的原则的,"联合会"的功绩特别表现在它所进行的出版和组织活动方面。换句话说,我们表示完全愿意忘掉过去的一切,并承认我们那些参加"联合会"的同志们所进行的工作有益处(对事业有益处),**只要**他们完全停止我们"捉住"的那种动摇态度就行了。每一个公正的人,读过六月决议以后,都只会这样理解这些决议。

克里切夫斯基本人以及"联合会"的另一个主管人签署了六月决议。

《工人事业》杂志第 10 期上的那些文章(我们的同志只是在到达代表大会开会地点的时候,即在代表大会开幕前几天,才看到这一期杂志的)清楚地表明,在从夏天到秋天这段时间里,"联合会"中已经发生了新的转变:"经济派"又占了上风,随"风"转舵的编辑部又来为"最明显的伯恩施坦派"和"批评自由"辩护,为"自发性"辩护,并通过马尔丁诺夫之口来鼓吹缩小我们的政治影响范围的"收缩论"了(据说是为了使这种影响本身复杂化)。这就又一次证明了帕尔乌斯所说的一句很中肯的话:无论用什么公式都很难捉住机会主义者,机会主义者很容易赞成**任何**公式,同时也很容易背弃这个公式,因为机会主义恰恰在于缺乏任何明确和坚定的原则。今天机会主义者排斥了**任何**灌输机会主义的企图,排斥了**任何**狭隘性,郑重其事地答应说"一分钟也不忘记推翻专制制度",说"不仅要根据雇佣劳动同资本的日常斗争来进行鼓动"等等。明天他们又会改变说法,借口维护自发性,维护平凡的日常斗争进程,推崇能产生显著结果的要求等等,来玩那套老把戏。"联合会"继续断言说,在第 10 期上的那些文章中,"'联合会'过去和现在都看不出有什么背离代表会议草案的一般原则的异端行为"(《两个代表大会》第 26 页),这种说法只是暴露它完全不能或者不愿意了解意见分歧的实质。

如果目前"联合会"用自己重新转向"经济主义"的行为(第 10 期的文章以及它所提出的修正)**引起了**分裂之后,郑重其事地责备我们,说我们讲他们的功绩的话是**撒谎**(《两个代表大会》第 30 页),那么这种责备当然只能令人发笑。

在《工人事业》杂志第 10 期出版以后,我们只好作这样一个尝试:举行一次普遍的讨论,弄清楚是不是整个"联合会"都对这些文章和它那个编辑部表示同意。"联合会"对我们这种做法特别不满,责备我们企图在"联合会"中散播不和,说我们干涉旁人的事情等等。这种责备显然是没有道理的,因为在一个有点微风就会"转舵"的选举产生的编辑部里,一切都是由风向决定的,而我们当时就在秘密会议上确定这个风向,参加这种会议的除了打算实行统一的那些组织的成员之外,没有任何旁人。用"联合会"名义对六月决议提出的修正,使我们对达成协议所抱的最后一线希望也消失了。这种修正确凿地证明"联合会"已经重新转向"经济主义",证明"联合会"的大多数是对《工人事业》杂志第 10 期的内容表示同意的。他们要求从有关机会主义表现的文句中删去"所谓经济主义"(理由似乎是这几个字"意思不明确",虽然根据这个理由只能得出结论说,必须把这个广泛流行的错误思想的实质更明确地规定一下),还要求把"米勒兰主义"也删掉(虽然波·克里切夫斯基在《工人事业》杂志第 2—3 期合刊第 83—84 页上维护过这个主义,并且在《前进报》上更加公开地维护过这个主义①)。尽管六月决议已经明确地指明,社会民主党的任务是要"领导无产阶级为反对**各种**形式的政治压迫、**经济**压迫和社会压迫而进行的斗争的**一切**表现",因而要求使斗争的所有这一切表现都具有计划性和统一性,然而"联合会"却还加进一些绝对多余的字句,如说"经济斗争是对群众运动的强有力的刺激"(这些字

---

① 该报现在的编辑部、考茨基和《曙光》杂志就这个问题已在《前进报》上展开了论战。我们一定会使俄国读者了解这次论战的[112]。

句本身是无可争论的,但是在狭隘"经济主义"存在的条件下,却只会给人用做种种曲解的借口)。并且,他们还对六月决议提出一种简直是直接缩小"政治"概念的修正,要求删去"一分钟也"(不应当忘记推翻专制制度的目标)这几个字,又要求加上"经济斗争是吸引群众参加积极的政治斗争的**最普遍**适用的手段"这句话。当然,这样一些修正提出之后,我们这方面的所有发言人都相继拒绝发言,认为继续同这些重新转向"经济主义"方面去,并要求保证自己有动摇的自由的人进行谈判,是毫无益处的。

"正是'联合会'认为是保证未来协议的稳固性,即保持《工人事业》杂志的独立面貌及其自主地位的绝对必要条件的东西,《火星报》却认为是阻碍达成协议的绊脚石。"(《两个代表大会》第 25页)这种说法是很不确切的。我们从来也没有侵犯过《工人事业》杂志的自主地位。① 至于《工人事业》杂志面貌的独立性,如果把它理解为在理论和策略的原则问题上的"独立面貌",那我们确实是**无条件地排斥过**的。六月决议中正是无条件地反对**这种**独立面貌的,因为这种"面貌的独立性"在实践上始终是意味着——我们再说一遍——各种各样的动摇,并以这种动摇来维护我们这里盛行的、在党内关系中所不能容忍的混乱状态。《工人事业》杂志通过它第 10 期上的那些文章和它提出的"修正",清楚地表明它想要保持的正是这种面貌的独立性,而这种愿望也就自然地和必然地导致了决裂和宣战。但是,如果《工人事业》杂志的"独立面貌"是意味着把它的作用集中在一定的写作职能上,那么我们大家都

---

① 如果为建立统一组织的共同最高委员会而召集的编辑会议不算是对自主地位的一种约束的话,因为《工人事业》杂志在 6 月份也曾经表示赞成召集这种编辑会议。

是愿意承认的。这种职能的正确分工自然是:1. 学术杂志,2. 政治报纸,3. 通俗的文集和通俗的小册子。《工人事业》杂志只有同意这种分工,才能证明它**真心**愿意彻底抛弃它那些为六月决议所斥责的错误思想;也只有这种分工,才能消除任何发生摩擦的可能性,真正保证协议的稳固性,同时又能成为保证我们的运动达到新高潮和获得新成就的基础。

现在,任何一个俄国社会民主党人都不会怀疑,革命派所以同机会主义派最终决裂,并不是由于什么"组织上的"情况,而正是由于机会主义者想要坚持机会主义的独立面貌,企图继续用克里切夫斯基之流和马尔丁诺夫之流的议论来搞乱人们的头脑。

1902 年 3 月在斯图加特印成　　　　选自《列宁全集》中文第 2 版增订版
单行本　　　　　　　　　　　　　第 6 卷第 1—181 页

对《怎么办?》一书的一个更正¹¹³

我在小册子《怎么办?》第 141 页①上提到的那个"发起团",要求我对他们愿意在国外社会民主党人组织中间进行调解的那段叙述,作如下更正:"该团的三个成员中只有一人在 1900 年底退出了'联合会',其余两人是在 1901 年才退出的,那时他们已经深信已无法使'联合会'同意去和《火星报》国外组织及'社会民主党人革命组织'举行代表会议,而这正是'发起团'建议的。对于这一建议,'联合会'的管理机构起初表示拒绝,说它拒绝举行代表会议的理由是从中调停的'发起团'成员'不够格',并表示愿意去同《火星报》国外组织直接接洽。可是过了不久,'联合会'的管理机构却又通知'发起团'说,它读了《火星报》创刊号上关于'联合会'的分裂的短评之后,已经改变了自己的决定而不愿同《火星报》接洽了。既然如此,那么'联合会'管理机构的一个成员所说'联合会'拒绝举行代表会议**只是**由于不满意'发起团'的成员这番话,又应当作何解释呢? 事实上,'联合会'的管理机构在去年 6 月同意举行代表会议也是令人难以理解的,因为那时《火星报》创刊号上的那篇短评仍然有效,并且《火星报》对'联合会'所持的

---

① 见本书第 184 页。——编者注

怎 么 办?

'否定'态度在六月代表会议以前出版的《曙光》杂志第 1 期和《火星报》第 4 号上表现得更明显。"

尼·列宁

载于 1902 年 4 月 1 日《火星报》
第 19 号

选自《列宁全集》中文第 2 版增订版
第 6 卷第 182—183 页

注　释

1　《火星报》(《Искра》)是第一个全俄马克思主义的秘密报纸,由列宁创
办。创刊号于1900年12月在莱比锡出版,以后各号的出版地点是慕尼
黑、伦敦(1902年7月起)和日内瓦(1903年春起)。参加《火星报》编
辑部的有:列宁、格·瓦·普列汉诺夫、尔·马尔托夫、亚·尼·波特列
索夫、帕·波·阿克雪里罗得和维·伊·查苏利奇。编辑部的秘书起
初是因·格·斯米多维奇,1901年4月起由娜·康·克鲁普斯卡娅担
任。列宁实际上是《火星报》的主编和领导者。他在《火星报》上发表
了许多文章,阐述有关党的建设和俄国无产阶级的阶级斗争的基本问
题,并评论国际生活中的重大事件。

　　《火星报》在国外出版后,秘密运往俄国翻印和传播。《火星报》成
了团结党的力量、聚集和培养党的干部的中心。在俄国许多城市成立
了俄国社会民主工党列宁火星派的小组和委员会。1902年1月在萨马
拉举行了火星派代表大会,建立了《火星报》俄国组织常设局。

　　《火星报》在建立俄国马克思主义政党方面起了重大的作用。在列
宁的倡议和亲自参加下,《火星报》编辑部制定了党纲草案,筹备了俄国
社会民主工党第二次代表大会。这次代表大会宣布《火星报》为党的中
央机关报。

　　根据俄国社会民主工党第二次代表大会的决议,《火星报》编辑部
改由列宁、普列汉诺夫、马尔托夫三人组成。但是马尔托夫坚持保留原
来的六人编辑部,拒绝参加新的编辑部,因此《火星报》第46—51号是
由列宁和普列汉诺夫二人编辑的。后来普列汉诺夫转到了孟什维主义
的立场上,要求把原来的编辑都吸收进编辑部,列宁不同意这样做,于
1903年10月19日(11月1日)退出了编辑部。《火星报》第52号是由

193

普列汉诺夫一人编辑的。1903 年 11 月 13 日（26 日），普列汉诺夫把原来的编辑全部增补进编辑部以后，《火星报》由普列汉诺夫、马尔托夫、阿克雪里罗得、查苏利奇和波特列索夫编辑。因此，从第 52 号起，《火星报》变成了孟什维克的机关报。人们将第 52 号以前的《火星报》称为旧《火星报》，而把孟什维克的《火星报》称为新《火星报》。

　　1905 年 5 月第 100 号以后，普列汉诺夫退出了编辑部。《火星报》于 1905 年 10 月停刊，最后一号是第 112 号。——3。

2　1901 年春天和夏天，由斗争社倡议和从中斡旋，俄国社会民主工党各国外组织（国外俄国社会民主党人联合会、崩得国外委员会、"社会民主党人"革命组织、《火星报》和《曙光》杂志国外部等）举行了关于协议和统一的谈判。为了筹备召开实现统一的代表大会，上述各组织的代表于 1901 年 6 月在日内瓦举行了一次会议，通称六月代表会议或日内瓦代表会议。这次会议通过了一项决议，认为必须在《火星报》的革命原则基础上团结俄国社会民主主义力量和统一社会民主党各国外组织，并谴责了经济主义、伯恩施坦主义、米勒兰主义等形形色色的机会主义。但是国外俄国社会民主党人联合会及其机关刊物《工人事业》杂志在代表会议以后却加紧宣扬机会主义。这突出地表现在 1901 年 9 月《工人事业》杂志第 10 期刊登的波·尼·克里切夫斯基的《原则、策略和斗争》和亚·马尔丁诺夫的《揭露性的刊物和无产阶级的斗争》两篇文章以及联合会第三次代表大会对六月代表会议决议的修正上。在这种情况下，火星派同工人事业派的统一已不可能。

　　俄国社会民主工党国外组织"统一"代表大会于 1901 年 9 月 21—22 日（10 月 4—5 日）在瑞士苏黎世举行。列宁（化名"弗雷"）参加了这次代表大会，并在会上发言揭露了联合会背弃六月代表会议决议的言行（见《列宁全集》中文第 2 版增订版第 5 卷第 245—249 页）。在代表大会宣布了联合会第三次代表大会通过的对六月代表会议决议所作的修正和补充之后，《火星报》和《曙光》杂志组织以及"社会民主党人"革命组织的代表便宣读了一项特别声明，指出代表大会的机会主义多数不能保证政治坚定性，随即退出了代表大会。——3。

3　《工人事业》杂志（《Рабочее Дело》）是俄国经济派的不定期杂志，国外俄国社会民主党人联合会的机关刊物，1899 年 4 月—1902 年 2 月在日内瓦出版,共出了12期(9册)。该杂志的编辑部设在巴黎,担任编辑的有波·尼·克里切夫斯基、帕·费·捷普洛夫、弗·巴·伊万申和亚·萨·马尔丁诺夫。该杂志支持所谓"批评自由"这一伯恩施坦主义口号,在俄国社会民主党的策略和组织问题上持机会主义立场。聚集在《工人事业》杂志周围的经济主义的拥护者形成工人事业派。工人事业派宣扬无产阶级政治斗争应服从经济斗争的机会主义思想,崇拜工人运动的自发性,否认党的领导作用。他们还反对列宁关于建立严格集中和秘密的组织的思想,维护所谓"广泛民主"的原则。《工人事业》杂志支持露骨的经济派报纸《工人思想报》,该杂志的编辑之一伊万申参加了这个报纸的编辑工作。在俄国社会民主工党第二次代表大会上,工人事业派是党内机会主义极右派的代表。——3。

4 《工人报》(《Рабочая Газета》)是基辅社会民主党人小组的秘密报纸,波·李·埃杰尔曼、巴·卢·图恰普斯基、尼·阿·维格多尔契克等任编辑,在基辅出版。共出过两号:第1号于1897年8月出版;第2号于同年12月(报纸上印的日期是11月)出版。图恰普斯基曾受编辑部委派出国同劳动解放社建立联系,得到了格·瓦·普列汉诺夫等给报纸撰稿的许诺。《工人报》和彼得堡工人阶级解放斗争协会也有联系。《工人报》参与了1898年3月召开的俄国社会民主工党第一次代表大会的筹备工作,并被这次代表大会承认为党的正式机关报。代表大会以后不久,《工人报》的印刷所被警察破获和捣毁,已编好待发排的第3号没能出版。1899年该报试图复刊,没有成功。——4。

5 拉萨尔派和爱森纳赫派是19世纪60年代和70年代初期德国工人运动中的两个派别。

拉萨尔派是全德工人联合会的成员,德国小资产阶级社会主义者斐·拉萨尔的拥护者,主要代表人物是约·巴·冯·施韦泽、威·哈森克莱维尔、威·哈赛尔曼等。全德工人联合会在1863年于莱比锡召开的全德工人代表大会上成立;拉萨尔是它的第一任主席,他为联合会制定了纲领和策略基础。拉萨尔派反对暴力革命,认为只要进行议会斗争,争取普选权,就可以把普鲁士君主国家变为"自由的人民国家";主张在国家帮助下建立生产合作社,把资本主义和平地改造为社会主义;支持俾斯麦所奉行的在普鲁士领导下"自上而下"统一德国的政策。马克思和恩格斯曾多次尖锐地批判拉萨尔派的理论、策略和组织原则,指出它是德国工人运动中的机会主义派别。

爱森纳赫派是德国社会民主工党的成员。该党是在奥·倍倍尔和威·李卜克内西领导下,于 1869 年在爱森纳赫代表大会上成立的,曾参加第一国际。由于经常接受马克思和恩格斯的指导,爱森纳赫派执行了比较彻底的革命政策,尤其是在德国统一的问题上一贯坚持民主的和无产阶级的道路。

拉萨尔派和爱森纳赫派于 1875 年在哥达代表大会上合并为统一的德国社会主义工人党。——6。

6 盖得派和可能派是法国社会主义运动中的两个派别。

盖得派是 19 世纪 80 年代至 20 世纪初法国社会主义运动中以茹·盖得为首的一个派别,基本成员是 19 世纪 70 年代末期团结在盖得创办的《平等报》周围的进步青年知识分子和先进工人。1879 年组成了法国工人党。1880 年 11 月在勒阿弗尔代表大会上制定了马克思主义纲领。在米勒兰事件上持反对加入资产阶级内阁的立场。1901 年与其他反入阁派一起组成法兰西社会党。盖得派为在法国传播马克思主义作出重要贡献,但它的一些领导人对马克思主义的认识犯有片面性和教条主义的错误。

可能派是 19 世纪 80 年代至 20 世纪初法国社会主义运动中以保·布鲁斯等人为首的机会主义派别。该派起初是法国工人党中改良主义的一翼,1882 年法国工人党分裂后称为社会主义革命工人党,1883 年改称法国劳动社会联盟。该派否定无产阶级的革命纲领和革命策略,模糊工人运动的社会主义目的,主张把工人阶级的活动限制在资本主义制度下"可能"办到的范围内,因此有"可能派"之称。1902 年,可能派同其他一些改良主义派别一起组成了以让·饶勒斯为首的法国社会党。

1905 年,法兰西社会党和法国社会党合并,统称法国社会党(工人国际法国支部)。——6。

7 费边派是 1884 年成立的英国改良主义组织费边社的成员,多为资产阶级知识分子,代表人物有悉·韦伯、比·韦伯、拉·麦克唐纳、肖伯纳、赫·威尔斯等。费边·马克西姆是古罗马统帅,以在第二次布匿战争

（公元前 218—前 201 年）中采取回避决战的缓进待机策略著称。费边
社即以此人名字命名。费边派虽然认为社会主义是经济发展的必然结
果，但只承认演进的发展道路。他们反对马克思主义的阶级斗争和无
产阶级革命学说，鼓吹通过细微的改良来逐渐改造社会，宣扬所谓"地
方公有社会主义"（又译"市政社会主义"）。1900 年费边社加入工党
（当时称劳工代表委员会），但仍保留自己的组织。在工党中，它一直起
制定纲领原则和策略原则的思想中心的作用。第一次世界大战期间，
费边派采取社会沙文主义立场。关于费边派，参看列宁《社会民主党在
1905—1907 年俄国第一次革命中的土地纲领》第 4 章第 7 节和《英国的
和平主义和英国的不爱理论》（《列宁全集》中文第 2 版增订版第 16 卷
和第 26 卷）。

　　社会民主党人是指英国的社会民主联盟（S.D.F.）的参加者。社会
民主联盟是英国的社会主义组织，于 1884 年 8 月在民主联盟的基础上
成立。参加联盟的除改良主义者（亨·迈·海德门等）和无政府主义者
外，还有一批革命的社会民主党人即马克思主义的拥护者（哈·奎尔
奇、汤·曼、爱·艾威林、爱琳娜·马克思等），他们构成了英国社会主
义运动的左翼。恩格斯曾尖锐地批评社会民主联盟有教条主义和宗派
主义倾向，脱离英国群众性的工人运动并且忽视这一运动的特点。
1884 年秋联盟发生分裂，联盟的左翼在 1884 年 12 月成立了独立的组
织——社会主义同盟。1907 年，社会民主联盟改称英国社会民主党。
1911 年，该党与独立工党中的左派一起组成了英国社会党。1920 年，
社会党的大部分党员参加了创立英国共产党的工作。——6。

8　民意党人是民意党的成员。民意党是俄国土地和自由社分裂后产生的
革命民粹派组织，于 1879 年 8 月建立。主要领导人是安·伊·热里雅
鲍夫、亚·德·米哈伊洛夫、米·费·弗罗连柯、尼·亚·莫罗佐夫、
维·尼·菲格涅尔、亚·亚·克维亚特科夫斯基、索·李·佩罗夫斯卡
娅等。该党主张推翻专制制度，在其纲领中提出了广泛的民主改革的
要求，如召开立宪会议，实现普选权，设置常设人民代表机关，实行言
论、信仰、出版、集会等自由和广泛的村社自治，给人民以土地，给被压
迫民族以自决权，用人民武装代替常备军等。但是民意党人把民主革
命的任务和社会主义革命的任务混为一谈，认为在俄国可以超越资本

主义,经过农民革命走向社会主义,并且认为俄国主要革命力量不是工人阶级而是农民。民意党人从积极的"英雄"和消极的"群氓"的错误理论出发,采取个人恐怖的活动方式,把暗杀沙皇政府的个别代表人物作为推翻沙皇专制制度的主要手段。他们在1881年3月1日(13日)刺杀了沙皇亚历山大二世。由于理论上、策略上和斗争方法上的错误,在沙皇政府的严重摧残下,民意党在1881年以后就瓦解了。——6。

9　内阁派是主张社会党人参加资产阶级政府的机会主义流派。因法国社会党人亚·埃·米勒兰于1899年参加瓦尔德克-卢梭的资产阶级政府,所以这种机会主义策略也被称为米勒兰主义。1900年9月23—27日在巴黎举行的第二国际第五次代表大会讨论了米勒兰主义问题。大会通过了卡·考茨基提出的调和主义决议。这个决议虽谴责社会党人参加资产阶级政府,但却认为在"非常"情况下可以这样做。法国社会党人和其他国家的社会党人就利用这项附带条件为他们在第一次世界大战期间参加帝国主义资产阶级政府的行为辩护。列宁认为米勒兰主义是一种修正主义和叛卖行为,社会改良主义者参加资产阶级政府必定会充当资本家的傀儡,成为这个政府欺骗群众的工具。——6。

10　伯恩施坦派是国际工人运动中的修正主义派别,产生于19世纪末20世纪初。爱·伯恩施坦的《社会主义的前提和社会民主党的任务》(1899年)一书是对伯恩施坦派思想体系的全面阐述。伯恩施坦派在哲学上否定辩证唯物主义和历史唯物主义,用庸俗进化论和诡辩论代替革命的辩证法;在政治经济学上修改马克思主义的剩余价值学说,竭力掩盖帝国主义的矛盾,否认资本主义制度的经济危机和政治危机;在政治上鼓吹阶级合作和资本主义和平长入社会主义,传播改良主义和机会主义思想,反对马克思主义的阶级斗争学说,特别是无产阶级革命和无产阶级专政的学说。伯恩施坦派得到德国社会民主党右翼和第二国际其他一些政党的支持。在俄国,追随伯恩施坦派的有合法马克思主义者、经济派等。——6。

11　密纳发从丘必特的脑袋里钻出来一语源于古罗马的神话传说。密纳发是罗马神话中的智慧女神,相当于希腊神话中的雅典娜;丘必特是罗马神话中的最高天神,相当于希腊神话中的宙斯。据古罗马神话故事,密纳发从丘必特脑袋里一生下来,就身着盔甲,手执长矛,全副武装。后来,人们常用"像密纳发从丘必特脑袋里钻出来一样"来比喻某人或某事从一开始就完美无缺。——7。

12 指俄国作家伊·安·克雷洛夫的寓言《两只桶》。寓言说,有两只桶在路上滚。一只桶里装着酒,稳稳当当地前进。另一只桶是空的,一路上隆隆作响。尽管空桶发出的声音十分响亮,却不像第一只桶那么有分量。——9。

13 国外俄国社会民主党人联合会是根据劳动解放社的倡议,在全体会员承认劳动解放社纲领的条件下,于1894年在日内瓦成立的。联合会为俄国国内出版书刊,它的出版物全部由劳动解放社负责编辑。1896—1899年联合会出版了不定期刊物《工作者》文集和《〈工作者〉小报》。1898年3月,俄国社会民主工党第一次代表大会承认联合会是党的国外代表机关。1898年底,经济派在联合会里占了优势。1898年11月,在苏黎世召开的联合会第一次代表大会上,劳动解放社声明,除《工作者》文集以及列宁的《俄国社会民主党人的任务》和《新工厂法》两个小册子外,拒绝为联合会编辑出版物。联合会从1899年4月起出版《工人事业》杂志,由经济派分子担任编辑。1900年4月,在日内瓦举行的联合会第二次代表大会上,劳动解放社的成员以及与其观点一致的人正式退出联合会,成立了独立的"社会民主党人"革命组织。此后,联合会和《工人事业》杂志就成了经济主义在俄国社会民主党内的代表。1903年,根据俄国社会民主工党第二次代表大会的决议,联合会宣布解散。——10。

14 《曙光》杂志(《Заря》)是俄国马克思主义的科学政治刊物,由《火星报》编辑部编辑,1901—1902年在斯图加特出版,共出了4期(第2、3期为合刊)。第5期已准备印刷,但没有出版。杂志宣传马克思主义,批判民粹主义和合法马克思主义、经济主义、伯恩施坦主义等机会主义思潮。——10。

15 山岳派和吉伦特派是18世纪末法国资产阶级革命时期的两个政治派别。山岳派又称雅各宾派,是法国国民公会中的左翼民主主义集团,以

其席位在会场的最高处而得名。该派代表中小资产阶级的利益,主张
铲除专制制度和封建主义,其领袖是马·罗伯斯比尔、让·保·马拉、
若·雅·丹东、安·路·圣茹斯特等。吉伦特派代表共和派的大工商
业资产阶级和农业资产阶级的利益,主要是外省资产阶级的利益。该
派许多领导人在立法议会和国民公会中代表吉伦特省,因此而得名。
吉伦特派的领袖是雅·皮·布里索、皮·维·维尼奥、罗兰夫妇、让·
安·孔多塞等。该派主张各省自治,成立联邦。吉伦特派动摇于革命
和反革命之间,走同王党勾结的道路。列宁称革命的社会民主党人为
山岳派,即无产阶级的雅各宾派,而把社会民主党内的机会主义派别称
为社会民主的吉伦特派。在俄国社会民主工党分裂为布尔什维克和
孟什维克之后,列宁经常强调指出,孟什维克是工人运动中的吉伦特
派。——10。

16　立宪民主党人是俄国自由主义君主派资产阶级的主要政党立宪民主党
的成员。立宪民主党(正式名称为人民自由党)于 1905 年 10 月成立。
中央委员中多数是资产阶级知识分子、地方自治人士和自由派地主。
主要活动家有帕·尼·米留可夫、谢·安·穆罗姆采夫、瓦·阿·马克
拉柯夫、安·伊·盛加略夫、彼·伯·司徒卢威、约·弗·盖森等。立
宪民主党提出一条与革命道路相对抗的和平的宪政发展道路,主张俄
国实行立宪君主制和资产阶级的自由。在土地问题上,主张将国家、皇
室、皇族和寺院的土地分给无地和少地的农民;私有土地部分地转让,
并且按"公平"价格给予补偿;解决土地问题的土地委员会由同等数量
的地主和农民组成,并由官员充当他们之间的调解人。1906 年春,曾同
政府进行参加内阁的秘密谈判,后来在国家杜马中自命为"负责任的反
对派"。第一次世界大战期间,支持沙皇政府的掠夺政策,曾同十月党
等反动政党组成"进步同盟",要求成立责任内阁,即为资产阶级和地主
所信任的政府,力图阻止革命并把战争进行到最后胜利。二月革命后,
立宪民主党在资产阶级临时政府中居于领导地位,竭力阻挠土地问题、
民族问题等基本问题的解决,并奉行继续帝国主义战争的政策。七月
事变后,支持科尔尼洛夫叛乱,阴谋建立军事独裁。十月革命胜利后,
苏维埃政府于 1917 年 11 月 28 日(12 月 11 日)宣布立宪民主党为"人
民公敌的党"。该党随之转入地下,继续进行反革命活动,并参与白卫

将军的武装叛乱。国内战争结束后,该党上层分子大多数逃亡国外。1921年5月,该党在巴黎召开代表大会时分裂,作为统一的党不复存在。——10。

17 无题派是指1906年在彼得堡出版的《无题》周刊的组织者和参加者——谢·尼·普罗柯波维奇、叶·德·库斯柯娃、瓦·雅·鲍古查尔斯基、维·韦·波尔土加洛夫、瓦·瓦·希日尼亚科夫等人。无题派是一批原先信奉合法马克思主义和经济主义、后来参加了解放社的俄国资产阶级自由派知识分子,他们公开宣布自己是西欧"批判社会主义"的拥护者,支持孟什维克和立宪民主党人。列宁称无题派为孟什维克化的立宪民主党人或立宪民主党人化的孟什维克。无题派在《无题》周刊停刊后集结在左派立宪民主党的《同志报》周围。——10。

18 指像俄国历史学家德·伊·伊洛瓦伊斯基那样研究历史。伊洛瓦伊斯基把历史主要归结为帝王将相的活动,用种种次要的和偶然的事件来解释历史过程。——11。

19 反社会党人非常法(反社会党人法)即《反社会民主党企图危害治安法》,是德国俾斯麦政府从1878年10月21日起实行的镇压工人运动的反动法令。这个法令规定取缔德国社会民主党和一切进步工人组织,查封工人刊物,没收社会主义书报,并可不经法律手续把革命者逮捕和驱逐出境。在反社会党人非常法实施期间,有1000多种书刊被查禁,300多个工人组织被解散,2000多人被监禁和驱逐。在工人运动的压力下,反社会党人非常法于1890年10月1日被废除。——12。

20 指1877年5月27—29日在哥达举行的德国社会主义工人党代表大会。
这年1—5月,恩格斯在该党中央机关报《前进报》上发表了一组批判欧·杜林的文章(《反杜林论》第1编)。这引起了杜林分子的激烈反对。他们在这次代表大会上企图禁止《前进报》继续发表恩格斯的反对杜林的文章。代表大会没有接受他们的意见,但从实际考虑,决定今后不在《前进报》正刊而在其附刊上继续对各种理论问题展开争论。所以,《反杜林论》第2、3编是在《前进报》附刊上发表的。——12。

21 《前进报》(«Vorwärts»)是德国社会民主党的中央机关报(日报),1876

年10月在莱比锡创刊,编辑是威·李卜克内西和威·哈森克莱维尔。1878年10月反社会党人非常法颁布后被查禁。1890年10月反社会党人非常法废除后,德国社会民主党哈雷代表大会决定把1884年在柏林创办的《柏林人民报》改名为《前进报》(全称是《前进。柏林人民报》),从1891年1月起作为中央机关报在柏林出版,由李卜克内西任主编。恩格斯曾为《前进报》撰稿,同机会主义的各种表现进行斗争。1895年恩格斯逝世以后,《前进报》逐渐转入党的右翼手中。它支持过俄国的经济派和孟什维克。第一次世界大战期间持社会沙文主义立场。俄国十月革命以后,进行反对苏维埃的宣传。1933年停刊。——12。

22 讲坛社会主义者是19世纪70—90年代资产阶级思想流派的代表人物。这些人主要是德国的大学教授,他们在大学的讲坛上宣扬资产阶级改良主义。主要代表人物有阿·瓦格纳、古·施穆勒、路·布伦坦诺、卡·毕歇尔、韦·桑巴特等人。他们认为国家是超阶级的组织,鼓吹资产阶级和无产阶级之间的阶级和平,主张不触动资本家的利益,逐步实行"社会主义"。因此,讲坛社会主义的纲领仅局限于提出一些社会改良措施,如设立工人疾病和伤亡事故保险等,目的在于削弱阶级斗争,消除革命以及社会民主党人的影响,使工人同反动的普鲁士国家和解。马克思和恩格斯对讲坛社会主义进行了坚持不懈的斗争,揭露了它反动和反科学的性质。讲坛社会主义是修正主义的思想来源之一。在俄国,合法马克思主义者宣扬讲坛社会主义的改良主义思想。——12。

23 此处是借用俄国作家尼·瓦·果戈理的小说《死魂灵》中的话。诺兹德列夫是《死魂灵》中的一个惯于信口开河、吹牛撒谎的无赖地主。他到处招摇撞骗,惹是生非。果戈理称他为"故事性的"人物,因为他每到一处,都要闹出点"故事"来。——13。

24 汉诺威决议是指1899年10月9—14日德国社会民主党在汉诺威举行的代表大会就"对党的基本观点和策略的攻击"问题通过的决议。代表大会之所以讨论这个问题并通过这项专门的决议,是因为以爱·伯恩施坦为首的修正主义者要修改马克思主义理论,并要求重新审查社会民主党的革命政策和策略。奥·倍倍尔就这个问题作了报告。列宁给予这个报告以高度评价(见《列宁全集》中文第 2 版增订版第 23 卷《奥古斯特·倍倍尔》一文)。代表大会以绝对多数票通过了倍倍尔提出的决议。该决议指出:"资产阶级社会的发展至今并未提供任何理由使党放弃或改变自己对它的基本看法。党一如既往立足于阶级斗争,而根据这一点,工人阶级的解放只能是工人阶级本身的事业。因此,党认为工人阶级的历史任务是夺取政权,以便借助于政权,通过生产工具社会化和实行社会主义的生产与交换方式来保障最普遍的幸福生活。"在不拒绝与资产阶级各政党为达到一定的实际目标而进行暂时联合的同时,"党任何时候在自己全部活动中都完全保持独立自主,并把所取得的每一成就只看成是使它接近它的最终目标的一步"。决议最后写道:"党没有任何理由要改变自己的主要要求和基本观点,或改变自己的策略和名称……党坚决反对模糊或改变党对待现存国家制度、社会制度以及资产阶级政党的态度的一切尝试。"

汉诺威决议虽然否决了修正主义者的要求,但没有对伯恩施坦主义及其代表人物进行有力的批判。这引起了左派社会民主党人(罗·卢森堡等)的不满。伯恩施坦的拥护者也对这个决议投了赞成票。——13。

25 吕贝克决议是指 1901 年 9 月 22—28 日德国社会民主党在吕贝克举行的代表大会通过的决议。这次代表大会最为关注的是同修正主义作斗争的问题。当时修正主义已经最终形成,既有自己的纲领,也有自己的机关刊物(《社会主义月刊》)。修正主义者的首领爱·伯恩施坦在代表大会上发言,要求对马克思主义有"批评自由"。吕贝克代表大会就伯恩施坦问题展开了辩论,并以多数票通过决议,指出:"党代表大会无保留地承认自我批评对于我党在思想上的继续发展是必要的。但是,伯恩施坦同志最近一些年来完全片面地从事这种批评,而对资产阶级社会及其代表却不加批评,这种做法使他处于一种暧昧地位并引起党内大部分同志的不满。"尽管在吕贝克决议中对伯恩施坦提出了直接的警告,但由于多数领袖采取调和主义立场,大会没有在原则上提出修正主义者不得留在社会民主党内的问题。——13。

26 指德国社会民主党斯图加特代表大会。

德国社会民主党斯图加特代表大会于 1898 年 10 月 3—8 日在斯

图加特举行。这次代表大会第一次讨论了德国社会民主党内的修正主义问题。侨居国外的爱·伯恩施坦给大会寄来一份专门声明,为他以前在《新时代》杂志上发表的题为《社会主义问题》的一组文章中的机会主义观点辩护。代表大会宣读了他的这份声明。从代表大会的讨论中看到,反对伯恩施坦的人的意见是不一致的。以奥·倍倍尔、卡·考茨基为首的一部分人害怕党的分裂,力主把反对伯恩施坦主义的原则斗争同小心谨慎的党内策略结合起来;以罗·卢森堡、亚·李·帕尔乌斯为首的一部分人持比较坚决的立场,主张开展广泛深入的辩论,不怕分裂,他们在代表大会上处于少数地位。大会没有就此问题作出任何决议。会后,在该党的报刊上展开了辩论。——13。

27　斯塔罗韦尔(亚·尼·波特列索夫)在《发生了什么事情?》一文(载于1901年4月《曙光》杂志第1期)中说:"为什么在我们的土地上,马克思主义中的臭名远扬的'改良派'(指伯恩施坦)的怀疑论比在任何地方获得的成就都大? 同时为什么在俄罗斯,这种理论的隐蔽的拥护者这么多,公开的拥护者这么少? 伯恩施坦主义就像不可告人的暗疾,得了这种病通常是不好大声坦白承认的。"——14。

28　自命不凡的作家是俄国作家阿·马·高尔基的一篇短篇小说的标题。——16。

29　列宁在这里指的是他自己写的《民粹主义的经济内容及其在司徒卢威先生的书中受到的批评(马克思主义在资产阶级著作中的反映)》和《〈十二年来〉文集序言》(见《列宁全集》中文第2版增订版第1卷和第16卷)。1894年秋,列宁在彼得堡革命马克思主义者和合法马克思主义者代表参加的一次讨论会上,作了题为《马克思主义在资产阶级著作中的反映》的报告。上述文章就是在这个报告的基础上于1894年底至1895年初写成的。此文最初用克·土林的笔名刊载于1895年4月出版的《说明我国经济发展状况的资料》文集。1907年底,列宁把这篇文章编入了《十二年来》文集。在《〈十二年来〉文集序言》中,列宁说明了这篇文章写作的历史背景和经过。

　　《说明我国经济发展状况的资料》文集,即下段正文中提到的《俄国经济发展问题的资料》,于1895年4月由公开的印刷所印了2 000册。

除列宁的上述文章外,文集还收入了格·瓦·普列汉诺夫的《悲观论是经济现实的反映》、《向我们的论敌进一言(俄国著作界的文明史资料)》,彼·伯·司徒卢威的《致我的批评者》以及其他文章。沙皇政府先是禁止该文集发行,一年后又将其没收焚毁。保存下来的仅有100册,在彼得堡等城市的社会民主党人手中秘密传阅。——16。

30 赫罗斯特拉特是公元前4世纪希腊人。据传说,他为了扬名于世,在公元前356年纵火焚毁了被称为世界七大奇观之一的以弗所城阿尔蒂米斯神殿。后来,赫罗斯特拉特的名字成了不择手段追求名声的人的通称。——17。

31 指爱·伯恩施坦的《社会主义的前提和社会民主党的任务》一书。该书于1901年出了三种俄文译本,书名互不相同:(1)《历史唯物主义》,莉·坎采尔译,圣彼得堡知识出版社出版(这个译本在一年内出了两版);(2)《社会问题》,彼·谢·科甘译,莫斯科康恰洛夫斯基出版社出版;(3)《社会主义问题和社会民主党的任务》,K.Я.布特科夫斯基译,莫斯科叶菲莫夫出版社出版。——18。

32 谢·瓦·祖巴托夫向工人推荐爱·伯恩施坦和谢·尼·普罗柯波维奇的著作一事,是署名"一位原经济主义者"的读者给《火星报》编辑部的信中揭露的。尔·马尔托夫在《再论当前的政治腐蚀》一文(载于1901年11月《火星报》第10号)中,引用了这封信中的材料。——18。

33 《信条》是经济派于1899年写的一个文件。它极其鲜明地反映了经济派的观点。《信条》的作者叶·德·库斯柯娃当时是国外俄国社会民主党人联合会成员。

列宁在西伯利亚流放地收到他姐姐安·伊·乌里扬诺娃-叶利扎罗娃从彼得堡寄来的《信条》之后,于1899年8月在米努辛斯克专区叶尔马科夫斯克村召集被流放的马克思主义者开会讨论了经济派的这个文件和他起草的《俄国社会民主党人抗议书》(见《列宁全集》中文第2版增订版第4卷)。与会者17人一致通过并签署了这个《抗议书》,所以也称17人抗议书。《抗议书》引用了《信条》的全文。——18。

34 《往事》杂志(«Былое»)是俄国历史刊物,主要研究民粹主义和更早的社会运动(十二月党人、彼得拉舍夫斯基派等)的历史。该杂志由弗·李·布尔采夫创办,1900—1904 年在伦敦和巴黎出版了 6 期。1906—1907 年,该杂志在彼得堡出版(月刊),编辑是瓦·雅·鲍古查尔斯基和帕·叶·晓戈列夫,布尔采夫也参加编辑工作。1907 年该杂志被沙皇政府查封后,为代替杂志第 11、12 期出版了历史文集《我们的国家》。1908 年改出《过去的年代》杂志,1909 年改为历史文集《过去》。1908 年布尔采夫恢复了《往事》杂志的国外版(巴黎),一直出到 1912 年。在俄国,《往事》杂志于 1917 年 7 月在彼得格勒复刊。十月革命后由晓戈列夫担任编辑继续出版,1926 年停刊。——18。

35 《工人思想报》(《Рабочая Мысль》)是俄国经济派的报纸,1897 年 10 月—1902 年 12 月先后在彼得堡、柏林、华沙和日内瓦等地出版,共出了 16 号。头几号由"独立工人小组"发行,从第 5 号起成为彼得堡工人阶级解放斗争协会的机关报。参加该报编辑部的有尼·尼·洛霍夫(奥尔欣)、康·米·塔赫塔廖夫、弗·巴·伊万申、阿·亚·雅库波娃等人。该报号召工人阶级为争取狭隘经济利益而斗争。它把经济斗争同政治斗争对立起来,认为政治斗争不在无产阶级任务之内,反对建立马克思主义的无产阶级政党,主张成立工联主义的合法组织。它贬低革命理论的意义,认为社会主义意识可以从自发运动中产生。列宁在《俄国社会民主党中的倒退倾向》(见《列宁全集》中文第 2 版增订版第 4 卷)等著作中批判了《工人思想报》的观点。——19。

36 指《〈工人事业〉杂志编辑部指南》。这是一本揭露俄国社会民主党人队伍中的机会主义、主要是国外俄国社会民主党人联合会及其机关刊物《工人事业》杂志编辑部的经济主义观点的资料汇编,由格·瓦·普列汉诺夫编辑、作序,劳动解放社于 1900 年 2 月在日内瓦出版。——19。

37 《宣言书》是基辅委员会在 1899 年起草的一份传单。这份传单表明了基辅委员会的机会主义观点,其内容有很多地方和经济派的《信条》相同。列宁在《论〈宣言书〉》一文(见《列宁全集》中文第 2 版增订版第 4 卷)中对这个文件进行了批判。列宁原打算在征得基辅委员会的同意后把《宣言书》连同他的《论〈宣言书〉》一起发表,但因基辅委员会不赞成而未果。——19。

38　《〈工人思想报〉增刊》是俄国经济派报纸《工人思想报》编辑部于 1899 年 9 月出版的一本小册子。这本小册子,特别是其中署名尔·姆·的《我的实际情况》一文,公开散布机会主义观点。列宁在《俄国社会民主党中的倒退倾向》一文(见《列宁全集》中文第 2 版增订版第 4 卷)中对这本小册子进行了批判。——22。

39　《关于恢复"劳动解放社"出版物的声明》是劳动解放社在 1899 年 10 月下旬收到列宁写的《俄国社会民主党人抗议书》之后,于 12 月由帕·波·阿克雪里罗得起草、格·瓦·普列汉诺夫定稿的一个文件。在这个声明中,劳动解放社表示完全赞同《抗议书》提出的对俄国和国际社会民主党队伍中的机会主义进行坚决斗争的号召。声明于 1900 年初印成单页发表,并收入《〈工人事业〉杂志编辑部指南》一书的《附录》。声明所阐述的纲领,直到《火星报》和《曙光》杂志出版才得到实现。

　　劳动解放社是俄国第一个马克思主义团体,由格·瓦·普列汉诺夫和维·伊·查苏利奇、帕·波·阿克雪里罗得、列·格·捷依奇、瓦·尼·伊格纳托夫于 1883 年 9 月在日内瓦建立。劳动解放社把马克思主义创始人的许多重要著作译成俄文,在国外出版后秘密运到俄国,对马克思主义在俄国的传播起了巨大作用。普列汉诺夫当时写的《社会主义与政治斗争》、《我们的意见分歧》、《论一元论历史观之发展》等著作有力地批判了民粹主义,用马克思主义的观点分析了俄国社会的现实和俄国革命的一些基本问题。普列汉诺夫起草的劳动解放社的两个纲领草案——1883 年的《社会民主主义的劳动解放社纲领》和 1885 年的《俄国社会民主党人纲领草案》,对于俄国社会民主党的建立具有重要意义,后一个纲领草案的理论部分包含了马克思主义政党纲领的基本成分。劳动解放社在团结俄国社会民主党的力量方面也做了许多工作。它还积极参加社会民主党人的国际活动,和德、法、英等国的社会民主党都有接触。劳动解放社以普列汉诺夫为代表对伯恩施坦主义进行了积极的斗争,在反对俄国的经济派方面也起了重要作用。恩格斯曾给予劳动解放社的活动以高度评价(参看《马克思恩格斯选集》第 3 版第 4 卷第 574 页)。列宁认为劳动解放社的历史意义在于它从理论上为俄国社会民主党奠定了基础,向着工人运动迈出了第一步。劳动解放社的主要缺点是:它没有和工人运动结合起来,它的成员对俄国资本主义发展的特点缺乏具体分析,对建立不同于第二国际各党的新型政党的特殊任务缺乏认识等。劳动解放社于1903年8月在俄国社会民主工党第二次代表大会上宣布解散。——23。

40 指国外俄国社会民主党人联合会第三次代表大会。

国外俄国社会民主党人联合会第三次代表大会于1901年9月下半月在苏黎世举行。这次代表大会的决议表明,机会主义在联合会里取得了最终胜利。大会对1901年六月代表会议决议(俄国社会民主工党各国外组织的原则协议)作了带有明显的机会主义性质的修正和补充。这就预先决定了在这次代表大会几天以后举行的俄国社会民主工党国外组织"统一"代表大会的失败。第三次代表大会还批准了《给〈工人事业〉杂志编辑部的指示》,这个指示只字不提国际社会民主运动和俄国社会民主运动中革命倾向和机会主义倾向的斗争,不提批判修正主义和论证马克思主义革命本质的必要性。——23。

41 但愿你们拉也拉不完! 这句话出自俄罗斯民间故事《十足的傻瓜》。傻瓜伊万努什卡经常说些不合时宜的话,因此而挨揍。一次,他看到农民在脱粒,叫喊道:"你们脱三天,只能脱三粒!"为此他挨了一顿打。傻瓜回家向母亲哭诉,母亲告诉他:"你应该说,但愿你们打也打不完,运也运不完,拉也拉不完!"第二天,傻瓜看到人家送葬,就叫喊道:"但愿你们运也运不完,拉也拉不完!"结果又挨了一顿打。——24。

42 哥达纲领即德国社会主义工人党纲领。这个纲领是在德国工人运动中的两派——爱森纳赫派(1869年成立的社会民主工党)和拉萨尔派(1863年成立的全德工人联合会)——于1875年5月在哥达举行的合并代表大会上通过的。哥达纲领比爱森纳赫派的纲领倒退了一步,它是爱森纳赫派不惜一切代价追求合并、向拉萨尔派作了无原则的妥协和让步的产物。纲领宣布党的目的是解放工人阶级和建立社会主义社会,但是回避了社会主义革命和无产阶级夺取政权的问题,并写进了拉萨尔主义的一系列论点,如所谓"铁的工资规律",所谓对无产阶级说来其他一切阶级都是反动的一帮,工人阶级只有通过普选权和由国家帮助建立生产合作社才能达到自己的目的,应当用一切合法手段建立所谓"自由的人民国家"等。马克思和恩格斯对哥达纲领的草案作了彻底的批判(参看《马克思恩格斯选集》第 3 版第 3 卷第 352—378 页),但是他们的意见没有得到认真考虑。哥达纲领于 1891 年被爱尔福特纲领代替。——24。

43　指帕·波·阿克雪里罗得 1898 年写的小册子《论俄国社会民主党人的当前任务和策略问题》。他在这本小册子中说,在社会民主党把注意力仅仅集中到纯经济斗争时,那些无法给自己的政治追求找到出路的无产阶级最革命分子就可能像 70 年代那样去从事恐怖活动,或者去从事任何一种资产阶级民主革命活动。——24。

44　指 1896 年 5—6 月彼得堡纺织工人大罢工。19 世纪 90 年代,俄国工人运动高涨,1895—1896 年间相继爆发大罢工,如 1895 年雅罗斯拉夫尔纺织工厂的罢工、同年秋季彼得堡托伦顿工厂的罢工和 1896 年彼得堡纺织工人的大罢工。其中彼得堡纺织工人大罢工的影响最大。这次罢工的起因是工厂主拒绝向工人支付尼古拉二世加冕礼那几天假日的全额工资。罢工从俄罗斯纺纱厂(即卡林金工厂)开始,很快就席卷了所有纺织工厂,并波及机器、橡胶、造纸、制糖等工厂,参加者达 3 万多人。这次罢工是在彼得堡工人阶级解放斗争协会领导下进行的。该协会散发了传单和宣言,号召工人起来捍卫自己的权利。罢工的基本要求是:把工作日缩短为 10 $\frac{1}{2}$ 小时,提高计件单价,按时发放工资等。列宁称这次罢工为著名的彼得堡工业战争。它第一次推动了彼得堡无产阶级结成广泛阵线向剥削者进行斗争,并促进了全俄工人运动的发展。在这次罢工的压力下,沙皇政府加速了工厂法的修订,于 1897 年 6 月 2 日(14 日)颁布了将工业企业和铁路工厂的工作日缩短为 11 $\frac{1}{2}$ 小时的法令。——30。

45　《论鼓动》这本小册子是阿·约·克列梅尔在 1894 年写的,经尔·马尔托夫审定。该书起初以手抄本和胶印本的形式流传,后于 1896 年底在日内瓦出版。帕·波·阿克雪里罗得为它写了序言和跋。该书总结了社会民主党人在维尔诺的工作经验,号召放弃闭塞的小组宣传活动,而转向在工人中间进行群众性的鼓动工作,因此对俄国社会民主党人有很大的影响。但它夸大纯经济斗争的作用和意义,含有经济主义的萌芽。格·瓦·普列汉诺夫在《再论社会主义和政治斗争》一文中对它作了批评性的分析。——32。

46　彼得堡工人阶级解放斗争协会是列宁于 1895 年 11 月创立的,由彼得堡
的约 20 个马克思主义工人小组联合而成,1895 年 12 月定名为"工人阶
级解放斗争协会"。协会是俄国无产阶级革命政党的萌芽,实行集中
制,有严格的纪律。它的领导机构是中心小组,成员有 10 多人,其中 5
人(列宁、格·马·克尔日扎诺夫斯基、瓦·瓦·斯塔尔科夫、阿·亚·
瓦涅耶夫和尔·马尔托夫)组成领导核心。协会分设 3 个区小组。中
心小组和区小组通过组织员同 70 多个工厂保持联系。各工厂有收集
情况和传播书刊的组织员,大的工厂则建立工人小组。协会在俄国第
一次实现了社会主义和工人运动的结合,完成了从小组内的马克思主
义宣传到群众性政治鼓动的转变。协会领导了 1895 年和 1896 年彼得
堡工人的罢工,印发了供工人阅读的传单和小册子,并曾筹备出版工人
政治报纸《工人事业报》。协会对俄国社会民主主义运动的发展产生了
巨大影响,有好几个城市的社会民主党组织以它为榜样,把马克思主义
小组统一成为全市性的"工人阶级解放斗争协会"。

协会一成立就遭到沙皇政府的迫害。1895 年 12 月 8 日(20 日)夜
间,沙皇政府逮捕了包括列宁在内的协会领导人和工作人员共 57 人。
但是,协会并没有因此而停止活动,它组成了新的领导核心(米·亚·
西尔文、斯·伊·拉德琴柯、雅·马·利亚霍夫斯基和马尔托夫)。列
宁在狱中继续指导协会的工作。1896 年 1 月沙皇政府再次逮捕协会会
员后,协会仍领导了 1896 年 5—6 月的彼得堡纺织工人大罢工。1896
年 8 月协会会员又有 30 人被捕。接二连三的打击使协会的领导成分发
生了变化。从 1898 年下半年起,协会为经济派(由原来协会中的"青年
派"演变而成)所掌握。协会的一些没有被捕的老会员继承协会的传
统,参加了 1898 年俄国社会民主工党第一次代表大会的筹备工作。
——32。

47　这篇社论标题为《告俄国工人》,系列宁所写,至今没有找到。——32。

48　《俄国旧事》杂志(«Русская Старина»)是俄国历史刊物(月刊),由米·
伊·谢美夫斯基创办,1870—1918 年在彼得堡出版。该杂志主要登载
俄国国务活动家和文化界人士的回忆录、日记、札记、函件等以及各种

文献资料;是俄国第一家长期刊登俄国革命运动史料的杂志。——32。

49 指沙皇政府对雅罗斯拉夫尔纺织厂工人罢工的镇压。这次罢工发生于1895年4—5月。罢工的起因是厂方采用新的计件单价,降低了工人的工资收入。参加罢工的有4 000多工人。罢工遭到特地调来的沙皇军队法纳戈里团的镇压,结果工人死1人,伤14人,11人被交付法庭审判。沙皇尼古拉二世在呈交给他的关于雅罗斯拉夫尔纺织厂事件的报告上批道:"感谢法纳戈里团的好汉们在工厂闹风潮期间采取坚定果敢的行动。"——32。

50 《圣彼得堡工人小报》(《С.-Петербургский Рабочий Листок》)是俄国彼得堡工人阶级解放斗争协会的秘密报纸。共出过两号:第1号于1897年2月(报纸上印的日期是1月)在俄国油印出版,共印300—400份;第2号于同年9月在日内瓦铅印出版。该报提出要把工人阶级的经济斗争同广泛的政治要求结合起来,并强调必须建立工人政党。——33。

51 指《俄国社会民主工党宣言》。
《俄国社会民主工党宣言》是俄国社会民主工党第一次代表大会委托中央委员会用代表大会名义于1898年4月发表的。《宣言》宣布了俄国社会民主工党的成立,把争取政治自由和推翻专制制度作为社会民主工党当前的主要任务,把政治斗争和工人运动的总任务结合了起来。宣言指出:俄国工人阶级应当而且一定能够担负起争取政治自由的事业。这是为了实现无产阶级的伟大使命即建立没有人剥削人的社会制度所必须走的第一步。俄国无产阶级将摆脱专制制度的桎梏,用更大的毅力去继续同资本主义和资产阶级作斗争,一直斗争到社会主义全胜为止(参看《苏联共产党代表大会、代表会议和中央全会决议汇编》1964年人民出版社版第1分册第4—6页)。——33。

52 非正式会议是指"老年派"即彼得堡工人阶级解放斗争协会的创建人列宁、阿·亚·瓦涅耶夫、格·马·克尔日扎诺夫斯基、尔·马尔托夫等同斗争协会新成员的代表一起于1897年2月26日和3月1日之间在彼得堡斯·伊·拉德琴柯和马尔托夫的住处举行的会议。当时俄国当局允许协会的老成员在赴西伯利亚流放地之前在彼得堡停留三天处理私事,非正式会议就是利用这个时机举行的。会上,"老年派"和"青年派"之间在组织问题和策略问题上发生了严重分歧。但是,曾于1893—1895年参加"老年派"小组的阿·亚·雅库波娃,坚持刚刚产生的经济主义的观点,而"青年派"分子波·伊·哥列夫(戈尔德曼)却支持列宁等"老年派"。列宁后来在康·米·塔赫塔廖夫给《火星报》编辑部的信上加的按语中说:"可见,我的划分的不准确之处就在于,有一个'青年派'分子维护'老年派',有一个'老年派'分子维护'青年派'。"此信和按语载于1903年5月15日《火星报》第40号。——34。

53 《〈工作者〉小报》(《Листок«Работника»»)是国外俄国社会民主党人联合会的不定期刊物《工作者》文集的附刊,1896年至1898年在日内瓦出版。共出了10期。第1—8期由劳动解放社编辑。后因联合会大多数成员转向经济主义,劳动解放社拒绝继续编辑联合会的出版物。《〈工作者〉小报》第9—10期合刊由经济派编辑,于1898年11月出版。——35。

54 指俄国沙皇政府的警察。——36。

55 瓦·沃·是19世纪80—90年代俄国自由主义民粹派思想家瓦·巴·沃龙佐夫的笔名。他为陈腐的民粹派思想辩护,到90年代堕落成为否定群众政治斗争的反动分子。列宁所说的"俄国社会民主党中的瓦·沃·",是指俄国社会民主党中的机会主义思潮的代表——经济派,他们把工人阶级的政治斗争放到次要地位,向工人阶级宣扬原始的狭隘的斗争方法和渺小的斗争目的,因而在工人运动中起反动作用。——37。

56 《新时代》杂志(《Die Neue Zeit》)是德国社会民主党的理论刊物,1883—1923年在斯图加特出版。1890年10月前为月刊,后改为周刊。1917年10月以前编辑为卡·考茨基,以后为亨·库诺。1885—1895年间,杂志发表过马克思和恩格斯的一些文章。恩格斯经常关心编辑部的工作,帮助它端正办刊方向。为杂志撰过稿的还有威·李卜克内西、保·拉法格、格·瓦·普列汉诺夫、罗·卢森堡、弗·梅林等国际工人运动活动家。《新时代》杂志在介绍马克思主义基本理论、宣传俄国

1905—1907 年革命等方面做了有益的工作。随着考茨基转到机会主义立场,1910 年以后,《新时代》杂志成了中派分子的刊物。第一次世界大战期间,杂志持中派立场,实际上支持社会沙文主义者。——39。

57 指 1901 年 11 月 2—6 日举行的奥地利社会民主党维也纳代表大会通过的新党纲。1899 年的布隆代表大会提出了修改 1888 年的海因菲尔德纲领以适应已经变化了的奥地利工人阶级的斗争条件的问题。当时成立了一个专门委员来起草新党纲,主要起草者是维·阿德勒。党纲草案于 1901 年 8 月公布。党内对它提出了一系列批评性意见,主要是指责它向伯恩施坦主义让步。卡·考茨基在 1901 年 10 月 19 日《新时代》杂志第 3 期上发表了列宁在这里引用的文章:《修改奥地利社会民主党纲领》。考茨基把党纲的新旧条文加以对照,主张保留海因菲尔德纲领的原则部分,因为它比较充分和正确地说明了社会民主党对历史发展总过程和工人阶级的任务的看法。阿德勒不同意考茨基的建议。后来这个党纲草案经过维也纳代表大会纲领委员会稍加修改后通过。——39。

58 进步党是普鲁士资产阶级的政党,于 1861 年 6 月成立,创始人和领袖为鲁·微耳和、贝·瓦尔德克、海·舒尔采-德里奇、汉·维·翁鲁等。进步党要求在普鲁士领导下统一德国,召开全德议会,建立对众议院负责的强有力的自由派内阁。1866 年 10 月,进步党中的右翼分裂出去组成民族自由党。1884 年,进步党同民族自由党中分裂出来的左翼合并组成德国自由思想党;1893 年,该党又分裂成自由思想同盟和自由思想人民党两派。进步党反对社会主义,把德国社会民主党视为主要敌人。为了同社会民主党进行斗争和对工人阶级施加影响,进步党的活动家舒尔采-德里奇、麦·希尔施、弗·敦克尔等人积极进行建立工会的活动。——41。

59 指 1899 年在彼得堡出版的谢·尼·普罗柯波维奇的《西欧工人运动。批判性研究的尝试。第 1 卷。德国和比利时》一书和载于 1899 年《社会立法和统计学文库》杂志第 14 卷的彼·伯·司徒卢威的《马克思的社会发展理论》一文以及他为爱·伯恩施坦的《社会主义的前提和社会民主党的任务》、卡·考茨基的《伯恩施坦与社会民主党的纲领》两本书写的书评。普罗柯波维奇在书中企图证明德国和比利时的工人运动缺少进行革命斗争和实行社会民主党的革命政策的条件。司徒卢威在文章中企图驳倒马克思主义理论及其哲学前提,证明社会矛盾越来越不尖锐,否认社会革命和无产阶级专政的必要性。——42。

60　希尔施—敦克尔工会是德国改良主义工会组织,1868 年由进步党活动家麦·希尔施和弗·敦克尔建立。该工会的组织者们鼓吹劳资利益"和谐"论,认为资本家也可以加入工会,否定罢工斗争的合理性。他们声称:在资本主义社会的范围内,通过国家立法和工会组织的帮助就能使工人摆脱资本的压迫;工会的主要任务是在工人与企业主之间起媒介作用和积累资金。希尔施—敦克尔工会主要从事组织互助储金会和建立文化教育团体的活动。它在德国工人运动中的影响有限,直到 1897 年它的会员不过 75 000 人,而社会民主党的工会会员已达 419 000 人。1933 年,希尔施—敦克尔工会的机会主义活动家加入了法西斯的"劳动战线"。——42。

61　指工人阶级自我解放社。

　　　工人阶级自我解放社是俄国经济派的一个小组织,1898 年秋在彼得堡成立,只存在了几个月。说明该社宗旨的宣言所署日期是 1899 年 3 月,载于同年 7 月在伦敦出版的民粹派刊物《前夕》杂志。该社还公布过它的章程,印发过几份给工人的传单。——44。

62　《前夕》杂志(《Накануне》)是俄国民粹派的刊物,由叶·亚·谢列布里亚科夫主编,1899 年 1 月—1902 年 2 月在伦敦用俄文出版,共出了 37 期。该杂志宣传一般民主主义观点,敌视马克思主义,特别敌视俄国革命社会民主党。在它的周围集结了一批各种小资产阶级党派的代表人物。——44。

63　这里说的是劳动解放社和《工人事业》杂志的论战。列宁 1897 年底在西伯利亚流放地写的《俄国社会民主党人的任务》(见《列宁全集》中文第 2 版增订版第 2 卷),于 1898 年下半年由劳动解放社在日内瓦出版。帕·波·阿克雪里罗得在给这本小册子写的序言中表示赞同列宁的观点,并指出,不久前到国外来的年轻同志同列宁这本小册子的观点相距甚远。阿克雪里罗得提到的"年轻同志",是指当时已转向经济主义并在国外俄国社会民主党人联合会中起领导作用的那一批人(即后来的工人事业派)。1899年4月,《工人事业》杂志第1期刊登了对《俄国社会民主党人的任务》这本小册子的评论。《工人事业》杂志编辑部在评论中掩饰自己的真实倾向,否认国外俄国社会民主党人联合会的机会主义性质,否认经济派在俄国社会民主党组织中的影响有所增强,断言列宁阐述的观点同该编辑部的纲领完全一致,并说编辑部不知道阿克雪里罗得在小册子的序言中所说的究竟是哪些年轻的同志。

　　1899年8月,阿克雪里罗得在给《工人事业》杂志的信中驳斥了上述论点。他说:《工人事业》杂志试图证明自己同列宁所阐述的观点一致是完全没有根据的,并且指出,在俄国社会民主党内已经出现了一个转向经济主义的派别("青年派"),这个派别力图"人为地使俄国社会民主党停留在原始发展阶段上"。

　　1899年12月,《工人事业》杂志以单行本刊印了列宁在1899年夏写的《俄国社会民主党人抗议书》(见《列宁全集》中文第2版增订版第4卷),并加写了编后记。该杂志诡称赞同这一文献,并辩解说《信条》只不过是代表"个别人"的意见,又说担心俄国社会民主党可能向纯粹经济斗争方面发展是没有充分根据的。

　　1900年2月,劳动解放社出版了格·瓦·普列汉诺夫编的《〈工人事业〉杂志编辑部指南》。书中公布了一系列文件和书信(包括《信条》作者叶·德·库斯柯娃和联合会书记格里申的带有政治性的私人信件),证实在集结于俄国社会民主党人联合会和《工人事业》杂志周围的侨外社会民主党人中间,机会主义分子和经济主义思想实际上占了统治地位。

　　1900年2—3月,《工人事业》杂志编辑波·尼·克里切夫斯基针对阿克雪里罗得的《信》和普列汉诺夫的《指南》写了编辑部的《回答》,十分明显地暴露了该杂志的机会主义性质。

　　后来,同《工人事业》杂志的论战转由《火星报》和《曙光》杂志继续进行。——45。

64　指《社会民主党人报》。

　　《社会民主党人报》(《Der Sozialdemokrat》)是反社会党人法施行期

间德国社会民主党的中央机关报(周报)。主要领导人是威·李卜克内西。1879年9月—1888年9月在苏黎世出版,1888年10月—1890年9月在伦敦出版。1879年9月—1880年1月格·亨·福尔马尔任编辑,1881—1890年爱·伯恩施坦任编辑。该报虽然在初期存在一些缺点和错误,但在恩格斯持续不断的指导和帮助下,坚持了革命策略,在聚集和组织德国社会民主党的力量方面起了卓越作用。恩格斯曾称赞它是德国党的旗帜。反社会党人法废除后,《社会民主党人报》停刊。——50。

65 纳尔苏修斯·土波雷洛夫是尔·马尔托夫在他的一首题为《现代俄国社会党人之歌》的讽刺诗上所署的戏谑性笔名,意为骄矜的蠢猪。这首诗载于1901年4月《曙光》杂志第1期。诗中嘲笑了经济派的观点及其对自发性的盲目崇拜。——52。

66 崩得是立陶宛、波兰和俄罗斯犹太工人总联盟的简称,1897年9月在维尔诺成立。参加这个组织的主要是俄国西部各省的犹太手工业者。崩得在成立初期曾进行社会主义宣传,后来在争取废除反犹太特别法律的斗争过程中滑到了民族主义立场上。在1898年俄国社会民主工党第一次代表大会上,崩得作为只在专门涉及犹太无产阶级问题上独立的"自治组织",加入了俄国社会民主工党。在1903年俄国社会民主工党第二次代表大会上,崩得分子要求承认崩得是犹太无产阶级的唯一代表。在代表大会否决了这个要求之后,崩得退出了党。根据1906年俄国社会民主工党第四次(统一)代表大会决议,崩得重新加入了党。从1901年起,崩得是俄国工人运动中民族主义和分离主义的代表。它在党内一贯支持机会主义派别(经济派、孟什维克和取消派),反对布尔什维克。第一次世界大战期间,崩得分子采取社会沙文主义立场。1917年二月革命后,崩得支持资产阶级临时政府。1918—1920年外国武装干涉和国内战争时期,崩得的领导人同反革命势力勾结在一起,而一般的崩得分子则开始转变,主张同苏维埃政权合作。1921年3月崩得自行解散,部分成员加入俄国共产党(布)。

　　崩得第四次代表大会于1901年4月通过了关于政治斗争手段的决议,其引言部分有如下的结论:"经济斗争是吸引广大群众参加运动的最好的手段,在经济斗争的基础上应当开展政治鼓动,使之超出经济斗争的范畴,但是没有任何必要从一开始就**只**在经济的基础上进行政治鼓动。"(见《工人事业》杂志第 10 期第 123 页)——61。

67 指悉·韦伯和比·韦伯合著的《工业民主》一书。——62。

68 《自由》杂志(《Свобода》)是 1901 年 5 月成立的俄国革命社会主义自由社在瑞士出版的杂志,共出了两期,1901 年和 1902 年各一期。

　　革命社会主义自由社是叶·奥·捷连斯基(纳杰日丁)于 1901 年 5 月创建的。列宁认为该社是一个既没有固定的严肃的思想、纲领、策略和组织,又在群众中毫无根基的集团。除《自由》杂志外,自由社还出版了《革命前夜。理论和策略问题不定期评论》第 1 期、《评论》第 1 期和纲领性小册子《俄国革命主义的复活》等。自由社宣传恐怖主义的经济主义,支持彼得堡经济派反对火星派。1903 年,自由社停止活动。列宁在《关于"自由社"》一文(见《列宁全集》中文第 2 版增订版第 7 卷)中对自由社作了专门的评论。——75。

69 帕·波·阿克雪里罗得在 1897 年 12 月写给《工人报》的第二封信(已编入《论俄国社会民主党人的当前任务和策略问题》小册子)中,阐述了俄国工人运动今后发展的两种可能的前途:纯粹经济斗争的前途和在一般民主主义运动中无产阶级起领导作用的那种政治斗争的前途。——77。

70 指 1901 年 2—3 月间在彼得堡、莫斯科、基辅、哈尔科夫、喀山、雅罗斯拉夫尔、华沙、比亚韦斯托克、托木斯克、敖德萨和俄国其他城市发生的大学生和工人的大规模政治游行示威、集会和罢工。游行示威和罢工的导火线是当年 1 月沙皇政府把参加大学生集会的 183 个基辅大学生送去当兵(参看列宁的《183 个大学生被送去当兵》一文,《列宁全集》中文第 2 版增订版第 4 卷)。各地游行队伍被沙皇政府派来的警察和哥萨克驱散,游行群众遭到毒打。3 月 4 日(17 日)在彼得堡喀山教堂附近广场上举行的游行示威遭到特别残酷的镇压,参加游行示威的数千名大学生和工人中,有数百人受到毒打,其中数人被打死,多人受伤致残。1901 年二三月事件证明俄国革命形势日益高涨,工人运动发展到了一个新的阶段,从经济罢工转为政治罢工和游行示威。——79。

71　地方自治机关是沙皇政府为使专制制度适应资本主义发展的需要,于
1864年颁布条例逐步设立的。按照这个条例,县地方自治会议议员由
县地主、城市选民、村社代表三个选民团分别选举,以保证地主在地方
自治机关中占优势。省地方自治会议的议员由县地方自治会议选举。
地方自治会议的主席由贵族代表担任。地方自治机关由地方自治会议
选举产生,每届任期三年。内务大臣和省长监督地方自治机关的活动,
他们有权停止它的任何一项决议的执行。沙皇政府只授权地方自治机
关管理当地经济事务。地方自治机关的经费来源于对土地、房屋及工
商企业征收的不动产税。从19世纪90年代起,由于供职的知识分子
(其中有自由派、民粹派以至社会民主党人)影响增大,地方自治机关的
活动趋于活跃。地方自治机关在发展教育和卫生事业方面做出了一些
成绩。其经济措施——举办农业展览、设立农事试验站、发展农业信贷
等,有利于地主和富农经济的巩固,对贫苦农民并没有什么实际意义;
所组织的统计工作对研究改革后的俄国经济具有重要意义。到19世
纪70年代,设立地方自治机关的行政单位有欧俄34个省和顿河军屯
州。到第一次世界大战前,则有欧俄43个省。1917年二月革命后,资
产阶级临时政府扩大了地方自治机关的权限,并在乡一级设立了地方自治
机关,使之成为资产阶级在地方上的支柱。十月革命后,地方自治
机关被撤销。——87。

72　这是彼得堡一个织布工人给《火星报》的信中的话。该信刊登在1901
年8月《火星报》第7号"工运新闻和工厂来信"栏内。信里说:"……我
把《火星报》拿给许多工友看过,结果把这份报纸都弄破了,而这号报纸
却是很宝贵的…… 这里讲的都是我们的事情,是关于全俄国的事情。
这是无法用金钱来估价,用钟点来计算的。当你读到报纸时,你就会知
道为什么宪兵和警察害怕我们工人和带领我们前进的那些知识分子
了。这些人确实不仅威胁着老板的钱袋,而且威胁着沙皇和厂主……
工人群众现在很容易燃烧起来,下面已经在冒烟,只要有一点火星,就
会燃成大火。星星之火可以燎原,这话说得真对! …… 过去,每次罢
工都算是一次大事件,如今每个人都知道光罢工算不得什么,现在大家
都知道必须争取自由,用胸膛去争取自由。现在所有的人,不论老少都
愿意看书,只是可惜我们没有书。在前一个星期日,我们召集了11个

人在一起阅读了《从何着手?》一文,我们直到深夜还没有散。一切都说得多么正确,多么透彻…… 我们很想向你们《火星报》写一封信,希望它不仅能教导我们大家应该怎样着手,并且还教导我们大家应该怎样活和怎样死。"——90。

73　指彼·伯·司徒卢威1901年2月和5月在《火星报》第2号和第4号上发表的文章《专制制度和地方自治机关》。《火星报》登载司徒卢威的文章和曙光杂志社刊印财政大臣谢·尤·维特的秘密记事《专制制度和地方自治机关》(附有司徒卢威(尔·恩·斯·)写的序言和注释),是因为《火星报》和《曙光》杂志编辑部同民主反对派自由社的代表司徒卢威于1901年1月达成了共同出版秘密刊物《时评》的协议。这个协议的寿命不长,当年春天就暴露出根本不可能同民主反对派继续合作下去,于是和司徒卢威的联合也就解体了。——93。

74　《俄国报》(«Россия»)是温和的自由派报纸,1899—1902年在彼得堡出版。主编是格·彼·萨宗诺夫。该报在资产阶级阶层中销行甚广。1902年1月由于登载亚·瓦·阿姆菲捷阿特罗夫的小品文《奥勃曼诺夫老爷们》而被政府查封。——95。

75　指1901年4月《火星报》第3号上的维·伊·查苏利奇的文章《谈谈当前的事件》和"我们的社会生活"栏中的大学生风潮要闻,以及1901年6月《火星报》第5号上的亚·尼·波特列索夫的文章《论毫无意义的幻想》和短评《警察对著作界的袭击》。"毫无意义的幻想"是1895年沙皇尼古拉二世接见地方自治人士时申斥他们要求扩大地方自治机关权力的用语。——95。

76　指1901年8月《火星报》第7号和10月《火星报》第9号分别发表的两篇评论《叶卡捷琳诺斯拉夫地方自治机关中的事件》和《维亚特卡的"工贼"》。——95。

77　丘必特是罗马神话中最高的天神和司风雨雷电之神,据说他性情暴戾,动辄发火,一动怒就投掷轰雷和闪电。在俄语中,丘必特这个词也用来比喻自高自大、目空一切的人。——96。

78 有何吩咐？原来是沙皇俄国社会中仆人对主人讲话时的用语。俄国作家米·叶·萨尔蒂科夫-谢德林在他的特写《莫尔恰林老爷们》中首次把对专制政府奴颜婢膝的自由派报刊称为《有何吩咐报》。——97。

79 《圣彼得堡新闻》(《С.-Петербургские Ведомости»)是 1703 年创办的第一家俄国报纸《新闻报》的续刊，1728 年起在彼得堡出版。1728—1874 年由科学院出版，1875 年起改由国民教育部出版。1917 年底停刊。——97。

80 《俄罗斯新闻》(«Русские Ведомости»)是俄国报纸，1863—1918 年在莫斯科出版。它反映自由派地主和资产阶级的观点，主张在俄国实行君主立宪，撰稿人是一些自由派教授。至 19 世纪 70 年代中期成为俄国影响最大的报纸之一。80—90 年代刊登民主主义作家和民粹主义者的文章。1898 年和 1901 年曾经停刊。从 1905 年起成为右翼立宪民主党人的机关报。1917 年二月革命后支持资产阶级临时政府。十月革命后被查封。——97。

81 布伦坦诺式的阶级斗争观是指 19 世纪 70 年代德国资产阶级经济学家、讲坛社会主义学派的主要代表人物之一路·布伦坦诺所倡导的改良主义学说，是资产阶级对马克思主义进行歪曲的一个变种。它宣扬资本主义社会里的"社会和平"以及不通过阶级斗争克服资本主义社会矛盾的可能性，认为可以通过组织工会和进行工厂立法来解决工人问题，调和工人和资本家的利益，实现社会平等。列宁称布伦坦诺主义是一种只承认无产阶级的非革命的"阶级"斗争的自由派资产阶级学说（参看《列宁全集》中文第 2 版增订版第 35 卷第 229—230 页）。——97。

82 指工人反资本斗争社。

工人反资本斗争社于 1899 年春在彼得堡成立。它的创建人是维·阿·古托夫斯基（即后来有名的孟什维克叶·马耶夫斯基），成员是一些工人和知识分子。该社同彼得堡工人运动没有牢固的联系，并且存在时间极短，1899 年夏即被取缔。该社观点接近经济派。它的一份传单《我们的纲领》中说，沙皇政府就是资本自身，反资本的斗争也就是政治斗争。这份传单是油印的，由于组织瓦解，没有散发出去。——104。

83　《无产阶级斗争》文集第 1 辑是俄国乌拉尔社会民主党小组在 1899 年出版的。文集的撰稿者站在经济主义的立场上否认成立工人阶级独立政党的必要性,认为用总罢工的方法就能完成政治革命。——105。

84　纳尔苏修斯是古希腊神话中的一个孤芳自赏的美少年。后来人们常用纳尔苏修斯来比喻高傲自大的人。——106。

85　后背一词出自圣经中摩西见耶和华只能看到后背的传说(《旧约全书·出埃及记》第 33 章)。此处是借用这个典故来形容经济派的尾巴主义特征。——107。

86　列宁在这里所说的,看来是指他 1901 年同亚·马尔丁诺夫的第一次会见。马尔丁诺夫在自己的回忆录中描写了这次会见的情形:"我同列宁谈到了纲领,谈到了党的政治任务,谈到了政治策略,我们好像没有任何意见分歧。可是谈话结束时,列宁向我提出一个问题:'那您是怎样看待我的组织计划呢?'当时我马上激动起来:'在这一点上我根本不同意您的意见。我看您的组织计划好像是在建立马其顿人的武装游击队。您建议在党内实行某种军事纪律,但这样的事,不论是在我们俄国还是在西欧,社会民主党人从来没有见到过。'弗拉基米尔·伊里奇眯缝着眼,笑眯眯地回答说:'您只是在这一点上同我不一致,而这一点正是问题的全部实质,这就是说,您我之间再没有什么好谈的了。'我们于是分道扬镳……好多年。"(见亚·马尔丁诺夫《伟大的无产阶级领袖》1924 年莫斯科俄文版第 8—9 页)——112。

87　阿法纳西·伊万内奇和普尔赫丽娅·伊万诺夫娜是俄国作家尼·瓦·果戈理的小说《旧式的地主》中的一对地主老夫妻。他们一辈子住在自己的小庄园里,过着与世隔绝的生活。——116。

88　指列宁领导的彼得堡社会民主党人("老年派")小组。以该小组为基础,于 1895 年建立了彼得堡工人阶级解放斗争协会。——126。

89　指古希腊科学家阿基米德的名言:"给我一个支点,我就能把地球翻转过来。"——126。

90　见俄国作家米·叶·萨尔蒂科夫-谢德林的随笔《在国外》。其中写道，
1876年春他在法国听到一些法国自由派人士在热烈地谈论大赦巴黎公
社战士的问题。他们一致认为大赦是公正而有益的措施，但在结束这
个话题时，不约而同地都把食指伸到鼻子前，说了一声"mais"（即"但
是"），就再也不说了。于是谢德林恍然大悟：原来法国人所说的"但
是"就相当于俄国人所说的"耳朵不会高过额头"，意思是根本不可能有
这样的事情。——131。

91　土地自由派是土地和自由社的成员。土地和自由社是俄国民粹派的秘
密革命组织，1876年在彼得堡成立，起初称为北方革命民粹主义小组、
民粹派协会，1878年底改称土地和自由社（19世纪60年代初出现的一
个俄国革命组织也叫土地和自由社）。该社著名活动家有：马·安·和
奥·亚·纳坦松夫妇、亚·德·米哈伊洛夫、阿·费·米哈伊洛夫、
阿·德·奥博列舍夫、格·瓦·普列汉诺夫、奥·瓦·阿普捷克曼、
德·亚·克列缅茨、尼·亚·莫罗佐夫、索·李·佩罗夫斯卡娅等。土
地自由派认为俄国可以走非资本主义的特殊发展道路，其基础就是农
民村社。他们的纲领提出全部土地归"农村劳动等级"并加以"平均"
分配、村社完全自治、"按地方意愿"把帝国分为几个部分等等。土地自
由派认为俄国的主要革命力量是农民。他们在坦波夫、沃罗涅日等省
进行革命工作，企图发动农民起义来反对沙皇政府。他们还出版和传
播革命书刊，参加70年代末彼得堡的一些罢工和游行示威。他们的组
织原则是遵守纪律、同志之间互相监督、集中制和保守秘密。由于对农
村中革命运动日益感到失望，以及政府迫害的加剧，在土地和自由社内
部逐渐形成了主张把恐怖活动作为同沙皇政府进行斗争的主要手段的
一派。另一派主张继续采取原来的策略。1879年8月，土地和自由社
最终分裂，前者成立了民意党，后者组织了土地平分社。

　　土地平分派指土地平分社的成员，他们坚持原土地和自由社的纲
领和策略。主要代表人物有格·瓦·普列汉诺夫、米·罗·波波夫、
帕·波·阿克雪里罗得、列·格·捷依奇、雅·瓦·斯特凡诺维奇、
维·伊·查苏利奇、奥·瓦·阿普捷克曼、瓦·尼·伊格纳托夫、阿·
彼·布拉诺夫等。土地平分派出版了《土地平分》杂志和《种子报》。
土地平分社的一部分成员后来转向马克思主义，另一部分成员则加入

了民意党。到 1881 年底,土地平分社作为组织不再存在。——134。

92　司徒卢威主义即合法马克思主义。——134。

93　指 E.拉扎列夫的两篇文章:《俄国社会民主党的分裂》(见 1900 年 4 月和 5 月《前夕》杂志第 15 期和第 16 期)和《谈谈一次分裂》(见 1900 年 6 月《前夕》杂志第 17—18 期合刊)。拉扎列夫将格·瓦·普列汉诺夫出版批评"青年派"的《指南》一事说成是"把真诚的、积极的和善良的同志革出社会民主党人教门"。——139。

94　阿雷奥帕格是古代雅典的最高司法机关,借喻最高权威的裁判。——139。

95　这个报告的全称是:《向 1900 年巴黎国际社会党代表大会作的关于俄国社会民主主义运动的报告》。该报告是《工人事业》杂志编辑部受国外俄国社会民主党人联合会委托起草的,1901 年由联合会在日内瓦出版。——143。

96　唐·吉诃德精神意思是徒怀善良愿望而行为完全脱离实际。唐·吉诃德是西班牙作家米·塞万提斯的同名小说中的主人公。他一心要做一个扶危济困、除暴安良的游侠骑士,但由于把现实中的一切都幻想成骑士小说中的东西,结果干出了许多荒唐可笑的事情。——143。

97　这个意见是《〈工人思想报〉增刊》(1899 年 9 月)上发表的尔·姆·的《我国的实际情况》一文提出的,参看本书第 70 页的引文。——147。

98　《南方工人报》(《Южный Рабочий》)是俄国社会民主主义团体的秘密报纸,1900 年 1 月—1903 年 4 月出版,共出了 12 号。第 1、2 号由俄国社会民主工党叶卡捷琳诺斯拉夫委员会出版,以后各号由南方工人社(有叶卡捷琳诺斯拉夫、哈尔科夫等南方城市的俄国社会民主工党组织的代表参加)出版。报纸的印刷所先后设在叶卡捷琳诺斯拉夫、斯摩棱斯克、基什尼奥夫、尼古拉耶夫等城市。参加编辑和撰稿的有伊·克·拉拉扬茨、阿·扎·维连斯基(伊里亚)、奥·阿·科甘(叶尔曼斯基)、弗·尼·罗扎诺夫等。《南方工人报》反对经济主义和恐怖主义,但是不同意列宁和火星派关于把革命的社会民主党人联合在《火星报》周围并在集中制原则基础上建立一个马克思主义政党的计划,而提出通过建立各区域社会民主党人联合会的途径来恢复俄国社会民主工党的计划。在 1903 年俄国社会民主工党第二次代表大会上,南方工人社的代表采取中派立场。根据这次代表大会的决议,南方工人社被解散,《南方工人报》停刊。——149。

99 指《工人思想报》印发的调查表《关于俄国工人阶级状况的问题》(1898 年)和小册子《收集俄国工人阶级状况资料问题集》(1899 年)。前者列出了 17 个有关工人劳动生活条件的问题,后者列出了 158 个。——151。

100 1885 年的罢工运动席卷了俄国弗拉基米尔省、莫斯科省、特维尔省和其他几个工业中心省份的许多纺织企业。其中最著名的是 1885 年 1 月 7—17 日的莫罗佐夫工厂即尼科利斯科耶纺织厂的罢工。这次罢工是因厂主季·萨·莫罗佐夫对纺织工人残酷剥削以致工人经济状况恶化而引起的。如 1882—1884 年间工人工资曾被降低五次,对工人的罚款达到工资额的 $\frac{1}{4}$—$\frac{1}{2}$。罢工的领导者是先进工人彼·阿·莫伊谢延科、卢·伊·伊万诺夫和瓦·谢·沃尔柯夫。参加罢工的约有 8 000 人。他们要求恢复 1881—1882 年度的工资标准,最大限度减少罚款并退还部分罚款,偿付罢工期间的工资,调整雇佣条件等。这次罢工遭到沙皇政府的武力镇压。罢工领导者及 600 多名工人被捕,其中 33 人受到审判。这次罢工以及相继发生的多次罢工终于迫使沙皇政府于 1886 年 6 月 3 日颁布了罚款法。

关于 1896 年彼得堡地区纺织工人的罢工及要求,参看注 44。——152。

101 奥吉亚斯的牛圈出典于希腊神话。据说古希腊西部厄利斯的国王奥吉亚斯养牛 3 000 头,30 年来牛圈从未打扫,粪便堆积如山。奥吉亚斯的牛圈常被用来比喻藏垢纳污的地方。——154。

102 指俄国社会民主工党历史中的下列事实:

第一件事实:1897 年夏,彼得堡工人阶级解放斗争协会曾同流放中的列宁商谈出版工人丛书的问题,为此列宁写了正文中提到的两本小册子。这两本小册子于1898年和1899年先后在日内瓦出版。

第二件事实:1898年,被流放在图鲁汉斯克的尔·马尔托夫根据崩得中央委员会的建议写了小册子《俄国的工人事业》,于1899年在日内瓦出版。

第三件事实:1899年,崩得中央委员会同列宁商谈《工人报》复刊的问题。正文中提到的几篇文章就是列宁为准备复刊的《工人报》第3号写的。

第四件事实:1900年初,由俄国社会民主工党叶卡捷琳诺斯拉夫委员会倡议,并得到崩得和国外俄国社会民主党人联合会的支持,曾打算召开俄国社会民主工党第二次代表大会,重建党的中央委员会和恢复出版中央机关报——《工人报》。1900年2月,叶卡捷琳诺斯拉夫委员会委员伊·克·拉拉扬茨赴莫斯科同列宁商谈,他建议正在筹办《火星报》的列宁、马尔托夫和波特列索夫参加代表大会,并负责编辑《工人报》。列宁和劳动解放社的成员都认为召开代表大会为时尚早(见《列宁全集》中文第2版增订版第4卷第284—285页),但是劳动解放社没有拒绝参加代表大会,委托列宁代表它出席,并从国外给他寄去了委托书。由于警察在1900年4—5月间进行了大逮捕,代表大会没有开成。前来出席拟于1900年春在斯摩棱斯克举行的代表大会的只有崩得、南方工人社和国外俄国社会民主党人联合会三个组织的代表。

列宁在这里提到的事实,正是按它们实际发生的时间顺序排列的。他在脚注中说"我们故意不按这些事实发生的先后排列",是出于保密的考虑。——157。

103　指俄国革命社会民主党人国外同盟。

俄国革命社会民主党人国外同盟是根据列宁的倡议由《火星报》和《曙光》杂志国外组织同"社会民主党人"革命组织于1901年10月在瑞士合并组成的。根据章程,同盟是《火星报》组织的国外部,其任务是协助《火星报》和《曙光》杂志的出版和传播,在国外宣传革命的社会民主党的思想,帮助俄国各社会民主党组织培养积极的活动家,向政治流亡者介绍俄国革命进程等。在1903年召开的俄国社会民主工党第二次代表大会上,同盟被承认为享有党的地方委员会权利的唯一国外组织。俄国社会民主工党第二次代表大会以后,孟什维克的势力在同盟内增强,他们于 1903 年 10 月召开同盟第二次代表大会,反对布尔什维克。列宁及其拥护者曾退出代表大会。孟什维克把持的同盟通过了同俄国社会民主工党党章相抵触的新章程。从此同盟就成为孟什维主义在国外的主要堡垒,直至 1905 年同盟撤销为止。——158。

104 《〈工人事业〉杂志附刊》(«Листок «Рабочего Дела»»)是国外俄国社会民主党人联合会机关刊物《工人事业》杂志的不定期附刊,1900 年 6 月—1901 年 7 月在日内瓦出版,共出 8 期。列宁在《从何着手?》一文中称《工人事业》杂志编辑部是无原则的折中主义派别的巢穴,对《〈工人事业〉杂志附刊》第 6 期上的文章《历史性的转变》进行了尖锐批判(见《列宁全集》中文第 2 版增订版第 5 卷)。《工人事业》杂志第 10 期上发表的波·尼·克里切夫斯基的《原则、策略和斗争》一文是对列宁的批判的答复。——172。

105 指马克思的《路易·波拿巴的雾月十八日》一书的下面一段话:"黑格尔在某个地方说过,一切伟大的世界历史事变和人物,可以说都出现两次。他忘记补充一点:第一次是作为伟大的悲剧出现,第二次是作为卑劣的笑剧出现。"(见《马克思恩格斯选集》第 3 版第 1 卷第 668 页)——173。

106 1901 年 11—12 月,俄国许多城市掀起了得到工人支持的大学生游行示威的浪潮。在下诺夫哥罗德(抗议政府无理驱逐无产阶级作家马克西姆·高尔基)、莫斯科(抗议政府当局禁止举行革命民主主义者、哲学家和文学批评家尼·亚·杜勃罗留波夫逝世四十周年纪念晚会)、叶卡捷琳诺斯拉夫等城市举行了游行示威,在基辅、哈尔科夫、彼得堡等地也发生了大学生集会和学潮。有关这些情况的报道均载于《火星报》1901 年 12 月 20 日第 13 号和 1902 年 1 月 1 日第 14 号"我们的社会生活"栏。列宁的《游行示威开始了》(见《列宁全集》中文第 2 版增订版第 5 卷)和格·瓦·普列汉诺夫的《论游行示威》(见《火星报》第 14 号)专门对此进行了评论。——175。

107 扬尼恰尔是 14 世纪土耳其的正规步兵,是苏丹专制政府的一支最重要的警察部队,以残酷闻名,1826 年被解散。列宁把沙皇的警察叫做扬尼恰尔。——176。

108　1907年列宁把《怎么办?》收入《十二年来》文集时删去了这个附录。
——183。

109　社会党国际局是第二国际的常设执行和通讯机关,根据1900年9月巴
黎代表大会的决议成立,设在布鲁塞尔。社会党国际局由各国社会党
代表组成。执行主席是埃·王德威尔得,书记是卡·胡斯曼。俄国社
会民主党人参加社会党国际局的代表是格·瓦·普列汉诺夫和波·
尼·克里切夫斯基。从1905年10月起,列宁代表俄国社会民主工党参
加社会党国际局。1914年6月,根据列宁的建议,马·马·李维诺夫被
任命为社会党国际局俄国代表。社会党国际局在第一次世界大战开始
后实际上不再存在。——183。

110　"社会民主党人"革命组织是国外俄国社会民主党人联合会分裂以后由
劳动解放社成员以及与其观点一致的人于1900年5月成立的。该组织
在号召书里宣布它的宗旨是扶持俄国无产阶级中的社会主义运动并同
企图修正马克思主义的形形色色机会主义作斗争。该组织出版了《共
产党宣言》和马克思、恩格斯的其他一些著作的俄译本以及格·瓦·普
列汉诺夫等人的几本小册子。1901年10月,根据列宁的倡议,"社会民
主党人"革命组织同《火星报》和《曙光》杂志的国外组织合并为俄国革
命社会民主党人国外同盟。——184。

111　指斗争社。

斗争社是达·波·梁赞诺夫、尤·米·斯切克洛夫和埃·李·古
列维奇于1900年夏在巴黎成立的一个团体,1901年5月取此名称。该
社试图调和俄国社会民主党内革命派和机会主义派之间的矛盾,建议
统一社会民主党各国外组织。

1901年秋,斗争社成为一个独立的著作家团体。它在自己的出版
物(《制定党纲的材料》第1—3辑、1902年《快报》第1号等)中歪曲马
克思主义理论,反对列宁提出的俄国革命的社会民主党的组织原则和
策略原则。由于它背弃社会民主党的观点和策略,进行瓦解组织的活
动,并且同国内的社会民主党的组织没有联系,因此未被允许参加1903

年俄国社会民主工党第二次代表大会。根据第二次代表大会的决定，斗争社被解散。——184。

112 这场论战是由《曙光》杂志(1901年12月第2—3期合刊)发表尔·马尔托夫的《德国社会民主党吕贝克代表大会》一文引起的。文章批评《工人事业》杂志编辑波·尼·克里切夫斯基在《前进报》发表的巴黎通讯有偏见。克里切夫斯基在通讯中歪曲地报道了法国社会主义运动的情况，攻击了盖得派，并且为亚·埃·米勒兰及其拥护者饶勒斯派进行宣传。《前进报》编辑部庇护克里切夫斯基，指责马尔托夫。卡·考茨基参加了《前进报》上就这个问题展开的激烈论战，他指出该报编辑部歪曲了马尔托夫文章的原意。马尔托夫和克里切夫斯基也都在《前进报》上发表了文章。这场论战远远超出了《前进报》的范围，克·蔡特金、法国工人党机关报《社会主义者报》和亚·李·帕尔乌斯先后发表文章，对《曙光》杂志表示支持。1902年3月10日《火星报》第18号"党的生活"栏发表短评，阐述《火星报》编辑部对论战的看法。——188。

113 《对〈怎么办?〉一书的一个更正》发表在1902年4月1日《火星报》第19号"党的生活"栏内，原来没有标题，标题是《列宁全集》俄文版编者加的。——191。

人 名 索 引

A

阿克雪里罗得,帕维尔·波里索维奇(Аксельрод, Павел Борисович 1850—
1928)——俄国孟什维克领袖之一。19 世纪 70 年代是民粹派分子。1883
年参与创建劳动解放社。1900 年起是《火星报》和《曙光》杂志编辑部成
员。这一时期在宣传马克思主义的同时,也在一系列著作中把资产阶级民
主制和西欧社会民主党议会活动理想化。1903 年在俄国社会民主工党第
二次代表大会上是《火星报》编辑部有发言权的代表,属火星派少数派,会
后是孟什维主义的思想家。1905 年提出召开广泛的工人代表大会的取消
主义观点。1906 年在党的第四次(统一)代表大会上代表孟什维克作了关
于国家杜马问题的报告,宣扬无产阶级同资产阶级实行政治合作的机会主
义思想。斯托雷平反动时期和新的革命高涨年代是取消派的思想领袖,参
加孟什维克取消派《社会民主党人呼声报》编辑部。1912 年加入"八月联
盟"。第一次世界大战期间表面上是中派,实际持社会沙文主义立场;曾参
加齐美尔瓦尔德代表会议和昆塔尔代表会议,属于右翼。1917 年二月革命
后任彼得格勒苏维埃执行委员会委员,支持资产阶级临时政府。十月革命后
侨居国外,反对苏维埃政权,鼓吹武装干涉苏维埃俄国。——24、45 — 46、
67、77、92 — 93。

阿列克谢耶夫,彼得·阿列克谢耶维奇(Алексеев, Петр Алексеевич 1849—
1891)——俄国早期工人革命家,织工。19 世纪 70 年代初接近革命民粹
派,1873 年加入彼得堡涅瓦关卡外的革命工人小组,1874 年 11 月起在莫斯
科工人中进行革命宣传,是全俄社会革命组织的积极成员。1875 年 4 月被
捕。1877 年 3 月在法庭上发表预言沙皇专制制度必然覆灭的著名演说。
同年被判处十年苦役,1884 年起在雅库特州的一个偏僻的乡服苦役,1891

年 8 月在该地被盗匪杀害。——107。

奥尔,伊格纳茨(Auer,Ignaz 1846—1907)——德国社会民主党人;职业是鞍匠。1874 年起任德国社会民主工党(爱森纳赫派)书记,1875 年该党同拉萨尔派合并后任德国社会主义工人党书记。1877—1878 年编辑社会民主党的《柏林自由新闻报》。多次当选为德意志帝国国会议员。后来转向改良主义,成为德国社会民主党机会主义派领袖之一。——132。

奥泽罗夫,伊万·赫里斯托福罗维奇(Озеров,Иван Христофорович 1869—1942)——俄国经济学家,教授。1901—1902 年积极支持祖巴托夫的“警察社会主义”,并在莫斯科祖巴托夫的机械工人互助协会大会上作过讲演。在自己的著作中力图证明,政府必须给工人一些起码的政治自由,把工人联合到包括企业主在内的工会里,实施阶级合作政策,并设法控制工人组织的活动。因此备受沙皇政府赏识,于 1909 年作为科学院和大学的代表被选为国务会议成员。1917 年二月革命后被临时政府解除莫斯科大学的教学职务。——115、116。

B

巴尔霍恩,约翰(Balhorn,Johann 1528—1603)——德国出版商。——69。

巴枯宁,米哈伊尔·亚历山德罗维奇(Бакунин,Михаил Александрович 1814—1876)——俄国无政府主义和民粹主义创始人和理论家之一。1840 年起侨居国外,曾参加德国 1848—1849 年革命。1849 年因参与领导德累斯顿起义被判死刑,后改为终身监禁。1851 年被引渡给沙皇政府,囚禁期间向沙皇写了《忏悔书》。1861 年从西伯利亚流放地逃往伦敦。1868 年参加第一国际活动后,在国际内部组织秘密团体——社会主义民主同盟,妄图夺取总委员会的领导权。鼓吹无政府主义,宣称个人“绝对自由”是整个人类发展的最高目的,国家是产生一切不平等的根源;否定包括无产阶级专政在内的一切国家;不理解无产阶级的历史作用,公开反对建立工人阶级的独立政党,主张工人放弃政治斗争。由于进行分裂国际的阴谋活动,1872 年在海牙代表大会上被开除出第一国际。——26。

倍倍尔,奥古斯特(Bebel,August 1840—1913)——德国工人运动和国际工人运动活动家,德国社会民主党和第二国际的创建人和领袖之一,马克思和恩格斯的朋友和战友;旋工出身。19 世纪 60 年代前半期开始参加政治活动,1867 年当选为德国工人协会联合会主席,1868 年该联合会加入第一国际。1869 年与威·李卜克内西共同创建了德国社会民主工党(爱森纳赫派),该党于 1875 年与拉萨尔派合并为德国社会主义工人党,后又改名为德国社会民主党。多次当选国会议员,利用国会讲坛揭露帝国政府反动的内外政策。1870—1871 年普法战争期间持国际主义立场,在国会中投票反对军事拨款,支持巴黎公社,为此曾被捕和被控叛国,断断续续在狱中度过近六年时间。在反社会党人非常法施行时期,领导了党的地下活动和议会活动。90 年代和 20 世纪初同党内的改良主义和修正主义进行斗争,反对伯恩施坦及其拥护者对马克思主义理论的歪曲和庸俗化。是出色的政论家和演说家,对德国和欧洲工人运动的发展有很大影响。马克思和恩格斯高度评价了他的活动。——13、68、69、121、132、170。

别尔嘉耶夫,尼古拉·亚历山德罗维奇(Бердяев, Николай Александрович 1874—1948)——俄国宗教哲学家。学生时代参加社会民主主义运动。19 世纪 90 年代末曾协助基辅的工人阶级解放斗争协会,因协会案于 1900 年被逐往沃洛格达省。早期倾向合法马克思主义,试图将马克思主义同新康德主义结合起来,后转向宗教哲学。1905 年加入立宪民主党。斯托雷平反动时期是宗教哲学流派——寻神说的代表人物之一。曾参与编撰《路标》文集。十月革命后创建"自由精神文化学院"。1921 年因涉嫌"战术中心"案而被捕,后被驱逐出境。著有《自由哲学》、《创造的意义》、《俄罗斯的命运》、《新中世纪论》、《论人的奴役与自由》、《俄罗斯思想》等。——180。

别尔托夫,恩·——见普列汉诺夫,格奥尔吉·瓦连廷诺维奇。

别林斯基,维萨里昂·格里戈里耶维奇(Белинский, Виссарион Григорьевич 1811—1848)——俄国革命民主主义者,文学批评家和政论家,唯物主义哲学家;对俄国社会思想的进一步发展和解放运动产生了巨大影响。1833—1836 年为《望远镜》杂志撰稿,1838—1839 年编辑《莫斯科观察家》杂志,1839—1846 年主持《祖国纪事》杂志文学批评栏。1847 年起领导《同时代人》杂志批评栏,团结文学界进步力量,使这家杂志成为当时俄国最先进的思想阵地。是奋起同农奴制作斗争的农民群众的思想家,在思想上经历了

由唯心主义到唯物主义、由启蒙主义到革命民主主义的复杂而矛盾的发展
过程。是俄国现实主义美学和文学批评的奠基人。在评论普希金、莱蒙托
夫、果戈理的文章中，以及在 1840—1847 年间发表的对俄国文学的评论
中，揭示了俄国文学的现实主义和人民性，肯定了所谓"自然派"的原则，同
反动文学和"纯艺术"派进行了斗争。1847 年赴国外治病，于 7 月 3 日写了
著名的《给果戈理的信》，提出了俄国革命民主派的战斗纲领，这是他一生
革命文学活动的总结。——25。

波—夫——见萨文柯夫，波里斯·维克多罗维奇。

波特列索夫，亚历山大·尼古拉耶维奇（斯塔罗韦尔）（Потресов, Александр
Николаевич（Старовер）1869—1934）——俄国孟什维克领袖之一。19 世
纪 90 年代初参加马克思主义小组。1896 年加入彼得堡工人阶级解放斗争
协会，后被捕，1898 年流放维亚特卡省。1900 年出国，参与创办《火星报》
和《曙光》杂志。在俄国社会民主工党第二次代表大会上是《火星报》编辑
部有发言权的代表，属火星派少数派，会后是孟什维克刊物的主要撰稿人
和领导人。斯托雷平反动时期和新的革命高涨年代是取消派思想家，在
《复兴》杂志和《我们的曙光》杂志中起领导作用。第一次世界大战期间是
社会沙文主义者。1917 年在反布尔什维克的资产阶级《日报》中起领导作
用。十月革命后侨居国外，为克伦斯基的《白日》周刊撰稿，攻击苏维埃政
权。——14。

伯恩施坦，爱德华（Bernstein, Eduard 1850—1932）——德国社会民主党和第
二国际右翼领袖之一，修正主义的代表人物。1872 年加入社会民主党，曾
是欧·杜林的信徒。1879 年和卡·赫希柏格、卡·施拉姆在苏黎世发表
《德国社会主义运动的回顾》一文，指责党的革命策略，主张放弃革命斗争，
适应俾斯麦制度，受到马克思和恩格斯的严厉批评。1881—1890 年任党的
中央机关报《社会民主党人报》编辑。从 90 年代中期起完全同马克思主义
决裂。1896—1898 年以《社会主义问题》为题在《新时代》杂志上发表一组
文章，1899 年发表《社会主义的前提和社会民主党的任务》一书，从经济、
政治和哲学方面对马克思主义的理论和策略作了全面的修正。1902 年起
为国会议员。第一次世界大战期间持中派立场。1917 年参加德国独立社
会民主党，1919 年公开转到右派方面。1918 年十一月革命失败后出任艾

伯特—谢德曼政府的财政部长助理。——7、8、12—13、17—18、20—21、49、63、65。

布尔加柯夫,谢尔盖·尼古拉耶维奇(Булгаков,Сергей Николаевич 1871— 1944)——俄国经济学家、哲学家和神学家。19世纪90年代是合法马克思主义者,后来成了"马克思的批评家"。修正马克思关于土地问题的学说,企图证明小农经济稳固并优于资本主义大经济,用土地肥力递减规律来解释人民群众的贫困化;还试图把马克思主义同康德的批判认识论结合起来。后来转向宗教哲学和基督教。1901—1906年和1906—1918年先后在基辅大学和莫斯科大学任政治经济学教授。1905—1907年革命失败后追随立宪民主党,为《路标》文集撰稿。1918年起是正教司祭。1923年侨居国外。1925年起在巴黎的俄国神学院任教授。主要著作有《论资本主义生产条件下的市场》(1897)、《资本主义和农业》(1900)、《经济哲学》(1912)等。——21、180。

C

查苏利奇,维拉·伊万诺夫娜(维·查·)(Засулич,Вера Ивановна(В.З.) 1849—1919)——俄国民粹主义运动和社会民主主义运动活动家。1868年在彼得堡参加革命小组。1878年1月24日开枪打伤下令鞭打在押革命学生的彼得堡市长费·费·特列波夫。1879年加入土地平分社。1880年侨居国外,逐步同民粹主义决裂,转到马克思主义立场。1883年参与创建劳动解放社。80—90年代翻译了马克思的《哲学的贫困》和恩格斯的《社会主义从空想到科学的发展》,写了《国际工人协会史纲要》等著作;为劳动解放社的出版物以及《新言论》和《科学评论》等杂志撰稿,发表过一系列文艺批评文章。1900年起是《火星报》和《曙光》杂志编辑部成员。在俄国社会民主工党第二次代表大会上是《火星报》编辑部有发言权的代表,属火星派少数派,会后成为孟什维克领袖之一,参加孟什维克的《火星报》编辑部。1905年回国。斯托雷平反动时期和新的革命高涨年代是取消派分子。第一次世界大战期间是社会沙文主义者。1917年是孟什维克统一派分子。对十月革命持否定态度。——136。

车尔尼雪夫斯基,尼古拉·加甫里洛维奇(Чернышевский,Николай Гаврилович 1828—1889)——俄国革命民主主义者和空想社会主义者,作

家,文学评论家,经济学家,哲学家;俄国社会民主主义先驱之一,俄国 19
世纪 60 年代革命运动的领袖。1853 年开始为《祖国纪事》和《同时代人》
等杂志撰稿,1856—1862 年是《同时代人》杂志的领导人之一,发扬别林斯
基的民主主义批判传统,宣传农民革命思想,是土地和自由社的思想鼓舞
者。因揭露 1861 年农民改革的骗局,号召人民起义,于 1862 年被沙皇政府
逮捕,入狱两年,后被送到西伯利亚服苦役。1883 年解除流放,1889 年被
允许回家乡居住。著述很多,涉及哲学、经济学、教育学、美学、伦理学等领
域。在哲学上批判了贝克莱、康德、黑格尔等人的唯心主义观点,力图以唯
物主义精神改造黑格尔的辩证法。对资本主义作了深刻的批判,认为社会
主义是由整个人类发展进程所决定的,但作为空想社会主义者,又认为俄
国有可能通过农民村社过渡到社会主义。所著长篇小说《怎么办?》(1863)
和《序幕》(约 1867—1869)表达了社会主义理想,产生了巨大的革命影响。
——25。

D

大卫,爱德华(David, Eduard 1863—1930)——德国社会民主党右翼领袖之
一,经济学家;德国机会主义者的主要刊物《社会主义月刊》创办人之一。
1893 年加入社会民主党。公开修正马克思主义关于土地问题的学说,否认
资本主义经济规律在农业中的作用。1903 年出版《社会主义和农业》一
书,宣扬小农经济稳固,维护所谓土地肥力递减规律。1903—1918 年和
1920—1930 年为国会议员,社会民主党国会党团领袖之一。第一次世界大
战期间是社会沙文主义者;在《世界大战中的社会民主党》(1915)一书中为
德国社会民主党右翼在第一次世界大战中的机会主义立场辩护。1919 年
2 月任魏玛共和国国民议会第一任议长。1919—1920 年任内务部长,
1922—1927 年任中央政府驻黑森的代表。——13。

杜林,欧根·卡尔(Dühring, Eugen Karl 1833—1921)——德国哲学家和经济
学家。毕业于柏林大学,当过见习法官,1863—1877 年为柏林大学非公聘
讲师。70 年代起以"社会主义改革家"自居,反对马克思主义,企图创立新
的理论体系。在哲学上把唯心主义、庸俗唯物主义和实证论混合在一起;
在政治经济学方面反对马克思的劳动价值学说和剩余价值学说;在社会主
义理论方面以资产阶级改良主义精神阐述自己的社会主义体系,反对科学

社会主义。他的思想得到部分德国社会民主党人的支持。恩格斯在《反杜林论》一书中系统地批判了他的观点。主要著作有《国民经济学和社会主义批判史》(1871)、《国民经济学和社会经济学教程》(1873)、《哲学教程》(1875)等。——12。

E

恩格斯,弗里德里希(Engels,Friedrich 1820—1895)——科学共产主义创始人之一,世界无产阶级的领袖和导师,马克思的亲密战友。—— 8、12、22、25—28、31、56、82。

尔·姆·(P.M.)——《我国的实际情况》一文的作者。该文毫不掩饰地宣扬经济派的机会主义观点。——49、65、70、109、180、181。

F

弗·伊——见伊万申,弗拉基米尔·巴甫洛维奇。

弗·伊—申——见伊万申,弗拉基米尔·巴甫洛维奇。

福尔马尔,格奥尔格·亨利希(Vollmar,Georg Heinrich 1850—1922)——德国社会民主党机会主义派领袖之一,新闻工作者。早年是激进的民主主义者。1876年加入社会民主党,1879—1880年任党的中央机关报《社会民主党人报》编辑。1881年起多次当选帝国国会议员和巴伐利亚邦议会议员。反社会党人非常法废除后,很快转为右倾,提出一系列改良主义主张,建议把党的活动局限在争取改良的斗争上,主张同资产阶级合作,同政府妥协,反对阶级斗争尖锐化,鼓吹"国家社会主义"的优越性,号召社会民主党同自由派联合;在制定党的土地纲领时,维护小土地占有者的利益。第一次世界大战期间是社会沙文主义者。晚年不再从事政治活动。——8。

傅立叶,沙尔(Fourier,Charles 1772—1837)——法国空想社会主义者。长期在商店、银行中任记账员、推销员、经纪人等,观察和研究了资本主义制度的矛盾和罪恶,形成了空想社会主义的思想体系。试图根据经济发展划分社会历史阶段,并认为每个历史发展阶段有上升时期和下降时期。深刻地批判了资本主义制度,设想了未来"和谐的"人类社会,其基层组织是叫做

"法郎吉"的生产消费协作社,其中的每个人都将自愿地愉快地劳动。已具有消灭脑力劳动和体力劳动的对立以及城市和乡村的对立的思想萌芽,并首次提出妇女解放的程度是衡量普遍解放的天然尺度。但认为在未来社会中还保存私有制,还有富人和穷人、资本家和工人,幻想通过宣传和教育来实现社会主义。主要著作有《关于四种运动和普遍命运的理论》(1808)、《经济的和协作的新世界》(1829)等。——26。

G

盖得,茹尔(巴西尔,马蒂厄)(Guesde,Jules(Basile,Mathieu) 1845 — 1922)——法国工人运动和国际工人运动活动家,法国工人党创建人之一,第二国际的组织者和领袖之一。19 世纪 60 年代是资产阶级共和主义者。拥护 1871 年的巴黎公社。公社失败后流亡瑞士和意大利,一度追随无政府主义者。1876 年回国。在马克思和恩格斯影响下逐步转向马克思主义。1877 年 11 月创办《平等报》,宣传社会主义思想,为 1879 年法国工人党的建立作了思想准备。1880 年和拉法格一起在马克思和恩格斯指导下起草了法国工人党纲领。1880—1901 年领导法国工人党,同无政府主义者和可能派进行坚决斗争。1889 年积极参加创建第二国际的活动。1893 年当选为众议员。1899 年反对米勒兰参加资产阶级内阁。1901 年与其拥护者建立了法兰西社会党,该党于 1905 年同改良主义的法国社会党合并,盖得为统一的法国社会党领袖之一。20 世纪初逐渐转向中派立场。第一次世界大战一开始即采取社会沙文主义立场,参加了法国资产阶级政府。1920 年法国社会党分裂后,支持少数派立场,反对加入共产国际。——68。

H

哈尔图林,斯捷潘·尼古拉耶维奇(Халтурин,Степан Николаевич 1857 — 1882)——俄国最早的工人革命家之一;细木工。19 世纪 70 年代中期参加工人运动,加入民粹派的友人协会,但与民粹派不同,认为政治斗争是革命运动的主要任务,并且把新兴的无产阶级视为革命运动的决定性力量。1878 年组织俄国北方工人协会,并筹备出版独立的工人报纸。1879 年秋加入民意党。1880 年 2 月谋刺沙皇未成。不顾警方追捕,在俄国南方继续坚持革命工作。1881 年起为民意党执行委员会委员。1882 年 3 月因参与刺杀敖德萨军事检察官当场被捕,被战地法庭判处死刑。——107。

哈赛尔曼,威廉(Hasselmann,Wilhelm 1844—1916)——德国社会民主党人,后为无政府主义者。1871—1875年为拉萨尔派全德工人联合会领导人之一和联合会机关报《新社会民主党人报》编辑。1875年是拉萨尔派和爱森纳赫派实行联合的倡议者之一。1878年反社会党人非常法颁布后是无政府主义集团领导人之一。1880年被开除出社会民主党,此后移居美国,脱离工人运动。——49、121。

赫茨,弗里德里希·奥托(Hertz,Friedrich Otto 生于1878年)——奥地利经济学家,社会民主党人。在《土地问题及其同社会主义的关系。附爱德华·伯恩施坦的序言》(1899)一书中修正马克思主义关于土地问题的学说,企图证明小农经济稳固并具有对抗大经济竞争的能力。此书的俄译本被谢·尼·布尔加柯夫、维·米·切尔诺夫等人用来反对马克思主义。——21。

赫尔岑,亚历山大·伊万诺维奇(Герцен,Александр Иванович 1812—1870)——俄国革命民主主义者,作家和哲学家。在十二月党人的影响下走上革命道路。1829—1833年在莫斯科大学求学期间领导革命小组。1834年被捕,度过六年流放生活。1842年起是莫斯科西欧主义者左翼的领袖,写有《科学中华而不实的作风》(1842—1843)、《自然研究通信》(1844—1845)等哲学著作和一些抨击农奴制度的小说。1847年流亡国外。欧洲1848年革命失败后,对欧洲革命失望,创立"俄国社会主义"理论,成为民粹主义创始人之一。1853年在伦敦建立自由俄国印刷所,印发革命传单和小册子,1855年开始出版《北极星》文集,1857—1867年与尼·普·奥格辽夫出版《钟声》杂志,揭露沙皇专制制度,进行革命宣传。在1861年农民改革的准备阶段曾一度摇摆。1861年起坚定地站到革命民主主义方面,协助建立土地和自由社。晚年关注第一国际的活动。列宁在《纪念赫尔岑》(1912)一文中评价了他在俄国解放运动史上的作用。——25。

赫希柏格,卡尔(Höchberg,Karl 1853—1885)——德国著作家,社会改良主义者。1876年加入社会民主党,曾出版《未来》(1877—1878)、《社会科学和社会政治年鉴》(1879—1881)和《政治经济研究》(1879—1882)等杂志。反社会党人非常法通过后,在《社会科学和社会政治年鉴》上发表了同施拉姆和伯恩施坦合写的《德国社会主义运动的回顾》一文,指责党的革命策略,号召工人阶级同资产阶级结盟并依附于资产阶级,认为"工人阶级没有能力依靠自己的双手获得解放"。这些机会主义观点受到马克思和恩格斯的严厉批评。——49。

黑格尔,乔治·威廉·弗里德里希(Hegel, Georg Wilhelm Friedrich 1770—1831)——德国哲学家,客观唯心主义者,德国古典哲学的主要代表。1801—1807年任耶拿大学哲学讲师和教授。1808—1816年任纽伦堡中学校长。1816—1817年任海德堡大学哲学教授。1818年起任柏林大学哲学教授。黑格尔哲学是18世纪末至19世纪初德国唯心主义哲学的最高发展。他根据唯心主义的思维与存在同一的基本原则,建立了客观唯心主义的哲学体系,并创立了唯心主义辩证法的理论。认为在自然界和人类出现以前存在着绝对精神,客观世界是绝对精神、绝对观念的产物;绝对精神在其发展中经历了逻辑阶段、自然阶段和精神阶段,最终回复到了它自身;整个自然的、历史的和精神的世界都处于不断的运动、变化和发展中,矛盾是运动、变化的核心。黑格尔哲学的特点是辩证方法同形而上学体系之间的深刻矛盾。他的唯心主义辩证法是马克思主义哲学的理论来源之一。在社会政治观点上是保守的,是立宪君主制的维护者。主要著作有《精神现象学》(1807)、《逻辑学》(1812—1816)、《哲学全书》(1817)、《法哲学原理》(1821)、《哲学史讲演录》(1833—1836)、《历史哲学讲演录》(1837)、《美学讲演录》(1836—1838)等。——26。

K

卡列耶夫,尼古拉·伊万诺维奇(Кареев, Николай Иванович 1850—1931)——俄国历史学家。1879年起先后任华沙大学和彼得堡大学教授。在方法论上是典型的唯心主义折中主义者,在政治上属于改革后一代的自由派,主张立宪,拥护社会改革。70年代写的《18世纪最后25年法国农民和农民问题》(1879)得到马克思的好评。90年代起反对马克思主义,把它等同于"经济唯物主义"。1905年加入立宪民主党,当选为第一届国家杜马代表。其他主要著作《法国农民史纲要》(1881)、《历史哲学基本问题》(三卷本,1883—1890)、《西欧近代史》教程(七卷本,1892—1917)、《法国革命史学家》(三卷本,1924—1925)。1910年当选为彼得堡科学院通讯院士,1929 年起为苏联科学院名誉院士。——51。

卡特柯夫,米哈伊尔·尼基福罗维奇(Катков,Михаил Никифорович 1818—
1887)——俄国地主,政论家。开始政治活动时是温和的贵族自由派的拥
护者。1851—1855 年编辑《莫斯科新闻》,1856—1887 年出版《俄罗斯通
报》杂志。60 年代初转入反动营垒,1863—1887 年编辑和出版《莫斯科新
闻》,该报从 1863 年起成了君主派反动势力的喉舌。自称是"专制制度的
忠实警犬",他的名字已成为最无耻的反动势力的通称。——90。

考茨基,卡尔(Kautsky,Karl 1854—1938)——德国社会民主党和第二国际的
领袖和主要理论家之一。1875 年加入奥地利社会民主党,1877 年加入德
国社会民主党。1881 年与马克思和恩格斯相识后,在他们的影响下逐渐转
向马克思主义。从 19 世纪 80 年代到 20 世纪初写过一些宣传和解释马克
思主义的著作:《卡尔·马克思的经济学说》(1887)、《土地问题》(1899)
等。但在这个时期已表现出向机会主义方面摇摆,在批判伯恩施坦时作了
很多让步。1883—1917 年任德国社会民主党理论刊物《新时代》杂志主
编。曾参与起草 1891 年德国社会民主党纲领(爱尔福特纲领)。1910 年以
后逐渐转到机会主义立场,成为中派领袖。第一次世界大战前夕提出超帝
国主义论,大战期间打着中派旗号支持帝国主义战争。1917 年参与建立德
国独立社会民主党,1922 年拥护该党右翼与德国社会民主党合并。1918
年后发表《无产阶级专政》等书,攻击俄国十月革命,反对无产阶级专政。
——39、68、69、141、188。

克里切夫斯基,波里斯·尼古拉耶维奇(Кричевский,Борис Николаевич
1866—1919)——俄国社会民主党人,政论家,经济派领袖之一。19 世纪
80 年代末参加社会民主主义小组的工作。90 年代初侨居国外,加入劳动
解放社,参加该社的出版工作。90 年代末是国外俄国社会民主党人联合会
的领导人之一。1899 年任该会机关刊物《工人事业》杂志的编辑,在杂志
上宣扬伯恩施坦主义观点。1903 年俄国社会民主工党第二次代表大会后
不久脱离政治活动。——11、13、47、48、51、65、83、106、113、135、147、153、
164、171、180、181、186—187、188、190。

库斯柯娃,叶卡捷琳娜·德米特里耶夫娜(Кускова,Екатерина Дмитриевна

1869—1958）——俄国社会活动家和政论家,经济派代表人物。19 世纪 90 年代中期在国外接触马克思主义,与劳动解放社关系密切,但在伯恩施坦主义影响下,很快走上修正马克思主义的道路。1899 年所写的经济派的纲领性文件《信条》,受到以列宁为首的一批俄国马克思主义者的严厉批判。1905—1907 年革命前夕加入自由派的解放社。1906 年参与出版半立宪民主党、半孟什维克的《无题》周刊,为左派立宪民主党人的《同志报》撰稿。呼吁工人放弃革命斗争,力图使工人运动服从自由派资产阶级的政治领导。十月革命后反对苏维埃政权。1921 年进入全俄赈济饥民委员会,同委员会中其他反苏维埃成员利用该组织进行反革命活动。1922 年被驱逐出境。——18。

L

拉法格,保尔（Lafargue,Paul 1842—1911）——法国工人运动和国际工人运动活动家,法国工人党和第二国际创建人之一,马克思主义的理论家和宣传家;马克思的女儿劳拉的丈夫。1865 年初加入第一国际巴黎支部,1866 年 2 月当选为国际总委员会委员。在马克思和恩格斯直接教诲下逐渐接受科学社会主义。巴黎公社时期曾组织波尔多工人声援公社的斗争,并前往巴黎会见公社领导人。公社失败后流亡西班牙,在反对巴枯宁主义者的斗争中起了重要作用。1872 年 10 月迁居伦敦,为创建法国独立的工人政党做了大量工作。1880 年和盖得一起在马克思和恩格斯指导下起草了法国工人党纲领,任工人党机关报《平等报》编辑。1882 年回到巴黎,和盖得一起领导工人党,同可能派进行了坚决的斗争。1889 年积极参加创建第二国际的活动。1891 年当选为众议员。19 世纪末 20 世纪初反对伯恩施坦修正主义,谴责米勒兰加入资产阶级内阁的行为。1905 年统一的法国社会党成立后为党的领袖之一。——68。

拉甫罗夫,彼得·拉甫罗维奇（Лавров,Петр Лаврович 1823—1900）——俄国革命民粹主义思想家,哲学家,政论家,社会学家。1862 年加入秘密革命团体——第一个土地和自由社。1866 年被捕,次年流放沃洛格达省,在那里写了对俄国民粹主义知识界有很大影响的《历史信札》（1868—1869）。1870 年从流放地逃到巴黎,加入第一国际,参加了巴黎公社。1871 年 5 月受公社的委托去伦敦,在那里与马克思和恩格斯相识。1873—1876 年编辑

《前进》杂志,1883—1886 年编辑《民意导报》,后参加编辑民意社文集《俄国社会革命运动史资料》(1893—1896)。作为社会学主观学派的代表,否认社会发展的客观规律,把人类的进步视为"具有批判头脑的个人"活动的结果,被认为是民粹主义"英雄"与"群氓"理论的精神始祖。还著有《国际史论丛》、《1873—1878 年的民粹派宣传家》等社会思想史、革命运动史和文化史方面的著作。——135。

拉萨尔,斐迪南(Lassalle,Ferdinand 1825—1864)——德国工人运动活动家,小资产阶级社会主义者,德国工人运动中的机会主义——拉萨尔主义的代表人物。积极参加德国 1848 年革命。曾与马克思和恩格斯有过通信联系。1863 年 5 月参与创建全德工人联合会,并当选为联合会主席。在联合会中推行拉萨尔主义,把德国工人运动引上了机会主义道路。宣传超阶级的国家观点,主张通过争取普选权和建立由国家资助的工人生产合作社来解放工人。曾同俾斯麦勾结并支持在普鲁士领导下"自上而下"统一德国的政策。在哲学上是唯心主义者和折中主义者。——3、12、41。

李卜克内西,威廉(Liebknecht,Wilhelm 1826—1900)——德国工人运动和国际工人运动活动家,德国社会民主党的创建人和领袖之一,马克思和恩格斯的朋友和战友。积极参加德国 1848 年革命,革命失败后流亡国外,在国外结识马克思和恩格斯,接受了科学共产主义思想。1850 年加入共产主义者同盟。1862 年回国。第一国际成立后,成为国际的革命思想的热心宣传者和国际的德国支部的组织者之一。1868 年起任《民主周报》编辑。1869 年与倍倍尔共同创建了德国社会民主工党(爱森纳赫派),任党的中央机关报《人民国家报》编辑。1875 年积极促成爱森纳赫派和拉萨尔派的合并。在反社会党人非常法施行期间与倍倍尔一起领导党的地下工作和斗争。1890 年起任党的中央机关报《前进报》主编,直至逝世。1867—1870 年为北德意志联邦国会议员,1874 年起多次被选为德意志帝国国会议员,利用议会讲坛揭露普鲁士容克反动的内外政策。因革命活动屡遭监禁。是第二国际的组织者之一。——49、82、83、121。

里廷豪森,莫里茨(Rittinghausen,Moritz 1814—1890)——德国小资产阶级民主主义者,1848—1849 年为《新莱茵报》撰稿,后加入爱森纳赫派,是第一国际会员。曾当选为帝国国会议员。在他的著作《国营工业的组织》

（1848）和《直接的人民立法》（1850）中，显露出对于民主的原始见解。考茨基在《议会政治、人民立法和社会民主党》（1893）一书中批评了这两本书。1884年因不服从哥本哈根代表大会关于党纪的决定，被开除出德国社会民主党。——141。

列宁，弗拉基米尔·伊里奇（**乌里扬诺夫，弗拉基米尔·伊里奇**；列宁，尼·；土林，克·）（Ленин，Владимир Ильич（Ульянов，Владимир Ильич，Ленин，Н.，Тулин，К.）1870—1924）——1—5、16、18、19、23、32、34、36、45、52、65、73、89—90、93、94—95、108、109、112、121、126—127、129、130—131、133、135、151、154、155—156、157—160、168、171、183—184、186、187—190、191、192。

罗蒙诺索夫，米哈伊尔·瓦西里耶维奇（Ломоносов，Михаил Васильевич 1711—1765）——俄国学者，唯物主义思想家，俄国第一个世界驰名的自然科学家，奠定现代俄罗斯文学语言基础的诗人。1730年到莫斯科求学，因成绩优异，于1736年被保送彼得堡科学院附属大学，不久又派往德国留学。1741年回国后一直在科学院工作，1745年起是彼得堡科学院第一个俄国院士。1748年建立了俄国第一个化学实验室。1755年根据他的倡议创办了莫斯科大学。在物理学和化学方面的贡献尤为重大。曾提出"微粒"（分子）和"元素"（原子）的理论及物质和运动守恒的概念，并进行物质在化学反应时质量守恒的实验。在认识论上，认为外部世界对感官的作用是认识的泉源。在发展俄国文化和教育方面有很大贡献，对历史和语言学也有研究。主要著作有《关于冷和热原因的探讨》、《物理化学精义导论》、《论化学的效用》、《论地层》、《古代俄国史》、《俄语语法》等。——66、67、69、70。

M

马尔丁诺夫，亚历山大（**皮凯尔，亚历山大·萨莫伊洛维奇**）（Мартынов，Александр（Пиккер，Александр Самойлович）1865—1935）——俄国经济派领袖之一，孟什维克著名活动家，后为共产党员。19世纪80年代初参加民意党人小组，1886年被捕，流放东西伯利亚十年；流放期间成为社会民主党人。1900年侨居国外，参加经济派的《工人事业》杂志编辑部，反对列宁的《火星报》。在俄国社会民主工党第二次代表大会上是国外俄国社会民主党人联合会的代表,反火星派分子,会后成为孟什维克。1907 年作为叶卡捷琳诺斯拉夫组织的代表参加了党的第五次(伦敦)代表大会的工作,在代表大会上当选为中央委员。斯托雷平反动时期和新的革命高涨年代是取消派分子,参加取消派的机关报《社会民主党人呼声报》编辑部。第一次世界大战期间持中派立场。1917 年二月革命后为孟什维克国际主义者。十月革命后脱离孟什维克。1918—1922 年在乌克兰当教员。1923 年加入俄共(布),在马克思恩格斯研究院工作。1924 年起任《共产国际》杂志编委。——48、55、57、59、62、70、72、73、74、77、78、80、81、82、83、86、87、91—92、93、106、110、112、113、153、164、171、177、180、181、187、190。

马尔托夫,尔·(**策杰尔包姆,尤利·奥西波维奇**;纳尔苏修斯·土波雷洛夫)(Мартов, Л.(Цедербаум, Юлий Осипович, Нарцис Тупорылов)1873—1923)——俄国孟什维克领袖之一。1895 年参与组织彼得堡工人阶级解放斗争协会。1896 年被捕并流放图鲁汉斯克三年。1900 年参与创办《火星报》,为该报编辑部成员。在俄国社会民主工党第二次代表大会上是《火星报》组织的代表,领导机会主义少数派,反对列宁的建党原则;从那时起成为孟什维克中央机关的领导成员和孟什维克报刊的编辑。曾参加党的第五次(伦敦)代表大会的工作。斯托雷平反动时期和新的革命高涨年代是取消派分子,编辑《社会民主党人呼声报》,参与组织"八月联盟"。第一次世界大战期间是中派分子,参加齐美尔瓦尔德代表会议和昆塔尔代表会议。曾参加孟什维克组织委员会国外书记处,为书记处编辑机关刊物。1917 年二月革命后领导孟什维克国际主义派。十月革命后反对镇压反革命和解散立宪会议。1919 年当选为全俄中央执行委员会委员,1919—1920年为莫斯科苏维埃代表。1920 年 9 月侨居德国。参与组织第二半国际,在柏林创办和编辑孟什维克杂志《社会主义通报》。——52、65、158。

马克思,卡尔(Marx, Karl 1818—1883)——科学共产主义的创始人,世界无产阶级的领袖和导师。——3、8、24、31、82、171。

梅林,弗兰茨(Mehring, Franz 1846—1919)——德国工人运动活动家,德国社会民主党左翼领袖和理论家之一,历史学家和政论家,德国共产党创建人之一。19 世纪 60 年代末起是资产阶级民主主义政论家,1877—1882 年持资产阶级自由主义立场,后向左转化,逐渐接受马克思主义。曾任民主主义报纸《人民报》主编。1891 年加入德国社会民主党,担任党的理论刊物《新时代》杂志撰稿人和编辑,1902—1907 年任《莱比锡人民报》主编,反对第二国际的机会主义和修正主义,批判考茨基主义。第一次世界大战爆发后坚决谴责帝国主义战争和社会沙文主义者的背叛政策;是国际派(后改称斯巴达克派和斯巴达克联盟)的组织者和领导人之一。1918 年参加建立德国共产党的准备工作。欢迎俄国十月革命,撰文驳斥对十月革命的攻击,维护苏维埃政权。在研究德国中世纪史、德国社会民主党史和马克思主义史方面作出重大贡献,在整理出版马克思、恩格斯和拉萨尔的遗著方面也做了大量工作。主要著作有《莱辛传奇》(1893)、《德国社会民主党史》(1897—1898)、《马克思传》(1918)等。——50。

梅什金,伊波利特·尼基季奇(Мышкин, Ипполит Никитич 1848 —1885)——俄国民粹派革命家;职业是地形测绘员。1873 年在莫斯科开办一家印刷所,秘密刊印禁书。1875 年春到西伯利亚,试图把车尔尼雪夫斯基从流放地营救出来,未遂;同年 7 月在维柳伊斯克被捕,关进彼得保罗要塞。是"一百九十三人案件"的主要被告之一,1877 年 11 月 15 日在法庭上发表了热情洋溢的演说。1878 年被判处十年苦役。1885 年因反抗监狱制度被枪决。——107。

美舍尔斯基,弗拉基米尔·彼得罗维奇(Мещерский, Владимир Петрович 1839 — 1914)——俄国政论家,公爵。曾在警察局和内务部供职。1860 年起为《俄罗斯通报》杂志和《莫斯科新闻》撰稿。1872—1914 年出版黑帮刊物《公民》杂志,1903 年创办反动杂志《慈善》和《友好的话》,得到沙皇政府大量资助。在这些报刊上,不仅反对政府向工人作任何让步,而且反对政府向自由派资产阶级作任何让步。——90。

米尔柏格,阿尔图尔(Mülberger, Arthur 1847 — 1907)——德国小资产阶级政论家,蒲鲁东主义者;职业是医生。1872 年在德国社会民主工党中央机关报《人民国家报》上发表了几篇论述住宅问题的文章,受到恩格斯的严厉批评。曾为赫希柏格出版的《未来》杂志撰稿,写过一些关于法国和德国社会思想史方面的著作。——12。

米哈伊洛夫,H.H.(Михайлов, H.H. 1870 — 1905)——俄国牙科医生,奸细。

由于他的告密,1895 年 12 月列宁和彼得堡工人阶级解放斗争协会中的其他老年派会员被捕。1902 年起为警察司官员,1905 年在克里木被社会革命党人杀死。——36。

米海洛夫斯基,尼古拉·康斯坦丁诺维奇(Михайловский, Николай Кон-
стантинович 1842—1904)——俄国自由主义民粹派理论家,政论家,文艺批评家,实证论哲学家,社会学主观学派代表人物。1860 年开始写作活动。1868 年起为《祖国纪事》杂志撰稿,后任编辑。1879 年与民意党接近。1882 年以后写了一系列谈"英雄"与"群氓"问题的文章,建立了完整的"英雄"与"群氓"的理论体系。1884 年《祖国纪事》杂志被查封后,给《北方通报》、《俄国思想》、《俄罗斯新闻》等报刊撰稿。1892 年起任《俄国财富》杂志编辑,在该杂志上与俄国马克思主义者进行激烈论战。——51、179。

米勒兰,亚历山大·埃蒂耶纳(Millerand, Alexandre Étienne 1859—1943)——
法国政治家和国务活动家,法国社会党和第二国际的机会主义代表人物。1885 年起多次当选议员。原属资产阶级激进派,90 年代初参加法国社会主义运动,领导运动中的机会主义派。1898 年同让·饶勒斯等人组成法国独立社会党人联盟。1899 年参加瓦尔德克-卢梭内阁,任工商业部长,是有史以来社会党人第一次参加资产阶级政府,列宁把这个行动斥之为"实践的伯恩施坦主义"。1904 年被开除出法国社会党,此后同阿·白里安、勒·维维安尼等前社会党人一起组成独立社会党人集团(1911 年取名为"共和社会党")。1909—1915 年先后任公共工程部长和陆军部长,竭力主张把帝国主义战争进行到底。俄国十月革命后是武装干涉苏维埃俄国的策划者之一。1920 年 1—9 月任总理兼外交部长,1920 年 9 月—1924 年 6 月任法兰西共和国总统。资产阶级左翼政党在大选中获胜后,被迫辞职。1925 年和 1927 年当选为参议员。——7、8。

莫斯特,约翰·约瑟夫(Most, Johann Joseph 1846—1906)——德国社会民主党人,新闻工作者,后为无政府主义者;职业是装订工人。19 世纪 60 年代参加工人运动,1871 年起为德国社会民主工党和社会民主党党员。1874—1878 年为帝国国会议员。在理论上拥护杜林,在政治上信奉"用行动做宣传"的无政府主义思想,认为可以立刻进行无产阶级革命。1878 年反社会党人非常法颁布后流亡伦敦,1879 年出版无政府主义的《自由》周报,号召工人进行个人恐怖活动,认为这是最有效的革命斗争手段。1880年被开除出社会民主党,1882年起侨居美国,继续出版《自由》周报和进行无政府主义宣传。晚年脱离工人运动。——12、49、121。

N

纳尔苏修斯·土波雷洛夫——见马尔托夫,尔·。

纳杰日丁,尔·(**捷连斯基,叶夫根尼·奥西波维奇**)(Надеждин, Л. (Зеленский, Евгений Осипович) 1877 — 1905)——早年是俄国民粹派分子,1898年加入萨拉托夫社会民主主义组织。1899年被捕并被逐往沃洛格达省,1900年流亡瑞士,在日内瓦组织了"革命社会主义的"自由社(1901—1903)。在《自由》杂志上以及在他写的《革命前夜》(1901)、《俄国革命主义的复活》(1901)等小册子中支持经济派,同时宣扬恐怖活动是"唤起群众"的有效手段;反对列宁的《火星报》。俄国社会民主工党第二次代表大会后为孟什维克报刊撰稿。——153、156、160、162、163、165—167、172、173—176。

奈特,罗伯特(Knight, Robert)——英国工会运动活动家,古典工联主义的典型代表。1871—1899年是锅炉工人联合会书记、锅炉工人和造船工人统一联合会书记。1875—1882年和1896—1900年为议会议员。1899年是建立英国工联总联合会的发起人之一。把同企业主的斗争局限于要求改善工人的物质生活状况,认为达到这一目标的主要手段是和平解决冲突,同企业主达成协议。——82—83。

O

欧文,罗伯特(Owen, Robert 1771—1858)——英国空想社会主义者。当过学徒和店员。1800—1829年在苏格兰新拉纳克管理一所大纺织厂,关心工人的工作和福利条件,使工厂变成模范新村。1820年在所著《关于减轻社会疾苦的计划致拉纳克郡的报告》中,论述了他的空想社会主义思想体系,提出组织劳动公社的计划。1824年到美国创办"新和谐村",结果失败。1829年回国后,在工人中组织生产合作社和工会。1832年试办"全国劳动产品公平交换市场",又告失败。1834年任全国总工会联合会主席。尖锐抨击资本主义私有制,首先提出工人有权享有自己的全部劳动产品,但认为社会不平等的主要原因在于教育不够普及,以为通过普及知识就能消除社会矛盾。同情无产阶级,但不主张工人进行政治斗争。主要著作还有《论人性的形成》(1813)、《新道德世界书》(1836—1844)等。——26。

P

帕尔乌斯(格尔方德,亚历山大·李沃维奇)(Парвус(Гельфанд, Александр Львович)1869—1924)——生于俄国,19世纪80年代移居国外。90年代末起在德国社会民主党内工作,属该党左翼;曾任《萨克森工人报》编辑。写有一些世界经济问题的著作。20世纪初参加俄国社会民主工党的工作,为《火星报》撰稿。俄国社会民主工党第二次代表大会后支持孟什维克的组织路线。1905年回到俄国,曾担任彼得堡工人代表苏维埃执行委员会委员,为孟什维克的《开端报》撰稿;同托洛茨基一起提出"不断革命论",主张参加布里根杜马,坚持同立宪民主党人搞交易。斯托雷平反动时期脱离俄国社会民主工党,后移居德国。第一次世界大战期间是社会沙文主义者和德国帝国主义的代理人。1915年起在柏林出版《钟声》杂志。1918年脱离政治活动。——187。

皮萨列夫,德米特里·伊万诺维奇(Писарев, Дмитрий Иванович 1840—1868)——俄国革命民主主义者,政论家,文艺批评家,唯物主义哲学家。1861年彼得堡大学毕业后成为当时的进步杂志《俄罗斯言论》的实际领导人。因发表号召推翻沙皇专制制度的文章,1862年7月被捕,在彼得保罗要塞监禁四年半,在狱中写了许多有关文学、自然科学和哲学问题的文章。1866年11月出狱后,为《事业》杂志和《祖国纪事》杂志撰稿。在著作中揭露农奴制度和西欧资本主义,宣传社会主义思想,主张通过革命改造社会,但对人民群众的作用估计不足;批判唯心主义哲学,揭露反动的美学和"纯艺术"观点,强调文学艺术的社会意义。他的论文对俄国先进分子革命观点的形成产生了很大影响。——171—172。

蒲鲁东,皮埃尔·约瑟夫(Proudhon, Pierre-Joseph 1809—1865)——法国政论家,经济学家,社会学家,小资产阶级思想家,无政府主义理论的创始人之一。1840年出版《什么是财产?》一书,从小资产阶级立场出发批判大资本主义所有制,幻想使小私有制永世长存。主张由专门的人民银行发放无息贷款,帮助工人购置生产资料,使他们成为手工业者,再由专门的交换银行保证劳动者"公平地"销售自己的劳动产品,而同时又不触动生产工具和生产资料的资本主义所有制。认为国家是阶级矛盾的主要根源,提出和平"消灭国家"的空想主义方案,对政治斗争持否定态度。1846 年出版《经济矛盾的体系,或贫困的哲学》,阐述其小资产阶级的哲学和经济学观点。马克思在《哲学的贫困》一书中对该书作了彻底的批判。1848 年革命时期被选入制宪议会后,攻击工人阶级的革命发动,赞成 1851 年 12 月 2 日的波拿巴政变。——40。

普列汉诺夫,格奥尔吉·瓦连廷诺维奇(别尔托夫,恩·)(Плеханов,Георгий Валентинович(Бельтов,Н.)1856—1918)——俄国早期的马克思主义理论家,后来成为孟什维克和第二国际机会主义领袖之一。19 世纪 70 年代参加民粹主义运动,是土地和自由社成员及土地平分社领导人之一。1880 年侨居瑞士,逐步同民粹主义决裂。1883 年在日内瓦创建俄国第一个马克思主义团体——劳动解放社。翻译和介绍了马克思和恩格斯的许多著作,对马克思主义在俄国的传播起了重要作用;写过不少优秀的马克思主义著作,批判民粹主义、合法马克思主义、经济主义、伯恩施坦主义、马赫主义。20 世纪初是《火星报》和《曙光》杂志编辑部成员。曾参与制定俄国社会民主工党纲领草案和参加党的第二次代表大会的筹备工作。在代表大会上是劳动解放社的代表,属火星派多数派,参加了大会常务委员会,会后逐渐转向孟什维克。1905—1907 年革命时期反对列宁的民主革命的策略,后来在孟什维克和布尔什维克之间摇摆。在俄国社会民主工党第四次(统一)代表大会上作了关于土地问题的报告,维护马斯洛夫的孟什维克方案;在国家杜马问题上坚持极右立场,呼吁支持立宪民主党人的杜马。斯托雷平反动时期和新的革命高涨年代反对取消主义,领导孟什维克护党派。第一次世界大战期间持社会沙文主义立场。1917 年二月革命后支持资产阶级临时政府。对十月革命持否定态度,但拒绝支持反革命。最重要的理论著作有《社会主义与政治斗争》(1883)、《我们的意见分歧》(1885)、《论一元论历史观之发展》(1895)、《唯物主义史论丛》(1896)、《论个人在历史上的作用》(1898)、《没有地址的信》(1899—1900),等等。——10、45、51、66—68、69、83、105、106、107、139、171、183、186。

普罗柯波维奇,谢尔盖·尼古拉耶维奇(N.N.)(Прокопович,Сергей Николаевич(N.N.)1871—1955)——俄国经济学家和政论家。曾参加国外俄国社会民主党人联合会,是经济派的著名代表人物,伯恩施坦主义在俄国最早的传播者之一。1904 年加入资产阶级自由派的解放社,为该社骨干分子。1905 年为立宪民主党中央委员。1906 年参与出版半立宪民主党、半孟什维克的《无题》周刊,为左派立宪民主党人的《同志报》积极撰稿。1917 年 8 月任临时政府工商业部长,9—10 月任粮食部长。1921 年在全俄赈济饥民委员会工作,同反革命地下活动有联系。1922 年被驱逐出境。——18、41—42、65、110、180。

R

热里雅鲍夫,安德列·伊万诺维奇（Желябов, Андрей Иванович 1851—1881）——俄国革命家,民意党的组织者和领袖。是民粹派中最早认识到必须同沙皇专制制度进行政治斗争的人之一。在他的倡议下,创办了俄国第一家工人报纸《工人报》。但不理解工人阶级的历史作用,不懂得科学社会主义,把个人恐怖看做是推翻沙皇专制制度的主要手段,多次组织谋刺亚历山大二世的活动。1881 年 3 月 1 日亚历山大二世遇刺前两天被捕,在法庭上拒绝辩护,并发表演说进行革命鼓动。同年 4 月 3 日（15 日）在彼得堡被处以绞刑。——107、170。

S

萨尔蒂科夫-谢德林,米哈伊尔·叶夫格拉福维奇（**萨尔蒂科夫,米·叶·**;谢德林）（Салтыков-Щедрин, Михаил Евграфович（Салтыков, М. Е., Щедрин）1826—1889）——俄国讽刺作家,革命民主主义者。1848 年因发表抨击沙皇制度的小说被捕,流放七年。1856 年初返回彼得堡,用笔名"尼·谢德林"发表了《外省散记》。1863—1864 年为《同时代人》杂志撰写政论文章,1868 年起任《祖国纪事》杂志编辑,1878 年起任主编。60—80 年代创作了《一个城市的历史》、《戈洛夫廖夫老爷们》等长篇小说,批判了俄国的专制农奴制,刻画了地主、沙皇官僚和自由派的丑恶形象。——131。

萨文柯夫,波里斯·维克多罗维奇（波—夫）（Савинков, Борис Викторович（Б—в）1879—1925）——俄国社会革命党领袖之一,作家。在彼得堡大学学习时开始政治活动,接近经济派—工人思想派,在工人小组中进行宣传,为《工人事业》杂志撰稿。1901 年被捕,后被押送沃洛格达省,从那里逃往国外。1903 年加入社会革命党,1903—1906 年是该党"战斗组织"的领导人之一,多次参加恐怖活动。1909 年和 1912 年以维·罗普申为笔名先后发表了两部浸透神秘主义和对革命斗争失望情绪的小说:《一匹瘦弱的马》和《未曾有过的东西》。1911 年侨居国外。第一次世界大战期间是社会沙文主义者。1917 年二月革命后回国,任临时政府驻最高总司令大本营的委员、西南方面军委员、陆军部副部长、彼得格勒军事总督;根据他的提议在前线实行了死刑。十月革命后参加克伦斯基—克拉斯诺夫叛乱,参与组建顿河志愿军,建立地下反革命组织"保卫祖国与自由同盟",参与策划反革命叛乱。1921—1923 年在国外领导反对苏维埃俄国的间谍破坏活动。1924 年偷越苏联国境时被捕,被判处死刑,后改为十年监禁。在狱中自杀。——75、103—104、105—106、120、127—130、132、138。

圣西门,昂利·克洛德(Saint-Simon, Henri Claude 1760—1825)——法国空想社会主义者。贵族出身。参加过美国独立战争,同情法国大革命。长期考察革命后的社会矛盾,于 19 世纪初逐渐形成空想社会主义思想。把社会发展看做人类理性的发展,有时也认为社会发展是经济发展引起的。抨击资本主义制度,认为竞争和无政府状态是一切灾难中最严重的灾难。所设想的理想制度是由"实业家"和学者掌握各方面权力、一切人都要劳动、按"才能"分配的"实业制度"。由于历史的局限,把资本家和无产阶级合称"实业家阶级",并主张在未来社会中保留私有制。提出关于未来社会必须有计划地组织生产和生活、发挥银行调节流通和生产的作用、国家将从对人的政治统治变为对物的管理和对生产的指导等一系列有重大意义的思想。晚年宣告他的最终目的是工人阶级的解放,但不理解工人阶级的历史使命,寄希望于统治阶级的理性和善心。主要著作有《一个日内瓦居民给当代人的信》(1803)、《人类科学概论》(1813)、《论实业制度》(1821)、《实业家问答》(1823—1824)、《新基督教》(1825)等。——26。

施拉姆,卡尔·奥古斯特(Schramm, Karl August 1830—1905)——德国经济学家,社会改良主义者。开始政治活动时是自由派分子,19 世纪 70 年代初加入德国社会民主党。1879 年在《社会科学和社会政治年鉴》上发表同赫希柏格和伯恩施坦合写的《德国社会主义运动的回顾》一文,指责党的革命策略,主张放弃革命斗争,受到马克思和恩格斯的严厉批评。1884—1886 年不断攻击马克思主义。后脱党。——49。

施韦泽,约翰·巴蒂斯特(Schweitzer,Johann Baptist 1833—1875)——德国工人运动活动家,拉萨尔派代表人物之一;职业是律师。政治活动初期是自由主义者,在拉萨尔的影响下参加工人运动。1864—1871 年任全德工人联合会机关报《社会民主党人报》编辑,1867 年起任联合会主席。执行拉萨尔主义的机会主义路线,支持俾斯麦所奉行的在普鲁士领导下"自上而下"统一德国的政策。在联合会内实行个人独裁,引起会员不满,1871 年被迫辞去主席职务。1872 年因同普鲁士当局的勾结被揭露而被开除出全德工人联合会。——49。

舒尔采-德里奇,海尔曼(Schulze-Delitzsch,Hermann 1808—1883)——德国庸俗经济学家和政治活动家。1848 年是普鲁士国民议会议员,60 年代是进步党领袖之一,1867—1883 年为国会议员。宣扬资本家和工人的阶级利益协调一致。1849 年起在德国工人和手工业者中间开展成立合作社和信贷所的活动,认为这是摆脱贫困的唯一道路。——41。

司徒卢威,彼得·伯恩哈多维奇(Струве,Петр Бернгардович 1870—1944)——俄国经济学家,哲学家,政论家,合法马克思主义主要代表人物,立宪民主党领袖之一。19 世纪 90 年代编辑合法马克思主义者的《新言论》杂志和《开端》杂志。1896 年参加第二国际第四次代表大会。1898 年参加起草《俄国社会民主工党宣言》。在 1894 年发表的第一部著作《俄国经济发展问题的评述》中,在批判民粹主义的同时,对马克思的经济学说和哲学学说提出"补充"和"批评"。20 世纪初同马克思主义和社会民主主义彻底决裂,转到自由派营垒。1902 年起编辑自由派资产阶级刊物《解放》杂志,1903 年起是解放社的领袖之一。1905 年起是立宪民主党中央委员,领导该党右翼。1907 年当选为第二届国家杜马代表。第一次世界大战爆发后鼓吹俄国的帝国主义侵略扩张政策。十月革命后敌视苏维埃政权,是邓尼金和弗兰格尔反革命政府成员,后逃往国外。——16、42、65、175。

斯塔罗韦尔——见波特列索夫,亚历山大·尼古拉耶维奇。

T

特卡乔夫,彼得·尼基季奇(Ткачев,Петр Никитич 1844—1886)——俄国革命民粹派思想家,政论家和文艺批评家。1861 年起参加学生运动,曾为许多进步杂志撰稿,屡遭沙皇政府迫害。1873 年流亡国外;一度为彼·拉·拉甫罗夫的《前进》杂志撰稿,1875 — 1881 年同一些波兰流亡者出版《警钟》杂志。70 年代中期同法国布朗基派有密切接触,1880 年为布朗基的报纸《既没有上帝也没有老板》撰稿。领导革命民粹派中接近布朗基主义的派别。认为政治斗争是革命的必要前提,但对人民群众的决定性作用估计不足;主张由少数革命者组织密谋团体和采用恐怖手段去夺取政权,建立新国家,实行有益于人民的革命改革,而人民只须坐享其成;错误地认为,专制国家在俄国没有社会基础,也不代表任何阶级的利益。恩格斯在《流亡者文献》中批判了他的小资产阶级观点。1882 年底身患重病,在巴黎精神病院度过余年。—— 172 — 173。

土林,克·——见列宁,弗拉基米尔·伊里奇。

W

瓦·沃·——见沃龙佐夫,瓦西里·巴甫洛维奇。

瓦尔泰希,卡尔·尤利乌斯(Vahlteich,Carl Julius 1839 — 1915)——德国右派社会民主党人;职业是鞋匠。全德工人联合会的创建人之一和第一任书记。反对拉萨尔向普鲁士反动派献媚,并反对拉萨尔在联合会内实行独裁的企图,1864 年 2 月与拉萨尔决裂,后参加爱森纳赫派,在开姆尼茨市开展社会主义宣传活动,并在《开姆尼茨自由新闻》编辑部工作。1869 年出席爱森纳赫派成立大会,成为德国社会民主工党萨克森地区领导人之一。1874—1876 年和 1878—1881 年为帝国国会议员。反社会党人非常法颁布后流亡美国,参加美国工人运动。—— 12。

瓦涅耶夫,阿纳托利·亚历山德罗维奇(Ванеев, Анатолий Александрович 1872—1899)——俄国社会民主党人。1892 年在下诺夫哥罗德加入马克思主义小组。1895 年参与组织和领导彼得堡工人阶级解放斗争协会,在工人社会民主主义小组中担任宣传员,曾主持《工人事业报》出版的技术准备工作。因斗争协会案与列宁等人同时被捕,1897 年流放东西伯利亚。1899 年因患肺结核死于流放地。—— 32、34。

瓦西里耶夫,尼基塔·瓦西里耶维奇(Васильев, Никита Васильевич 生于

1855 年)——沙俄宪兵上校。1900 年起任明斯克省宪兵局局长,拥护祖巴托夫的"警察社会主义"。——114—115。

威廉二世(**霍亨索伦**)(Wilhelm II(Hohenzollern)1859—1941)——普鲁士国王和德国皇帝(1888—1918)。——98。

韦伯,比阿特里萨(Webb,Beatrice 1858—1943)——英国经济学家和社会活动家,悉尼·韦伯的妻子。曾在伦敦一些企业中研究工人劳动条件,担任与失业和妇女地位问题相关的一些政府委员会的委员。——62、141。

韦伯,悉尼·詹姆斯(Webb,Sidney James 1859—1947)——英国经济学家和社会活动家,工联主义和所谓费边社会主义的理论家,费边社的创建人和领导人之一。1915—1925 年代表费边社参加工党全国执行委员会。第一次世界大战期间持社会沙文主义立场。1922 年起为议员,1924 年任商业大臣,1929—1930 年任自治领大臣,1929—1931 年任殖民地大臣。与其妻比阿特里萨·韦伯合写的关于英国工人运动的历史和理论的许多著作,宣扬在资本主义条件下和平解决工人问题的改良主义思想,但包含有英国工人运动历史的极丰富的材料。主要著作有《英国社会主义》(1890)、《产业民主》(1897)(列宁翻译了此书的第 1 卷,并校订了第 2 卷的俄译文;俄译本书名为《英国工联主义的理论和实践》)等。——62、141。

维·查·——见查苏利奇,维拉·伊万诺夫娜。

维特,谢尔盖·尤利耶维奇(Витте,Сергей Юльевич 1849—1915)——俄国国务活动家。1892 年 2—8 月任交通大臣,1892—1903 年任财政大臣,1903 年 8 月起任大臣委员会主席,1905 年 10 月—1906 年 4 月任大臣会议主席。在财政、关税政策、铁路建设、工厂立法和鼓励外国投资等方面采取了一系列措施,促进了俄国资本主义的发展。同时力图通过对自由派资产阶级稍作让步和对人民群众进行镇压的手段来维护沙皇专制制度。1905—1907 年革命期间派军队对西伯利亚、波罗的海沿岸地区、波兰以及莫斯科的武装起义进行了镇压。——95。

魏特林,威廉(Weitling,Wilhelm 1808—1871)——德国工人运动早期活动家,空想平均共产主义理论家;职业是裁缝。1836 年在巴黎加入正义者同盟,

1838 年为同盟写了纲领性著作《人类,它是什么样子和应当成为什么样子》。1841—1843 年在瑞士手工业者联合会宣传平均共产主义思想。1842年出版主要著作《和谐与自由的保证》。1846 年加入布鲁塞尔共产主义通讯委员会,但同马克思和恩格斯在观点上有尖锐分歧。1846 年流亡美国,在纽约德国侨民中进行宣传活动。德国 1848—1849 年革命期间曾一度回国。1850—1855 年在美国出版《工人共和国》杂志。后来脱离工人运动。马克思和恩格斯曾高度评价其著述和宣传活动,认为它是德国无产阶级第一次独立的理论运动,但在魏特林主义成了工人运动发展的障碍时,也给予严厉的批评。——40。

沃尔姆斯,阿尔丰斯·埃内斯托维奇(Вормс, Альфонс Эрнестович 1868 —
1937)——俄国法学家,先后任莫斯科大学讲师和教授,自由派分子。1901—1902 年在祖巴托夫的机械工人互助协会的大会上作过讲演。写有农民法和民法方面的著作。——115。

沃尔特曼,路德维希(Woltmann, Ludwig 1871 — 1907)——德国社会学家和人类学家。企图证明马克思主义哲学和康德主义是相同的;认为工人运动的主要任务是进行经济斗争。把达尔文学说套用于社会的发展,断言社会的阶级结构不仅取决于历史原因,而且取决于人与人之间天然的不平等。维护种族主义理论,认为种族特征是政治和经济发展的最重要的因素;贩卖日耳曼民族优越的思想,其观点成为德国法西斯主义思想体系的一个组成部分。——47。

沃龙佐夫,瓦西里·巴甫洛维奇(瓦·沃·)(Воронцов, Василий Павлович
(В.В.)1847—1918)——俄国经济学家,社会学家,政论家,自由主义民粹派思想家。曾为《俄国财富》、《欧洲通报》等杂志撰稿。认为俄国没有发展资本主义的条件,俄国工业的形成是政府保护政策的结果;把农民村社理想化,力图找到一种维护小资产者不受资本主义发展之害的手段。19 世纪 90 年代发表文章反对俄国马克思主义者,鼓吹同沙皇政府和解。主要著作有《俄国资本主义的命运》(1882)、《俄国手工工业概述》(1886)、《农民经济中的进步潮流》(1892)、《我们的方针》(1893)、《理论经济学概论》(1895)。——37、38、45、47、50。

X

希尔施,麦克斯(Hirsch,Max 1832—1905)——德国经济学家和政论家,资产阶级进步党活动家。1859 年开办了一家出版社。1868 年访问英国后,同弗·敦克尔一起创建了几个改良主义的工会(所谓希尔施—敦克尔工会)。1869—1893 年为国会议员。在著作中宣扬劳资"和谐"思想,反对无产阶级的革命策略,维护改良主义。——37。

谢德林——见萨尔蒂科夫-谢德林,米哈伊尔·叶夫格拉福维奇。

谢列布里亚科夫,叶斯佩尔·亚历山德罗维奇(Серебряков,Еспер Александрович 1854—1921)——俄国民粹派革命家。1879 年加入民意党。1883 年逃往国外,从事写作活动,1899—1902 年在伦敦出版《前夕》杂志。1905 年革命后回国,为一些杂志撰稿。后接近社会革命党。1917 年二月革命后参加老社会革命党人护国派,编辑该派的《人民报》。十月革命后从事民意党历史的研究工作,写有许多有关俄国革命运动史的文章和小册子。——139—140。

Y

伊洛瓦伊斯基,德米特里·伊万诺维奇(Иловайский,Дмитрий Иванович 1832—1920)——俄国历史学家和政论家。1854 年毕业于莫斯科大学,一度在该校任教,后从事写作和政论活动。编写过许多革命前俄国中小学普遍采用的官定历史教科书,把历史主要归结为帝王将相的活动,用种种次要的和偶然的事件来解释历史过程。——11。

伊万申,弗拉基米尔·巴甫洛维奇(弗·伊—;弗·伊—申)(Иваншин,Владимир Павлович(В.И—ъ,В.И—н)1869—1904)——俄国社会民主党人,经济派领袖之一,统计学家。1896 年在彼得堡工人阶级解放斗争协会工作,曾被捕,1898 年流亡国外。是国外俄国社会民主党人联合会机关刊物《工人事业》杂志的编辑,同时又与彼得堡经济派的《工人思想报》保持密切联系。在自己的文章中把工人的直接经济利益同社会民主党的政治任务对立起来。1901 年 10 月作为俄国社会民主党人联合会的代表出席了国外社会民主党人组织"统一"代表大会。1903 年初同工人事业派决裂,加入俄国革命社会民主党人国外同盟。俄国社会民主工党第二次代表大会后成为孟什维克。——35—36、44—45、46、180。

Z

祖巴托夫,谢尔盖·瓦西里耶维奇(Зубатов, Сергей Васильевич 1864—1917)——沙俄宪兵上校,"警察社会主义"(祖巴托夫主义)的炮制者和鼓吹者。1896—1902年任莫斯科保安处处长,组织政治侦查网,建立密探别动队,破坏革命组织。1902年10月到彼得堡就任警察司特别局局长。1901—1903年组织警方办的工会——莫斯科机械工人互助协会和圣彼得堡俄国工厂工人大会等,诱使工人脱离革命斗争。由于他的离间政策的破产和反内务大臣的内讧,于1903年被解职和流放,后脱离政治活动。1917年二月革命初期自杀。——18、43、115—116。

———

N.N.——见普罗柯波维奇,谢尔盖·尼古拉耶维奇。

《马列主义经典作家文库》
著作单行本和专题选编本编审委员会

主　编　韦建桦
副主编　顾锦屏　王学东　柴方国　沈红文
编　委　（以姓氏笔画为序）

　　　　朱　毅　闫月梅　李京洲　李朝晖　李　楠
　　　　徐　洋　黄文前　章　林

本书编审人员　顾锦屏　李宏梅

责任编辑：毕于慧

装帧设计：汪　莹

版式设计：王欢欢

责任校对：白　玥

图书在版编目（CIP）数据

怎么办？／列宁著；中共中央马克思恩格斯列宁斯大林著作编译局编译. —北京：
　人民出版社，2018.12（2022.9 重印）
（马列主义经典作家文库）
ISBN 978－7－01－018506－4

Ⅰ.①怎… Ⅱ.①列… ②中… Ⅲ.①马列著作-马克思主义 Ⅳ.①A821

中国版本图书馆 CIP 数据核字（2017）第 272694 号

书　　名	怎么办？
	ZENMOBAN
编 译 者	中共中央马克思恩格斯列宁斯大林著作编译局
出版发行	人 民 出 版 社
	（北京市东城区隆福寺街 99 号　邮编 100706）
邮购电话	（010）65250042　65289539
经　　销	新华书店
印　　刷	北京中科印刷有限公司
版　　次	2018 年 12 月第 1 版　2022 年 9 月北京第 3 次印刷
开　　本	635 毫米×927 毫米 1/16
印　　张	17.25
插　　页	1
字　　数	192 千字
印　　数	15,001－20,000 册
书　　号	ISBN 978－7－01－018506－4
定　　价	45.00 元